1956
1983

U0071280

我在空軍
那些年

葛光豫——

著

九中隊合影於1959年

筆者軍裝照，1982年攝於台北

與父親於杭州筧橋航校，1937年　　筆者父母親，於岡山，1951年

006

九中隊（前排左二為作者），1959年

左：官校初級飛行PT-17機，1956年
右：官校初級飛行班學生照，1956年

官校高級飛行-T-33機訓練，1957年

左：官校高級飛行-T-33機訓練-1957年
右：空軍官校畢業照，1959年

F-86F機前，1959年

F-86F機前，1960年（一）

F-86F機前，1968年（二）

F-86F機前，1968年（三）

婚紗照，1962年

基地俱樂部前，1967年（一）

基地俱樂部前，1967年（二）

任務前左起：昝鴻奎中尉、筆者（上尉）、金淑任少校、李天羽少尉。1969年

眷區飛燕新村，1971年於台南

F-5A機前，1970年（一）

F-5A機前，1970年（二）

F-5A機前，1970年（三）

F-5A機前，1970年（四）

F-5A機前，1970年（五）

與光越弟（右）合影，1970年

訪美航空母艦中途島號，1972年

於台南，1975年

與小兒寧傑在F-5機前合影，1971年

菲律賓三軍大學與同學合影，1973年（一）

菲律賓三軍大學與同學合影，1973年（二）

菲律賓三軍大學畢業典禮，1973年

駐越南使館武官處，1975年於西貢（一）

駐越南使館武官處，1975年於西貢（二）

駐越南使館武官處，1975年於西貢（三）

駐越南使館武官處，1975年於西貢（四）

駐越南使館武官處，1975年於西貢（五）

中美斷交日抗議遊行，1979年元旦，舊金山

中美斷交前一日，於駐美舊金山總領事館前門，1978年

國慶酒會，與Charles夫婦，1979年於舊金山

上：服務於華航，
　　1995年（一）
中：服務於華航，
　　1995年（二）
下：小兒寧傑服務
　　於華航，2014
　　年

訪清泉崗基地，與光越弟攝於-F-104機前，1992年

訪新竹基地，與光越弟夫婦攝於幻象式機前，1996年

訪新竹基地幻象式機前，1996年（一）

訪新竹基地幻象式機前，1996年（二）

搭乘小兒寧傑飛機，1996年

訪台南基地，2001年

傅鏡平　序

　　我本身是空軍子弟，從小就喜歡聽空軍的英勇冒險故事，後來成為中華民國航空史研究會的創始會員，更是有機會當面聆聽空軍教官（空軍對飛行員的尊稱）們的經歷。在我們認識的眾多教官中，基本上大都有一定的口才，但是能夠提筆寫文章，而且願意花時間將過往經歷整理出來的則是少之又少，葛光豫教官就是其中一位。所以當他問我是否可以協助他找尋出版社將文章結集出書時，我立即答應，也很幸運的不負使命達成任務。

　　葛教官出身空軍世家，其父葛世昌是早期東北航校的飛行員，曾與高志航一同前往法國接受飛行訓練，本身通曉英法日語，為空軍編譯許多準則。他的兒子就有四名克紹箕裘，投效空軍的行列。其中大哥葛光遼在機密的第卅四中隊，亦即黑蝙蝠中隊服務，不幸於民國53年6月11日夜間進入大陸執行偵察任務時於山東遭共軍擊墜殉職。葛教官在大陸開放之後，隨即前往山東尋找大哥的失事地點，充分展現手足之情。

　　我很有幸除了認識葛教官之外，也認識他的六弟葛光越。他們兩兄弟都遺傳了父親善於處理涉外事務的天份，葛教官先後外派菲律賓、越南及美國，弟弟則是現任駐拉脫維亞的代表，將外交事務辦的有聲有色，在東歐為我國爭取不少的外交情誼。

　　葛教官年齡大我二十多歲，承蒙不棄，把我當成小老弟看待。我很榮幸在民國81年2月跟著葛教官夫婦一同前往清泉崗基地參訪，當時葛光越教官擔任三聯隊政戰主任，很親切的招待我們，讓

我這個空軍迷大呼過癮，至今難忘。後來葛教官移民美國，我們就少了聯絡，但近年來隨著網路興起，我們又在網路世界重逢，葛教官展現大哥風範，熱心的傳給我許多好文章，並且在臉書上互動，一點都不覺得兩人相隔萬里。

葛教官是一位很會說故事的人，許多故事都讓人看得津津有味。他的記性很好，一些飛行的細節都記得很清楚，許多跟他往來過的人即便多年之後也還能記得。看他的文章，讓人覺得行雲流水，平實中帶有許多的趣味。此外，他也以圈內人的角度，透露空軍圈內的秘辛，讓人體會那個大時代的氛圍，也澄清了外界的一些疑問及誤解。

在本書中我要特別向讀者推薦葛教官的「那年我離開越南時」一文。1975年越南淪陷前，他擔任我國駐越南大使館的武官。他親身經歷動盪不安的淪陷前夕，透過他詳實的筆觸，彷彿讓人置身在兵荒馬亂的西貢。在那種惶惶不安的環境中，葛教官仍然盡忠職守，每日來回奔波協調撤僑事宜，運用機智幫助許多忠貞僑胞逃離越共魔掌，可謂功德一件。甚至在最後要搭乘華航飛機撤離之時，還冒險拯救一對母子上飛機，這些事蹟展現他做到古人所說的智仁勇三達德。雖然他自嘲讀書不成，當軍人也沒做到將軍，但是我對他的敬佩絕對在許多的將軍之上。

非常高興葛教官的大作即將付梓。當他詢問我可否寫序時，我真是受寵若驚，怎麼輪得到我這個小老弟來寫，但我想這就是葛教官一貫的平易近人風格，所以不便推辭，希望有緣的讀者能一同來聆聽葛教官娓娓道來這些生動的飛行及人生故事。

傅鏡平

2014年11月27日於台北

自序

　　這本書未做年月順序，不是回憶錄。我有幸生於這不平凡的時代，僅片段記下一些難忘的往事。

　　我出生於對中日抗初期，再經歷抗日戰爭，內亂，遷台，求學，從軍，重訪中國大陸等，歷經艱辛困苦，記憶深刻，終生難忘。

　　民國三十七（1948）年到台灣，讀小學六年級。我家自大陸帶到台灣一本大人讀的張恨水小說《虎賁萬歲》，先是好奇翻閱，後經斷斷續續整本看完。許是開了一扇門窗，此後無論人文地理、章回古典、小人書《連環圖》等無不喜歡。書中故事、道理、知識、給我帶來好奇和快樂。

　　我那時候和其他年輕人一樣，也有一番理想和抱負，有些是不切實際的夢想。考大學時成績不佳，沒進理想科系。到英專去讀外文，淺讀了一些荷馬史詩、威京（Viking）海盜獨霸北歐的傳奇故事，也很喜歡。

　　後來正規大專教育未讀完，又去空軍學習飛行，朋友說我什麼都喜歡。但是後來沒成為學者，軍旅中也未當上將軍，這有點像項羽那樣；少年讀書不成，改「學劍」，「學劍」不成，又學統率大軍的「萬人敵」術，後來失敗，烏江自刎，嘆他是個漢子。這比喻是句笑話，我沒有那種氣宇。

　　1959年空軍官校畢業派到作戰部隊服務，那時候正是台海兩岸軍事緊張時期。那些年裡一共執行過三百餘次台海偵巡作戰任務，也與中共米格機在空中遭遇，相互糾纏過。那是我年輕時，豪情萬

丈的歲月。

服務空軍期間，三次奉派出國，1972年赴菲律賓三軍大學。不久遇上那裡國家動亂，全國實施戒嚴令。我如驚弓之鳥，夜間裡枕邊放著手槍。

1975年派赴前駐越南共和國駐西貢大使館武官處工作。當時美國已撤出南越，北越大舉南侵，親睹百萬的難民逃亡，流離失所的戰爭景象。我在北越共軍進城前夕，戴著鋼盔倉皇逃出。

1978年再派舊金山總領事館服務，次年遇美國與大陸建交，台灣與美國斷交，面臨這些遽變的局面，無限感慨，難以忘懷。

我在空軍先後服務二十餘年，1983年退役後進入華航公司，又再回到飛機駕駛艙，重操舊業。在華航有機會飛航世界各國，遊覽許多大都市，感受不同國家風土人情，增進了一些見識。

我出自一個空軍家庭，祖孫三代有五人是飛行員。父親早年東北航校畢業，他是中國最早去法國學飛的飛行員。大哥光遼空軍官校畢業，在一次飛往大陸的偵查任務中，被中共米格機擊落而殉職。六弟光越也畢業於空軍官校。小兒寧傑自幼亦嚮往飛行，現任華航機師。此外，兩個女兒、女婿、媳婦，也都先後在華航服務。

1989年我去大陸山東，尋到我大哥被擊落墜機的現場，一位陪同的中共地方官對我說：「你們一家都是『搞』航空的啊！」對我家庭居然都也了解，讓我意外。許多人說我們是航空世家，我想算是。

回憶我自開始飛行，到滿六十歲退休，最後一次飛航為止，前後不覺地竟度過了三十九年的飛行生涯，其中派國外服務時雖停止，飛行時數也累積了一萬餘小時，具體說，一生裡約有一年半的時間是停留在天空裡的。

在過去漫長的歲月裡，許多同學、同事都不幸殉職，他們多是英年早逝，令人嘆惜。我如今能以全身而退，感謝上天的厚愛。

我自1996年退休來美，本著年輕時那份豪情，展開退休生活。在友人鼓勵下，利用電腦的便利，軟體的神奇，將過去點滴瑣事，綴集隨興成文，整理集冊，附加一些相關照片，取名「我在空軍那些年」。

　　我非作家，電腦也是自學，這冊子無可與專業相比，但願和朋友分享我的回憶。

　　　　　　　　　　　　　　　　　　　葛光豫
　　　　　　　　　　　　　謹識　2014年於洛杉磯

目次

Contents

初到台灣

　　民國三十七（1948）年我隨家人由南京搭空軍運輸機到台灣。
那是前清馬關條約割讓日本，被佔據了五十年後歸還中國，抗戰勝
利第三年，也是國民黨政府兵敗撤退台灣的前一年。

　　來台灣之前，我原在南京白下路的空軍子弟小學校讀書，到台
北後，進了國語推行委員會屬下的「國語實驗小學」。當時台灣人
說閩南話，多不會國語。新生入校先學國語和注音，利用每天課外
活動時間學習，由ㄅㄆㄇㄈ符號開始，約三個星期完成，每遇月考
都要考試。學生在校不許講台灣話，廣東話或其他方言。那時由大
陸來到台北的學生雖然不多，但都進這所學校。因為也都不懂台灣
話，雖會說國語，說的卻又是南腔北調。

　　國語實驗小學在南海路上，馬路對面是植物園，是一處熱帶植
物研究中心，範圍很大，環境優靜，亞熱帶植物極多，每一棵樹前
立有一說明牌子，有英文學名，用日文解說。我家住在廣州街，上
下學都要穿過植物園。

　　我們家住房是一棟日式大院子，木材建造的瓦房，各房間內是
地板或「塌塌迷」厚的草席墊，隨時盤腿而坐。睡房裡有大櫃子，
晚上從櫃子裡取出被褥，非常方便。廁所是蹲式，我們習慣。室外
有一水儲水池，做防火之用，我們不懂，卻在裡面養魚，那房子是
日治時期陸軍醫院的眷屬房。

　　一年後，政府自大陸全面撤退，來台人數突然增多，當時父親
在防空司令部工作，我們借住了二年醫院眷屬房後搬離，遷到仁愛

路空軍自建的眷舍正義東村。

　　初到台灣時許多事物對我而言很新奇。就讀的實驗小學校園很大，紅磚樓房，禮堂特別寬敞，為推行國語，老師多是北平人。上勞作課時學生用的小刀，小鋸等工具特別齊全，是我過去沒見有過的。

　　週日放假我們去看電影。走在後來成為鬧區的西門町馬路當中，不怕汽車，因為車很少。那時候每星期日上午，台北市各電影院有一場勞軍免費電影。我們是小學生，就請阿兵哥（軍人）帶我們入場，放映的多是美國片子。後來才有了台灣和香港來的國片。

　　大陸撤退時有許多文藝界人士離開大陸，一些文藝人士未到台灣，去了香港，因而促成香港的電影業發達，為東南亞之冠。

　　記得抗戰結束那年，我們到東北瀋陽，常聽到大人談「八路軍」的事。記得有一冷天，我去看電影。半路上有一個人問我，你爸爸是不是空軍，我說是。我那天戴著一頂父親軍用蓋耳的軍帽，上面有一軍徽。那人說現在八路很多，別戴這帽子。他走後我立刻將帽上軍徽扯下，而後未再用那帽子。

　　在台北，有一天放學路邊上地上見有一張報紙，好奇的拾起來看，細讀內容多不十分了解，許多「國民黨」、「解放台灣」的字句。我把報紙帶回給父親看，他說這是八路報紙，以後不要碰。

　　有一段時間街上出現大幅標語，寫著「匪諜自首，過往不究」、「匪諜自首最後××天」。我家收音機裡常聽到大陸的廣播，整天聽到高喊「解放台灣」、「血洗台灣」，聲調高昂，用語尖銳，充滿殺氣，我漸漸感到憂心忡忡。

　　所有學校都以「忠孝仁愛」為校訓，機關團體大廳上高掛有「禮義廉恥」匾額，軍事單位強調「親愛精誠」。一切政策做為是「保衛大台灣」、「反攻大陸」、「解救大陸同胞」。

國語實小課外活動很多，我參加潘老師的體操隊和李老師的話劇隊。有一次我們要排「苦命王老五」劇，父親知道後不許我參加。我問為什麼，他說那劇不好。後來知道那是演窮人翻身的劇本。幾年以後，我一次回實小看望老師。問到潘、李兩位老師時，老校工說：「他們都是『匪諜』，一夜之間都抓走了」。

　　當時一般學校沒有政治教育，廣播電台也少有慷慨激昂場面，當時大陸來台灣的人，期盼能有一日返回大陸家鄉。有人說一二年就能回去。

　　直到我加入空軍，開始接受政治思想教育。知道了一些共產黨的無產階級、唯物論、階級鬥爭論等，毛澤東實施的三反五反，整肅，大躍進，超英趕美，土法煉鋼的等等政策。後來在軍中每週一次政治思想教育，稱做「莒光週」，取「勿忘在莒」之意。

　　文化大革命，四人幫動亂的發生十年裡，舖天蓋地的大字報，照片，鬥爭等，令我們感覺不可思議。

　　在1989年兩岸開放交流之前，一般在台灣的人對「共產黨」的認識是和「文化大革命，四人幫」劃上等號。1949年，我自實驗小學畢業後進板橋中學，每天搭七分鐘的火車來往學校。之後政府在「檢討，革新，創造」政策下，呼籲台灣的各行各業大力發展「建設大台灣」，比如台灣初期僅有香蕉，鳳梨及少數種類水果，農復會每年派出人員到國外選擇許多種類在高山地區栽培成功，現在已外銷大陸。

　　空軍為加強子弟教育，除在各都市成立子弟小學外，另在南台灣東港，一處日本留下廢棄的水上機場跑道上，創辦子弟初級中學。我在那裡住校，讀了三年後回到台北繼讀高中。

2010於洛杉磯

學習飛行的回憶

一、祖孫三代　五人飛行

　　我的父親葛世昌，年輕時由遼寧的海城縣鄉下，北上到一百二十哩的奉天（瀋陽），進入張作霖大帥創辦的東北陸軍軍官講武堂，學習砲科。

　　有一次張大帥得到一位來中國推銷飛機的法國人的獻議，決定成立東北軍航空隊。購買法國飛機，並派人去學飛行，建立空軍。那是中國土地上第一個軍事航空隊。

　　張大帥就在當時的「講武堂」裡選人。他在講堂用朱砂筆勾選了「儀表端正，成績優良」的學生，赴巴黎高德隆（Codron）航空學校學習飛行。於1927（民國16）年1月學成返國，父親是其中一位。

　　當時因國內軍閥割據，各有勢力，年輕飛行員回國時，大帥怕這些中國飛行員被另外勢力爭取過去，一回國就直接授以少校軍階，月薪是三百大洋。三百大洋是相當優渥的待遇。據說那時候一位教員月薪不過七塊大洋，並派給舊電影中常見大軍閥乘坐的敞篷車一輛。那時候父親二十三歲。

　　後來日本發動九一八事變，侵略中國，掀起中日戰爭。他的同學高志航於民國26年「八一四」空戰中，成為重創日本鹿屋航空隊的英雄。中國空軍節也因那光榮日制定。父親當時將法國國航空「戰略、戰術、戰鬥」的新航空觀念首次引進中國。他編寫了中國

空軍第一冊空中偵察教範及空中轟炸教範。

1940年我大哥光遼在昆明小學畢業後，考取四川灌縣的空軍幼年學校，六年畢業後再升入杭州筧橋的空軍官校二十九期學習飛行，後來於1949年大陸撤退，隨學校來到台灣。畢業後初到作戰部隊，後到第34偵察中隊（蝙蝠中隊）服務。在1964年6月11日夜間，執行大陸夜間偵察任務時，在山東半島的棲霞縣上空，遭中共米格機擊落。他的遺體被當地民兵就地掩埋在一塊乾河邊上。多年後當兩岸開放，我曾到山東尋他墜機的現場。

六弟光越，小我十歲，初中畢業考進在台灣的空軍幼年學校，後升入官校五十期戰鬥科畢業，先到一大隊飛行F-5A，後再調清泉崗基地飛行F-104機。後來參與空軍換裝飛機，向法國購買幻象機種，派任駐巴黎軍事聯絡代表。三年後法方交機，空軍在新竹成立幻象機聯隊，他是首任聯隊長。小兒寧傑大學畢業後，考進華航航空，後派送美國北卡州飛行訓練，三年後完成返國，現在擔任飛航747機長。兩個女兒寧莉、寧栩及女婿、媳婦等也都先後服務於航空公司。我的家人和飛行與航空，結下了不解之緣。

二、嚮往藍天　投筆從戎

我求學時對文史和語文科有興趣，也和許多年輕人一樣，抱著理想，希望能考上大學喜歡的科系。但聯考成績不佳，只考上淡江英語專科學校，也就是現在的淡江大學前身。當時英專是私辦學校，學費高，對我的家庭是一大負擔。

1956年暑假某日，初中時的三位同學來邀我同去報考空軍官校。那時我雖然已進了淡江，對空軍卻仍舊嚮往，內心雖然猶豫，也就隨他們一同去了。

那天我們到「空軍招生辦事處」報名。那是在台北連雲街一條

巷子裡的一棟日式房子。當天擠滿許多的年輕人，報完名後立刻做身體檢查。

飛行視力檢查是最重要而難通過的一關。那時候眼科儀器不如今日發達，並無眼壓，分光等之類的檢查項目，而檢查方法雖然非常簡單，但也十分有效，能否通過，當場分曉。

檢查有兩種：先是拉「平行桿」。在一間像似黑洞的房間裡，遠處暗光下有兩面可以滑動的牌子，左右各牽引著一條繩子。當兩面牌子前後不在一個平面時，要求考生拉動手上兩條繩子，把牌子拉移到一個平面上，這是夜間對物體遠近距離判斷的一種測驗。

另一種檢查稱作讀「五十公分卡片」。在一把長尺前方五十公分處有一夾子，上面夾著一張有英文字句的卡片。航空醫官隨時抽換字體大小不同的卡片，要你讀那上面的字。這兩種原始檢查眼睛的方法卻倒難倒了許多人，有大半的人沒有過關。未及格人都不知道自己眼睛已經不好。

整個體檢是由一位樣子很福態的王醫官和一位醫務兵全程包辦。王醫官是北平口音，嗓門特高，邊檢查邊罵我們考生，大家都有點怕他。同去的同學馬邦鼎在他面前一坐下，王醫官大聲說：「年輕人要挺起胸來！」然後在他胸前搥打一下，引起一旁我們笑起來。他對另一位瘦高的人說：「你這樣的身體像紙糊的，哪能當飛行員啊！」結果他們二人也都通過整個檢驗。飛行人員體格是要求身體健康，官能正常。

最後我和馬邦鼎二人順利通過體檢，筆試後錄取。

母親知道我考取了空軍官校之後，她說：「好好書不唸，為什麼要去學飛行？」我想母親的話是不得已的，她知道當時我讀書的學費使家裡負擔很重，了解我想去官校的原因，當然她十分瞭解飛行事業的危險。

三、各地同學　匯聚一堂

1956年10月20日的清晨三點鐘，我坐三輪車離家到達台北火車站前。招生辦事處的人集合我們新學生，點名後，搭乘火車到雲林縣的虎尾報到。車廂門外貼有「空軍官校飛行生專用車廂」的字樣，雖是站站必停的慢車，大家覺得很興奮，摸黑上了車。

待天亮之後，才看清車裡面我們一伙熙熙攘攘去報到的同學。多數都是還留著小平頭，穿著卡其褲的應屆高中畢業生。也有幾位「西裝革履、油頭粉面」國外回來的海外僑生，在那時候他們穿著洋派，留著長髮特別顯眼。另外還有三位陸軍官校畢業已是中尉的軍官。

車上坐在我對面一人是杜維楊，廣東人，有一對大眼睛。後來我們分在同一組飛行，有一外號叫做「歌王」，是終日都在哼唱歌曲的人。另外也意外遇到我在大陸南京時的小學舊同學胡世霖、陳德沛，二人也同期考上。

約下午三時許到斗六站下車，分乘卡車到達虎尾鎮附近的「空軍官校初級飛行班」。那裡原是一處日本人佔據時留下的舊機場。

班主任藍寶田上校與學生隊長羅家駿迎接我們。主任簡單講話後，我們才知道要通過「試乘飛行」和「入伍訓練」後，才算是官校的正式學生。顧名思義，「試乘飛行」是測驗是否適應飛行，先做一次篩選。

編隊分班，分配寢室，領取服裝，最後去理髮剃成光頭。鎮上請來媽媽年紀的女理髮師，邊剃邊笑我們。

開始地面學科教育，包括基本飛機認識和簡單飛行原理等，結束後開始飛行。使用前後座PT-17型雙座教練機，由教官帶飛十五次「課」，每次約二十分鐘，飛滿總時五個小時結束。

四、入伍訓練　嚴格考驗

　　同年的11月底，通過試乘的同學到空軍預備學校接受軍人入伍訓練。未通過的同學約有半數，離校回家。

　　預備學校位在南部東港的大鵬灣，那裡是日據時代的一個水上飛機場，有跑道和營房，西面臨海，範圍極廣，環境優美。預備學校包括空軍飛行、機械、通訊、氣象、航炸等，是各兵科的學生入伍訓練基地。

　　入伍就是「新兵訓練」。第一天隊長訓話說：「把你們這一群散漫的『活老百姓』經由嚴格的軍事訓練，改變氣質，成為一名標準『革命軍人』。」我們第三隊飛行班是一個連，三個班約有八十人，教育班長都是陸軍官校畢業的年輕軍官，非常嚴格。寢室原是一棟停放飛機的舊棚廠，水泥地面，每天用擦槍油打得光亮如鏡。每日早上六點在號聲中驚醒起床，二十分鐘內完成盥洗和內務整理，迅速著裝，集合，手忙腳亂。還要打「綁腿」。打綁腿是中國傳統當兵習慣，軍容顯得整齊劃一，操練和軍行時雙腿不易疲乏。這靈感可能來自水滸傳裡的神行太保戴忠，他走遠路前打著綁腿，可「日行百里」。

　　生活充滿緊張，每天上午四小時基本訓練，從徒手立正，稍息，敬禮到持槍臥倒，匍匐前進。然後是班教練，排教練，累得精疲力竭。

　　每天操練消耗大量的體力，上午不久就感到飢腸轆轆，當時年輕，食量大，吃起飯來如衝鋒陷陣。同學「大詩人」高惟禮對吃飯情景有所感觸，做打油詩一首，詩曰：「上桌四邊看，動作莫驚慌，人多休啃骨，菜完先倒湯」。

　　學課包括政治教育、三民主義、軍事、軍法、國文和英文等。

對我們建立做軍人的觀念和處事邏輯思考認識有很大助益。

五、重返虎尾　開始學飛

次年四月，春暖花開，六個月入伍結束，離開東港，再回到虎尾初級班，心情充滿興奮。那時我們才算正式的空軍官校第四十一期學生。

開飛之前，照例先有一個月較完整的地面學科訓練，包括航空動力學、飛行學、飛機學、發動機學、航行學、通訊學、氣象學等科。我們從基本飛機的結構、機身、機翼、發動機、螺旋槳等開始認識。絕大多數的同學從未在地面上見過飛機。一般學科有國文、英文、法律、政治等，林林總總約有四十餘門課。

飛行分作兩個飛班，一班上午飛行，下午上課，另一班則上午上課，下午飛行，相互輪換。每一飛行班再分成數個飛行組。

開始時每組由一位教官帶飛六到七個學生。訓練二十課後約有五個飛行小時，第一次考試，一些不適合學生淘汰離校。

飛滿八小時後開始單飛考試，未通過的人最多，又有一批離校，三個月後每組僅剩下三，四名學生，有近半同學離開。

教官說初級教練機構造十分簡單，可是一但飛起來卻是「千變萬化」，有的人因為跟不上學習進度而遭停飛，也有人技術不夠或粗心大意而摔了飛機。大家問這飛機會不會摔死人，教官說：「這飛機特別安全，但是初學時『拿大頂』和機翼撞地倒是常有的事。」「拿大頂」是落地時煞車過猛，尾巴翹起，機頭觸地，螺旋槳打彎。聽完之後，方才意識到飛行不是件容易、好玩的事。

PT-17初級教練機是美國波音公司製造，是一型尾輪在後，上下雙翼，前後艙雙座，機頂無罩，前後艙內有各一套同步的操縱系統；腳下有左右方向舵踏板、煞車，座椅兩腿間是駕駛桿，左手旁

邊有一推拉式的油門桿，正面儀表板上顯示方向、高度、馬力、滑油壓力等七個簡單儀表。

這飛機沒有無線電，前座教官和後面的學生是用手勢來溝通。在空中教官在前示範一個動作後，以左手姆指往後一比，表示要後座學生照樣來做。教官以左手掌拍拍頭，表示要學生手鬆開駕駛桿，由他來操作示範。初學學生緊張時往往會抓緊抓駕駛桿不放。

機翼面是用蒙布漆成金黃色，機身是橄欖色。登上飛機時如果踏錯位置，就可能將翼面踩破一個洞。單一發動機有二百二十匹馬力，平均時速一百英哩。在地面推加油門，速度到達五十六哩時，向後輕輕拉駕駛桿，飛機便可離地。

第一天「座艙實習」時，教官拍著機翼說：二次世界大戰和韓戰中、許多空中英雄都是由這種飛機訓練出來的，聽後大家對這蜻蜓式的老爺飛機肅然起敬。

初級班機場位在虎尾鎮的西面，跑道是一大片草地。東邊上是停機線，有一長排竹子搭建的房子，分別是教官休息室、講解室、機務室、保險傘室等。

輪飛行前先在中隊部集合，唱著軍歌，齊步到停機線。由飛行班長下達當日課目，再由各組教官對本組學生做飛行課目講解，飛行次序由教官指定。

六、先學直飛　再來轉彎

飛行前圍繞飛機做360度機外檢查後，背上保險傘，爬進座艙，扣妥安全帶。照著手冊上的程序開始逐項檢查飛機發動機儀表、電門儀表等。口中高聲唸著教範上的程序：「安全帶扣妥，操縱系靈活，總油門開，磁電機開……」一般初飛時，發動機轟的一聲發動，嚇得人把原先熟背的程序全數忘光。

飛行課目是循序漸進，包括飛機發動開車、地面滑行、上升起飛、平直飛行、大中小轉彎、失速、螺旋改正、編隊、特技、降落等。每一個課目的高度、速度、馬力配置和操作程序等在課堂教官講解，教練手冊中都有明確規定。學生飛行之前必須瞭解，有些程序，數據需要背誦和熟記。比如起飛加速須到達一定速度時方可拉駕駛桿離地。

　　平直飛行是在某一定高度上，保持一定方向，恆定速度飛行。因空中氣流不同，會自動造成飛機升高或下降，忽左忽右，須隨時不斷用駕駛桿，方向舵和油門馬力及時增減修正，才能夠保持一個高度、速度、方向不變的直線飛行。

　　假如向左轉彎，就往左面壓駕駛桿，蹬左舵，飛機便向左轉彎。轉彎時機翼有了坡度，翼面升力減小，機頭會往下墜，高度也往下降，為了不讓它繼續下墜失去高度，需將機頭略為抬起，抬起機頭速度又會減小，又必須加少量油門來補償。

　　所有飛行的動作都是高度、速度、坡度、角度、馬力的適時配合，手腳並用的協調工作，如稍不留意，往往保持了高度，忽略了速度，或速度保持了，高度又有變化。

　　飛行教官的口頭禪是「錯誤發現得早，修正量就少」、「手腳協調，顧慮周到」。動向發現的遲，會愈來愈糟。

　　如做一個垂直筋斗，得先俯衝加速，到達一定速度時駕駛桿往後拉，機頭便由俯衝拉起往上衝，通過頂端後成倒飛的狀態，再繼續往後帶駕駛桿，飛機經倒飛後繼續衝向地面加速，最後要收小油門，慢慢拉起機頭上到達天地線（水平線），恢復原來開始的高度和方向，如此形成一個完整立體圓弧飛行動作。做這一課目的要領是要有一定速度，兩翼保持平衡，帶桿份量一致和改正的時機配合良好。弄不好會在倒飛時飛機滯留，倒掛在半空中造成失速（Stall）狀態。

失速時，飛機操縱面失去作用，飛機會成像樹葉般下墜掉下來，如不及時改正，便會進入螺旋。初飛時失速和螺旋改正兩個危險課目非常重要，須要操作熟練。

在空中若飛機操作不當，升力小於重力時飛機會往下沉，接著升力完全消失後，飛機會失去操縱。熟練失速課目是先把機頭高高仰起，將油門拉回到慢車（Idle），這時候飛機先是發生明顯震動，速度急速遞減，瞬間整個飛機就像自由落體朝向左面（因螺旋槳旋轉扭力關係）扭身下墜。

改正的方法是立刻推前駕駛桿，讓飛機俯衝得到加速，反方向用舵，加大油門爭取得速。當獲得到安全速度後，拉起機頭，恢復正常。速度和高度是安全飛行基本要素。

螺旋動作是一種飛機完全失去控制的狀態。練習進入時仰高機頭，收小油門，蹬一邊左舵，待飛機在完全失速後，機翼迅速向左旋轉，機頭筆直衝向地面，這時候用相反方向的舵和駕駛桿來改正。這兩個課目是預防操作不當造成危險時，知道如何改正。

七、輪子撞彎　世界奇觀

每日半天的訓練中，教官輪流帶飛，每人僅二、三十分鐘，但連續帶飛是辛苦的事。在教官帶一位同學起飛後，其他未輪飛的人坐在講解室外面一排椅子上觀看。教官說：「看別人飛三個落地，等於自己也飛了一個落地」。我們私下說：「那才怪！」飛行要實際操作才會熟練。

波音公司在1933年設計製造這型「經飛又經踹、經摔又經拽」安全的PT-17飛機時，有一句豪語：「任何飛行員如把這種飛機的起落架（機輪架）撞壞，本公司獎勵美金二百元」。中日戰爭時期，美國提供中國150架這型教練機。

一天下午我們坐在椅子上看落地。當日側風較大，只見剛放單獨飛的同學吳相成，歪著翅膀飛過來，一隻單輪重撞到地上，搖搖擺擺後也安全落了地停住。滑回到停機線，發現左輪柱撞彎。他的教官說：「吳相成，你這是世界奇觀啊！」後來吳相成因平時飛行成績良好，只是經驗不夠，並未此遭到停飛。但十年後，他在一次T-33噴射機機飛行時不幸在左營外海失事。

每飛一個新的課目開始，教官先做示範，再由學生模仿動作，若教官認為不滿意，就會在前面搖頭，表示不對。如果動作做得太離譜，他就會收小油門減低發動機聲音，扭過頭來大聲罵道：「笨啊！」。

飛機上翼的左前方裝有圓形後視鏡，教官在鏡子裡可以清楚看到後座學生狀況。飛行要養成眼觀八面的習慣，如果一直盯住儀表看，就會被罵「呆若木雞，顧慮不周」。然而在飛機倒飛的時候，學生也可以從那鏡子裡看到前座的教官頭朝下，血液衝頭部，滿臉通紅，齜牙裂嘴的怪樣子。

八、認清地形　避免迷航

第一次飛行，當飛機一離地後往下面四周一看，頓時覺得心驚膽跳。迎著強風，聽著發動機隆隆聲音，心裡緊張，暗想萬一掉下去該如何是好。初級飛行一般科目高度只有500呎。

第一天飛行，先進行地形認識，瞭解機場所在位置。爬升到500呎後高度改平飛，教官伸出手向左右方比劃，指示下方顯著的地形地物：遠處是西螺大橋，煙囪冒煙的是虎尾糖廠，再右方是虎尾女中，旁邊長長一條黑線是糖廠運甘蔗的小火車鐵軌。初飛的學生要認識地形，不要迷航，飛出去要認得回來。

上課時教官說萬一迷了航，先找到糖廠小火車鐵軌，順著軌道

飛，當看見冒煙的糖廠時，機場便在附近了。一位同學急問：「鐵軌那麼細，怎麼找法？」

教官想了一想說：「那就先找小火車」。

又問：「要是小火車找不到呢？」。

教官笑著說：「那就油盡熄火，迫降荒郊，機毀人亡了」。

習慣上飛行教官從來不會對一個學生表示：「你今天飛得好」之類鼓勵的話，他們每次飛行不斷的指正學生的缺點，或嚴責操作錯誤，用意是讓學生不會產生過高的自信心。技術是永無止境的，過度信心會造成學習鬆懈，做出超出自己能力的危險動作。

既然教官嚴格要求學生，就會處罰人，旨在勿錯誤重犯，任何錯誤都會導致危險。

教官處罰方法很多，各有獨到，輕則被罰寫「顧慮不周，程序不熟」百遍，或罰背著保險傘繞著飛機跑十圈。吳相成撞壞了起落架，是較嚴重的錯誤，被罰剃光頭，禁足一個月不得外出。

另一位同學一次在檢查飛機時，忘記把燃油總油門放在「啟開」的位置，他以油管裡的餘油發動了飛機，滑行到跑道，加大油門要起飛的時候，發動機突然熄火。結果被罰由機場推著一個卡車大輪胎推滾到寢室，當然第二天還得推回停機線原地。此後這位同學得一綽號「拿破崙（輪）」。

每一次，飛行教官都必填寫學生飛行記錄：記錄單有紅，白兩種，白色是一般性，紅色是不及格。學生如被填寫三次紅色單，就會送考去考試（鑑定）。

基於飛行安全，飛行教官教學的態度是嚴肅的。如果教官對一位學生的態度由先前的嚴格改變為和顏悅色時，那可能遭麻煩了，意味著教官有意要放棄他，認為無必要繼續訓練。一旦送考，這學生通常是不會過關，因為教官認為不適合飛行。

軍事飛行員訓練飛行到一定時數時，要求到達一定技術程度。

不適合飛行的人無需浪費成本時間，耽誤學生另外發展。

　　飛行人員有一定特質，不少學術優秀或傑出的體育選手同學，因飛行不宜而放棄。

九、單獨飛行　無限興奮

　　起飛行落地航線是重要也是較難的課目，是放單獨飛行的關鍵。起飛航線是離地後，爬升到500呎，往左後方向轉180度後，飛到使跑道頭在你的左前下方位置，飛機與跑道平行，那位置叫做第三邊（Down Wind）。這時要調整油門、速度、高度，取得適當飛機與跑道的間隔距離。當飛機翼尖大約自左邊通過跑道頭時，開始下滑，以淺坡度下降轉彎飛向跑道，同時判斷飛機與著陸點高低適當的位置。若過高，就落不下去，跑道不夠長，若過低，就要落到跑道外邊的鴨寮棚上去了。

　　方向對正了跑道的位置稱作第五邊，保持適當下滑角，保持油門約三分之一馬力，調整一定速度進場，待飛機緩緩下降到機輪距地面約二十呎時，再徐徐減小油門，略仰起機頭平飄，讓升力續減，飛機便失速下沉，輪子便會輕輕觸地，完成落地。

　　如平飄過高，便提前減了速，就會「掛」在半空裡，結果是完全失速重重掉下來。如果能掌握這約三十秒鐘的複雜多變的操作，便可算是通過單獨飛行考試。

　　基本課目熟練後，起落航線也練習了數十個，總時數累積到達八個小時，教官認為學生能力夠，便會送去單飛考試。

　　送考時，考試官坐在前座。由學生自己從地面飛機檢查開始，開車起動、滑行、起飛，空中動作完成一次後，返場降落。考試官認為操作滿意，由他把飛機滑行到再起飛位置停妥。

　　他下來飛機，從飛行衣口袋裡取出兩條長紅布帶子，走去分別

繫在左右翼尖上。向飛機上的學生比個手勢，可以去單飛。

掛紅帶子表示這是初次單飛的「菜鳥學生」，空中飛機讓開一點。平生第一次能單獨把一架飛機飛起來，再降落到地上，那情景是永遠難忘。

按照規定，若教官帶飛學生飛滿了十六小時，還沒有單飛能力，便要遭到淘汰。

很自然，學生放單飛之後，海闊天空，充滿自信，興奮之餘就有人飛出去做些大膽的事。

有人把早餐吃剩的饅頭帶到口袋，飛臨虎尾女中操場，低空通過把饅頭丟下去，大概他認識女中學生。也有人低空俯衝飛過河邊去驚嚇鴨群，或追逐火車，超低空等等做出違規的事。

一旦發現違規飛行，必定會遭到停飛處分。通常會有一位教官飛在空域裡，觀察單飛學生是否按規定在空中練習課目，機身上的號碼漆得特別大，遠遠可以清楚看見。但是還是有養鴨人家來告狀，說他的鴨子經過驚嚇滿天飛後，鴨蛋減產了。

那時我們在虎尾，機場是一大片草地，附近農家會把許多牛放進來吃草。早上飛行開始前，要派一架飛機去趕牛群。派去趕牛的飛機轟大油門在地面來回滑行一趟，把牛群嚇跑，清除跑道。

如果趕牛的那架飛機經過新「出爐」的牛糞堆，經由螺旋槳旋轉產生的吸引力，「攪拌」後便會飛濺到機身、機翼上。趕牛的飛行教官的臉上都往往會牛糞點點。這「牛糞任務」多半派由資淺的教官去擔當。

回到虎尾初級班兩個月，規定直到有學生放單飛後才開始放假外出。假日來到，早餐後我們興高采烈到虎尾鎮去玩。大約從學校步行二十分鐘便來到鎮上。

當時物價低廉，花費十塊錢便可以在鎮上吃午餐、看兩場電影和帶些甘蔗回來。當時我們是二（等）兵待遇，每月薪餉三十六

元。受訓七個月裡，也參加雲林縣校際球賽，重大節慶壁報比賽等一些活動。

初級班有一慣例，每期學生都要演一次話劇。男角由學生來做，女角由飛行教官太太們擔任。我也被點名參加，教官說我適合飾演那劇中的老教授。我們利用每日晚自習時間排練，從開始到演出，花了近兩個月的時間。

虎尾地區有幾處空軍眷區村。演出那天，眷區大禮堂裡擠滿了官兵、眷屬和小孩。演話劇在眷區算是一件大事。戲演得似乎還不錯，獲得台下熱烈掌聲。我們也同時被斗六鎮上的「軍人之友社」請去，在車站前廣場上搭建的一個臨時舞台，演了一場野台戲。那是五十餘年前的事，劇名已不記得。

十、到岡山中高級飛行階段

虎尾初級飛行結束後，我們到岡山的空軍軍官學校校本部，接受中高級飛行訓練。

岡山的校區廣闊，環境設施完備。有一萬二千呎長噴射機起降的水泥跑道，停機坪停放許多AT-6中級和T-33高級教練機。

那裡原也是二次大戰時日本在台灣的一個機場。我們的寢室是地板式，當年日本的神風隊飛行員就住在裡面。

二次大戰末期這機場曾經多次遭到美軍轟炸，受到相當程度的破壞。在寢室後面牆壁上，還留有被掃射過的景像，彈痕依舊清晰可見。

我的大哥光遼在1949年由杭州筧橋官校遷來岡山。那時候我尚在台北國語實驗小學讀書，暑假裡我獨自從台北搭火車去岡山官校去看望他。他帶我去看飛機，還在舊跑道旁的一架被擊落的美國B-25轟炸機殘骸前照了一張照片，至今還保留。未曾想到後來我也

進了官校。

　　來到岡山，當時的第三十九期學長已完成訓練畢業，但仍留在學校裡待命分發去部隊。那一期裡有一位我中學時候的學長藍振聲。初到的那個禮拜天我們愉快的談了許多話，他也告訴我一些飛行的經驗。他說不久就要分發去新竹基地報到，他的家也住在新竹。和他談話後的第二天上午，他卻在熟習飛行中意外失事，使我萬分難過。

十一、中級教練機　易打「地轉」

　　二月初，為期一個月的AT-6型機地面學科教育結束。

　　AT-6是美國北美廠製造，全金屬，總重五千磅，有六百匹馬力，時速最大212英哩，最高升限可以飛到三萬呎。飛機左翼前裝有一挺七點六二口徑機槍，也可攜帶炸彈。前後座艙是封閉式，起落架可以收放。因這型飛機尾輪在後（稱後三點式），機頭前方仰起很高，在座艙裡看不到正前方，地面滑行時須做擺頭向兩側觀看。

　　這飛機起飛加大油門時，向左方產生極大扭力，容易偏離跑道。落地時尾輪像圓規一樣，容易自由弧形轉向，慣性移向一方，稍不留意會造成原地打轉，造成機翼一邊抬高，一邊撞地，習慣上叫「打地轉」。這型飛機在對日抗戰時曾經用來代替作戰飛機。

　　上空氣動力學時，是一位高個子，講話溫文儒雅，口齒清晰，儀表不凡的教官教課。這門原是很枯燥的課，經由他深入淺出的講解，大家很感興趣。課後知道他就是二十六期的杜松培，也是傳聞的官校「三杜」之一。

　　「三杜」是指官校中級班裡有三位杜姓教官，最令學生「聞風喪膽」，他們是淘汰學生最多的「鐵刷子」。巧的是編組時，我們第三組教官竟然就是刷子之一的杜松培，雖不是「冤家」，卻是

「路窄」。我們那一組裡同學有劉燕萍、張春海、朱志輝、杜維揚和我五人。

杜教官第一天和我們見面時說：「過去我帶過許多學生，每一期只有一、二人能升到高級噴射機組去。」「這全靠自己的能力和努力！」。

中級飛行訓練除基本科目外，另外增加了空靶射擊、對地炸射、儀器和夜間飛行等。

放單飛依然是最重要的科目。起落航線程序要較以前初級PT-17飛機程序複雜許多；加入航線時螺旋槳要變矩，以防重飛時扭力過大。在下滑左轉180度對正跑道前，先要放出起落架和襟翼，留意測場，調整速度，修正側風等，還須用無線電和塔台多次的通話，這些程序以前飛初級飛行機時是沒有的。

初飛起落航線時，在不到一分鐘的時間裡程序緊湊，感到手忙腳亂，甚至有同學於慌忙中忘記放下輪子。尤其著陸後尾輪左右搖擺不定，修改稍遲就會造成「地轉」。有一次同學李捷章落地轉後飛機翻了過來，倒扣在座艙裡動彈不得，由泥溝裡搶救出來。

官校自遷校來台灣後，曾發生學生駕機逃往大陸事件。為防止類似事件發生，規定每次只帶四十分鐘飛行油量，當日飛行結束後，也要把油箱內的餘油抽出來放到油桶裡去。

有一次一位同學超過時間回來，落地時側風過大，未對正跑道，想加油門重飛（Go Arund）。當他大加油門爬升到屋頂高度時，發動機突然油盡熄火，飛機就失速掉下來。幸好保持三個輪子同時觸地，四平八穩，重重的摔在跑道上，毫髮未傷，但著實的嚇了一大跳。當天晚自習課見他靜坐不語。事後他就離開學校了。後來他去讀大學，當了教授。

另有一位同學飛行一直很順利，有一天突然表示不願意飛了，校方有規定若不是因技術或身體因素停飛的學生，自請退學是要賠償

的。一個學生到了中級時，飛行鐘頭已約是200餘小時，按成本賠償相當可觀，最後由家長來校簽署寫下「反攻大陸後，賠償一切損失」的字據後離校。飛行是危險事業，須有意願和信心，無法勉強。

十二、黑夜飛行　令人恐懼

中級最後階段是夜間飛行。人對黑夜有本能的恐懼感；黑暗中對於方位、距離、物體的識別容易產生錯覺，尤其當降落接近地面時，對道面的高度判斷較困難，一般是容易操作平飄偏高，提前失速，造成重落地。

夜間訓練是以機場為中心，劃分東、南、西、北四個空域，每一空域再分一千呎、兩千呎、三千呎不同的高度隔離。每一架飛機起飛後到指定的空域，保持一定高度。飛機的翼尖上分別裝有左紅右綠燈光，可以辨別其他飛機飛行方向，避免互撞。

一次夜航前提示，同組的劉燕萍是第一次夜間單獨飛行，他對杜教官說：

「請教官派給我一架舊飛機去飛」。

「為甚麼？」教官問。

「我飛上去一定會摔掉。」杜教官聽了大感意外。

「我帶你兩次夜航，起飛、落地、空域飛行都沒有問題，你要有信心啊！」

「我是有信心，只怕萬一摔掉飛機很可惜」劉燕萍說。

杜教官生氣了，搖搖頭說：「我真想給你屁股上踢一腳。」劉燕萍終究沒有再上飛機。之後我們這一組同學六人已先後離開四人，僅二人升到高級組接受噴射機訓練。

這時候當初和我同進官校的馬邦鼎與陳德沛二人也先後離開。陳德沛是入伍訓練時一次從障礙訓練的繩梯上跌下，以後就時常頭

痛，飛行的時會發生有幾秒鐘頭腦空白現象，休養降到下一期，最後仍被航空醫官建議停飛。陳德沛離校後進成功大學交管系，後來當到台灣省鐵路局長。

陳德沛長得頭大、手大、屁股大，就被同學取了一個外號叫做「三大」。頭大也就特別聰明，他說話低沈有力，字字清楚，每次上台代表演講時，口若懸河，極有說服力。近年來常在電視上出現，侃侃而談，風采依舊。馬邦鼎離開官校後讀工專紡織科，後來到美國，初由餐館打雜，後來掌廚，再做到老闆，現在是「資本主義財主」。

我們到岡山時，已由二等兵晉升為上等兵一級，月薪為四十八元。那些錢仍可以在假日偶而外出，到岡山鎮看一塊錢一張票的電影。多半假期我會留在校裡，上午看書、寫信，下午運動。

學校圖書館裡有許多書報雜誌，當時的「暢流」、「自由談」兩個刊物每月來到時搶先去看。另外有一些書籍是大陸撤退時由杭州帶出來的，是列為禁書，鎖在一個書櫃裡，有《家》、《駱駝祥子》等，是一些滯留大陸作家的作品。我好奇，後來和那管理員熟了，有一天他就打開櫃子讓我翻閱了一下。在那個時期是不許可的事。魯迅、沈從文、巴金等的作品是兩岸開放後才讀到的。

我借過一本《馬可波羅東遊紀》，發現在卡片上有我大哥在杭州時候借書的簽字。我畢業四十年後，距我大哥殉職已三十餘年，一次去官校訪問，再找到那本書。書裡的舊卡片還在，當年大哥和我在借讀卡片上的簽名依然在目，拿在手中沉思良久。

初入官校時我帶著兩本林語堂的書，一本是中英對照的《浮生六紀》，另一本是英文寫的《生活的藝術》。《浮生六紀》是清朝沈三白寫他和芸娘一生哀怨坎坷的故事。林語堂在序文裡寫道：「芸娘是中國文學史上最可愛的女人」。

《生活的藝術》是林語堂以英文向西方介紹中國人生活的藝

術；如何品茗，行酒令，如何觀山玩水，養花蓄鳥，吟風弄月。中國人的智慧能體會雪可賞，雨可聽，風可吟，月可弄。這二本書讀來讓我愛不釋手，多年一直帶在身邊。

這位令人景仰「兩腳踏東西文化，一心評宇宙文章」的大師林語堂曾經來官校訪問。記得那天他來時身穿咖啡色西裝，頭髮梳得亮亮，儀態俊秀英慧，光彩照人，由校長陳御風陪著，進教室來向我們略看了一下便離去，可惜未向我們說話。

十三、高級組噴射機訓練

民國四十七（1958）年的10月，我們交還了黃色卡其布製飛行衣，換上漂亮的灰色飛行裝、頭盔和深藍色尼龍夾克。進入T-33噴射機高級訓練。

T-33是美國早期參加過韓戰的F-80戰鬥機改裝成的雙座教練機。噴射機在操作上和傳統螺旋槳飛機有許多不同點：一、速度快、飛行高度高、耗油量大，但是發動機加速遲緩，由慢車加到全馬力需較長須約十二秒時間。二、操縱系較靈敏，容易過量操縱。三、跳傘時由兩具火箭將座椅和人一起彈出，彈射時刻坐姿要正確，否則會受傷。升到高級組時我們只剩下四十五位同學，再度重新編班分組。

我編在第二飛行班第一組，依高矮次序是「大個兒」胡世霖排頭、徐正煒、外號「紅番」曾惠騰和我一共計四人，前三人都是身高一百八十公分以上，同學戲稱「高個組」，讓第三組「矮子組」的楊逸民、彭作政、徐辛華頗為「仰慕」，當然他們都是160公分以上。

巧的是我們這組的飛行教官和他的「高徒」比較，顯得特別矮。每講話時他先要把鴨舌帽沿上翻，再抬起頭來。那教官是湖南

人，鄉音重，似乎經常感冒，飛行時常從耳機裡常聽到他在後座氧氣面罩裡咳嗽的聲音。空中較吃力的垂直跟斗、翻滾特技等動作他從不做示範，只說：「課目都和以前你們AT-6飛的方法一樣」，換句話說，是要我們自己去摸索，多半的時間他都在地面休息，讓我們自己去單飛。

十四、兩岸局勢緊張　計劃赴美訓練

八二三炮戰的發生，掀起了海空大戰，廈門沿海一帶集結千艘漁船，中共計劃攻打台灣，山雨欲來，形勢緊張，學校飛行訓練停止。

九月初空軍計劃送我們去美國繼續訓練，立刻加強英語訓練，量製衣服，辦理出國護照等。總部連絡組長親自講解國際禮儀，教我們如何吃西餐。聽說美國理髮貴，有同學自己還買了理髮剪子。後來台海局勢漸漸緩和，出國計劃取消，又恢復了飛行訓練。

停止飛行將近有兩個月時間，技術生疏，每個學生由教官重新帶飛一次。我組的同學「紅番」經過帶飛後，教官說：「完全變了樣了」，於是就由高級組組長臧錫蘭親自再帶他飛一次。

來到天上，連翻帶滾的做了全套特技，返場時通過跑道又飛一個倒飛低空慢滾。回到講解室，臧錫蘭笑問他怕不怕，紅番一直不說話。後來他是我們這一期最後一位因飛行離校的人。

臧錫蘭在中日抗戰時，曾在空戰中因解救被日本飛機咬住的一位美國飛行員並將日機擊落，名噪一時，當時美國及歐洲戰場上都廣播了他的英勇故事。後來我畢業到台南基地，他是部隊的聯隊長。

二月裡，飛行訓練已近完成，準備畢業，心理上輕鬆了許多。

有一天上課時，輔導員要同學許廷榮去一下。不久他回來教

室，沒說一句話，把書桌裡的東西收拾就走了。許廷榮是上海人，文質彬彬，講話時容易臉紅，像個大姑娘，飛行和學科都很優秀，是成功中學畢業。大陸淪陷時他留在上海，父親先來台灣，在上海讀了一年初中後輾轉由香港到台灣。他的突然退學，相信是和曾經「滯留匪區」的事有關，他入校時未填寫滯留大陸記錄。三十年後同學會上再見到他。

十四、參謀總長追拍蒼蠅

　　1958年5月裡，伊朗國王巴勒維由老總統蔣公陪同來官校訪問。那天國王在機場看完雷虎特技小組表演後，到學生餐廳會餐。當時海、陸軍官校的學生一同來參加。

　　那時候官校學生餐廳是一間圓頂式的大廳，整理得非常乾淨，兩邊的玻璃窗擦拭得透明光亮。我們學生先進入餐廳，端正坐好恭候。那日有許多高階將領在場，星光閃耀。參謀總長王叔銘上將站在門旁等候蔣公和國王蒞臨，氣氛嚴肅，鴉雀無聲。

　　這時候大廳的玻璃窗上突然出現一隻大號綠頭蒼蠅。牠鼓動翅膀，發出高頻率嗡嗡作響的聲音，十分刺耳，驚動大廳裡的每一個人。

　　牠大概拼命的想飛出去，就在大廳裡試著往每塊玻璃上找出路，大家的眼睛也隨著牠飛的方向來回轉動。於是那位抗戰時曾經擊落過日本飛機的教育長，找來蒼蠅拍，舉手趕打。在一旁號稱「老虎將軍」個子矮壯的參謀總長急忙搶過拍子，要親自處理，而那蒼蠅卻往高處上飛去。這時候門外叫道：「總統到！」大家肅立。

　　總統蔣公致歡迎詞，伊朗國王致答詞，一切如儀，開始進餐。當時場地較小，我的位子靠近主桌，距國王殿下不過五公尺。他坐

在蔣公的右手邊。

沒料到這時候那蒼蠅再度出現，牠不再去亂撞玻璃，卻飛到身材高大國王殿下的右肩上，國王不愧是天縱英明，絲毫不動聲色。只見那蒼蠅順著國王肩膀而下，遊走到他的右手背上。國王依舊紋風不動，只微動他的手，那隻肥大的蒼蠅飛起下降再三後，國王做了一個稍大幅度的揮手後終於起走，令在場的人緊張了一陣。

二十年後，1980年我在美國服務時，這位有幸和他曾經「平起平坐」、統治伊朗二十年的國王巴勒維被罷黜下台，流亡國外，幾無一個國家願收留他。最後勉強來到美國治病，不到一年便去世。

十五、畢業典禮　蔣公點名

官校自建校以來，每期飛行學生畢業典禮，都由先總統蔣公親蒞臨主持，並親自對每畢業生點名。

因總統日理萬機，等待蒞臨，典禮的日期一直無法確定。四月底，我們飛行和學科都完全結束，安排到鳳山陸軍官校和左營的海軍官校參觀訪問，回來後等待典禮來臨。

有一天覺得肚子不舒服，便去學校醫務科。巧遇我中學學長林柏生，他剛從國防醫學院畢業分發到校醫官。檢查後他說：「要動刀子啊！」。

「是什麼病？」我嚇一跳。

他說：「是盲腸炎，我送你去岡山空軍醫院。」口氣很老練，我有點懷疑這位小醫官會不會誤診。我說：「同學，會不是腸胃炎，吃點藥行不行？畢業典禮隨時可能舉行。」他一邊開住院單一邊說：「得了急性盲腸炎吃藥是不行的，我保證你兩天下床，三天出院。」

我還是去了醫院。躺在病床上，那位資深護理長用她蘇州話催

促說：「歐索，歐索！（快點，快點！）」她是一位媽媽型的護士。三天後我的傷口發炎，她提高嗓門叫起來說：「該死喲，儂個傷口發炎來哉！」聽她這麼一說，我認為將來不及參加畢業典禮了。

結果我在醫院一共住了二十天，雖然吃了些苦頭，但終於意外趕上畢業典禮。

出院的第三天，民國四十八年五月六日，風和日麗，一片旗海，冠蓋雲集，充滿喜悅，我們第四十一期四十四位同學畢業。

那日上午九時穿著整齊，分四排站在大禮堂中間，等待蔣公在崇戎號聲中蒞臨。典禮十點開始，總統訓話，恭喜我們完成嚴格的飛行軍官教育，即將到部隊服務，寄望勿忘黨國期許，壯志凌雲，獻身為救國救民，完成使命。

總統訓話後由校長陪同走下講台，左手拿著名冊，依序走到我們面前點名。被叫到名字的人舉起右手答：「有！」然後他就以炯銳的目光在這名畢業生臉上停留一下後，用手中紅鉛筆在名字上畫一個圈。

我是站在第二排第四位，當總統點到我的名字時，大概見我兩額出汗，臉色蒼白，校長陳御風在左後方立刻輕聲說：「這個學生剛動過盲腸炎手術。」總統點點頭，再望望我，在名冊上圈了名字，走向下一位。

總統點完名後，回到台上坐下。參謀總長王叔銘為前三名同學佩掛飛鷹胸章，其他同學分別由總司令和校長佩掛。接著到禮堂外與總統合照，儀式完成。

典禮完畢後，副隊長李丕緒以山東話對我說：「我真擔心你的體力能不能站那麼久，要是當場倒了下去，就啥都完啦！」

我學著他的腔調話說：「那俺就被抬出去了！」

「總統一定會想，你們空軍官校訓練的啥個飛行員，身體不合要求，站著都會倒下，弄不好校長都要下台。」

「報告副隊長，俺是北方健兒，挺得住！」副隊長雙手撫著他凸出的肚子笑了起來。他是山東諸城人，同學私下稱他「袁世凱」，是我們喜歡的長官。

當日下午舉行家長懇親茶會，由總長主持。茶會場面應該是輕鬆自然，但是家長來賓不過十餘位，顯得冷清。這位中外馳名的「Tiger Wang」的老虎將軍還講了一個小笑話，由於他的身份和場地有些嚴肅，雖獲得官式掌聲，卻沒有什麼共鳴。當晚有平劇晚會助興，平劇是歷來官校校慶和畢業典禮傳統節目。

畢業後，我們有一周的假期。我到台北探望父母親，他們都為我高興。

當我官校畢業時，六弟光越尚在小學就學，後來他也進入空軍官校五十期戰鬥科畢業。我兄弟三人先後都空軍進官校學習飛行，父親雖然沒有刻意的鼓勵，但相信在他內心裡是驕傲的事。

十六、殉職同學　惋惜懷念

離開學校後，我們先到了台南基地的第一戰轟大隊接受F-86F軍刀機戰備訓練。六個月後完成戰備，我和九位同學留在台南，其他同學分別被派到其他各基地。從此以後同學便難得再見面。

我們四十一期前後總共約三百餘人分批入校，在訓練的每一個階段裡，都有同學陸續離開，最後僅剩下四十四人完成學業。在往後服務部隊的歲月裡，先後有十一位不幸殉職，都是在年未超過三十歲的英年。

第一位殉職的是楊逸民，他在高空飛行中缺氧，一旁的飛機靠近去用無線電呼叫他沒有反應，只見他在座艙裡低著頭，昏迷不省，飛機撞到地面爆炸。周文虎是在一次緊急起飛後不久在雲中迷失墜海失蹤。梁紹安是任務回來落地，低空轉彎時液壓系失效，駕

駛桿鎖住，無法操縱而失事。這三位同學都是畢業第一年裡殉職，巧合的是三位同學都是家中獨子。

高惟禮喜歡文學，尤其打油詩寫得極其幽默傳神。他有一個和名字發音相近的外號叫「狗不理」，後來乾脆被同學叫做「包子」，他在新竹一次夜間返航穿降時撞山。魏承基是期上的喜劇人物，愛說笑。每次說完一段可笑的事情後，就指著鼻子說：「我要是騙你，我是你兒子」，大家也就習慣叫他外號「兒子」。他是在海上演習，對著軍艦俯衝，高度過低未拉起來，墜海失事。

徐正煒是我要好的同學之一，臉上經常帶著笑容，高個子，身材挺拔，童心未泯，很有幽默感。1963年冬天，五大隊從桃園飛來台南駐防，利用南部較好的天氣實施空靶射擊。那天他是擔任拖靶機，到外海打靶返航後在距台南西海岸五浬地方失蹤。正煒也是獨子，母親早逝，在台灣只有父親一人。

胡世霖是我南京時候的小學同班同學，又同進官校，飛高級組時又編在同一組裡，緣份深厚。1967年一次空戰中他擊落米格機一架，成為英雄。後來因罹患癌症去世。

這些同學雖然殉職多年，但仍舊鮮明的活在我的記憶中。

我們同學這些年裡各在不同崗位上盡己所能，為空軍做出貢獻，未辜負母校的培育，也充份發揚了空軍官校的「筧橋精神」。

一位空軍飛行員的養成，是如何艱辛不易，今日海峽兩岸形勢雖然緩和，但國人危機意識薄弱，尤其現代台灣多元化社會的青年，已日漸缺昔日我們當年那份豪情萬丈的情懷。

悠悠歲月，春去秋來，自畢業離開母校，不知不覺中已四十餘年寒暑，其間人事滄桑，俗事多變，我們同學都已年近花甲，相信對當年在校情景，自有一番緬懷和感慨。

1996年於台北

飛機跑道上的那所「私塾」

今民國八十五（1996）年春節後，美國加州「空小旅美校友會」成立。校友包括在大陸、台灣時期各地空軍子弟小學與至公中學畢業生。我曾經讀過南京時的空軍子弟小學，在台灣畢業於空軍至公中學。至公中學後來停辦，在校舍廢棄四十餘年後的1994年，我曾前往南部尋訪這所母校舊址。

暮春三月，南下東港。這所當年不合教育編制，空軍自辦的「私塾」，位在南部一個偏僻的角落裡，停辦廢棄多年，幾乎已經被人遺忘。

至中當年設立在東港西岸的大鵬灣內，是二次大戰台灣光復後，日本人留下來的一處水上飛機場。當年那地方藍天碧水，波浪粼粼，是一片秀麗的景象。

在已廢棄飛機跑道的盡頭，從頹垣斷壁，危牆瓦礫中，經過一番思索辨識後，終於拼出五十年前曾在這地方讀書三年的舊日校址。

民國三十八年，政府撤退遷來台灣積極建設復興基地。空軍為扶植職官士子弟和烈士遺族，除早在對日抗戰時期，已在大陸的昆明、成都、海南島等地，以及抗戰勝利後的南京，遷台之後，在台灣各地區辦有子弟小學外，特別選在大鵬灣這地方，創辦了至公初級中學。

當時空軍總司令是周至柔將軍，故取名「至公」。開辦時候僅

有初中一、二年級，共五個班，學生約兩百人，年齡不過十三、四歲，清一色男生，全部住校。

一、冤家路窄，再遇嚴師

民國38年8月，我們台北錄取的學生搭軍機南下屏東，轉換火車去東港報到。走進校區，經過茂密的鳳凰樹，幽靜的大道，看見一些舊日的樓房營舍，有的已是半毀危牆，壁上留著壘壘的彈痕。二次大戰末期美軍飛機曾對這裡轟炸。

「看，那邊是海！」突然有人一聲大叫。果真是碧海相連天，波濤壯觀。當年我們隨空軍一起撤退來台灣多是乘坐飛機，多是些沒見過海的孩子，非常興奮。

報到那天，驚見一人。一旁的幾位舊同學低聲說：「他也來台灣了！」竟然又遇見我們在南京八府塘子弟小學的班導師陳岳如老師。

陳師個子高，嗓門大，管教最嚴，是我們當年最畏懼的。他如今是至中的訓導主任，「冤家路窄」，大家心裡想往後日子難過了。

報到的第二天，天色方亮，急促的哨聲中，我們趕到操場上集合。

陳老師站在升旗台上高聲的說：「從今以後，我們要向太陽看齊，過規律生活，不可懶散。將來反攻大陸，我要帶你們回南京去！」說罷便開始每日早餐前一小時的勞動服務，整理殘缺的環境。

首先我們清除一間半毀透天大營房的瓦礫，辛苦流汗後，裝上籃球架，便有了一個沒有房頂的室內球場。之後，又在各小路邊上挖土種樹。

新教室蓋在飛機舊跑道邊停機坪上，是三排新的紅瓦平房。這停機坪極為寬大，原是可停放許多飛機的地方，竟成了世界上「面積最大」的學校操場。操場左邊有一大炸彈坑，翻起泥土，堆成一個大花圃，種上一些不知名的野花。我們這「向太陽看齊」的勞動服務持續了一年之久。

　　教室後面蒼密的樹林中的兩排寢室，也是利用一座半毀舊營房修建而成。跑道的盡頭是餐廳，原來是一棟堅固的倉庫，高牆厚壁，鐵門足有一尺餘厚。旁邊有一道圍牆，牆外是通往東港鎮的公路。整個校園坐落在大鵬灣的西北角上，環境寧靜，沒有外人過來。它屬於空軍預學校營區。

　　教室右面靠海的飛機跑道邊上，有幾處斜坡，水上飛機可以從水面開上來。岸邊有一座高大的吊掛機，上面寫「石川島」，是灣區最高的景點，爬上去可以遠遠望到小琉球。當年日本人就是利用這吊掛機把軍用物資從水面吊上岸來。

　　校園後面的牆邊外，有一條鐵軌伸進來。偶有火車運煤運米來的時候，便有同學用四川話喊著：「鐵豬兒來了！」（四川人叫火車鐵豬兒）大家好奇的圍著火車頭觀看。抗戰末期，空軍多集中四川的重慶，成都各地，也是都沒見過火車的。

　　大鵬灣也是日本人一處潛艇基地。二次大戰時為避免美機轟炸，將整個基地下挖空，在面向海灣處有一隱密水閘，供潛艇進出。後來日本人聞知戰敗的消息，將水閘炸毀，灌進海水。

　　日軍離開時，政府規定他們將裝備留下，當時日人就把所有飛機綑綁在跑道上，加足馬力，日夜的運轉，將發動機全部燒毀。

　　日軍在倉庫裡留下一些褐色布製飛行夾克，學校發給我們每人一件。同學中有一個籃球隊，穿著夾克上場球賽，自稱「神風隊」。

二、熙元文章，獨得高分

我們班導師是胡自逢老師，四川大學畢業，也教我們這班國文。胡師望之嚴肅，不苟言笑。那時候學校仍使用大陸帶來國立編譯館印的課本，開講就是「馮諼客孟嘗君」「晁錯論貴粟疏」等，苦澀難懂。胡師上課從不帶書，但講課一字不漏，引經據典，生動有趣，漸漸啟發了我們興趣。

記得講到史記中荊柯刺秦王時，他把手上扇子一揮，比著手勢，用他四川人說書的口氣：「汝敢阻擋，要你口吐鮮血而亡！」刺秦王的場面彷彿鮮活在面前。講到「長恨歌」、「桃花扇」纏綿悱惻，哀怨動人的課文後，胡師說：「人生向來『情』與『憂』相俱存，人生難題千百種，最是『情』字難解。你們當切記，切記！」。

胡師給作文分數很嚴格，記得僅有我班王熙元同學得過一次破天荒的八十五分。我們一般泛泛眾生若能得到七十分，就算是「擲地有聲」的好文章了。不及格也是常事，被批評是「狗屎文章」；聞（文）不得也，舞（武）不得也。

後來熙元隨胡師之後，獲得國家文學博士學位，師徒博士傳為佳話。熙元後來曾任師大文學院長，可惜後來英年病世。

訓導陳老師每在開學的第一天，總要在飯廳裡，指著牆壁上掛有「一粥一飯，當思來之不易」的標語訓勉一番。他說：「我做學生的時候，喝一碗稀飯，只吃三顆花生，一雙皮鞋，穿了十年。」說罷，就抬起腳來向大家「舉證」。吃飯時巡視每桌，若有學生把飯粒落在桌上，就會被責備。同學說陳師的高嗓門，連大陸上的「共匪」都可以聽到。

遇假日來到，如果口袋裡有十塊錢，便是「公子哥兒」，可以

去大鵬站搭小火車，到東港鎮上玩上一天。這段約十分鐘的路程，大家喜歡吊在車門外，迎著強風，吃著煤炭灰，享受那份強風刺激的喜悅。東港線火車是接撥屏東的一段支線；從鎮安（舊名社邊）起止共三站，長六點二公里，是日治時期築成。這段支線已在民國八十二年二月停駛。

當時東港鎮上僅有一家戲院，常演些美國片子，但都沒有中文字幕。在開演時，便有一位說劇情的人，手提茶壺，拉一個高竹凳子坐在銀幕旁。有次上演《魂斷藍橋》，當費文麗和羅勃泰勒在倫敦橋上款款細語時，那位說劇情的人向觀眾解說：「他們兩人在談情說愛啊！」大家看得津津有味。那時候花一塊錢，可以買一綑甘蔗帶回來與留校同學共享，大家會說「有江湖道義，硬是要得！」

三、官辦私塾，「繳械收編」

那時在學校除讀書外，我們課餘打球，玩飛機模型，做彈弓，養小鳥，也穿著漂亮的童子軍服去參加屏東校際各種比賽，常帶回許多錦標。

大鵬灣海邊遼闊寧靜，我們讀書，散步，談天嬉笑。朝看旭日東升，夕眺落日餘暉，非常快樂。那時候學校沒有「不良少年」，倒常有被老師罵為「披鱗戴甲」或「皮得像猴孫一樣」的學生。

曾發生一次「香蕉案」。一次在升旗台邊的廢土上，長出一株野生香蕉。每日見它長高，開花，最後結出一大串漂亮香蕉來。多數人在大陸上是沒見過香蕉樹成長的樣子，這株蕉成了每天升降旗時圍觀欣賞的寵物。

某日早上，那串蕉不見了，全校轟動。陳老師嘆著氣直說：「敗家子！敗家子！」同學們都說那作案的人是「焚琴煮鶴，不懂情趣啊！」多年後聚會時，仍有人在談論這椿懸案。一位當律師的

同學說：「既往不究，趕快自首」，引起一陣笑聲。

　　至中是當年特殊環境下的一所空軍自辦學校，雖然省教育廳特許立案，但終究妾身不明。後來省教育部統一政策，將這所「私塾」「收編」，空軍也不再過問和補助。後來對外招收男女學生，也增設了高中。東港鎮原來已舊有一所正規中學，至中顯然就是多餘的，終在民國七十年，第二十屆學生畢業後停辦，先後共辦了十一年。

　　至中的同學日後在社會上多有成就，有省鐵路局長，外交部司長，陸戰隊司令等。更有三十多人追隨父兄投效空軍，有擊落米格機的英維，也有多位同學為國殉職。

　　如今，大鵬灣只剩下一片失落殘跡，已非舊日景象。我佇立在茂密成蔭的樹下，依稀仍聽到已逝去多年陳老師的聲音。斑鏽的鐵軌埋沒在荒煙蔓草中，小火車不再來了。

　　時間霎似疾風掠過水面，未著痕跡，人事全非，我們少年時的金色年華不再。如今只留下驚濤依舊拍岸，一抹夕陽西下。

1996年於台北

註：岳如老師江蘇南通人，後任東港子弟小學校長。

願錯誤不再發生

一件舊案，三十年後一篇〈歸來的軍刀〉文章出現翻案。

民國四十七年（1958）10月10日雙十節，空軍在福建平潭與米格機發生激戰，交戰中，我方飛行員張迺軍與一架米格機相撞，棄機跳傘後被俘。八個月後在廈門，他被送上一隻小木船，漂流到金門島，回到台灣。

那次空戰，有F-86F軍刀機六架參戰，其中飛行員張迺軍飛的一架未歸。當時台灣報上說他「壯烈犧牲」，各方籌備公祭。但三日後，張迺軍在大陸對台灣廣播，諸多批評台灣，尤其說到：「我跳傘時，空戰中我被自己的一架軍刀機掃射攻擊，幸未擊中」云云。公祭停辦。

八個月後他意外的被釋回台灣。針對張員對台廣播中「被另一架軍刀機掃射攻擊」、「認出機身上號碼（官校33期丁定中上尉所駕駛）」一事，空軍進行調查，舉行檢討會。

調查檢討會在台北總司令部舉行，由時任情報署長依復恩將軍主持，參加人員有當日空戰領隊陸靖少校、張迺軍少尉、丁定中上尉等四位飛行員，以及空戰當日雷達站管制官、情報、氣象等相關人員。

先重建「空戰現場」。會上播放當時空中無線電通話內容，播放丁定中上尉所駕駛飛機上的照相槍（攝影機）射擊紀錄影片，多次反覆播放，影片中僅見丁定中射擊米格機鏡頭，並無張迺軍所說

的他跳傘在空中「被射擊的」鏡頭。

丁定中上尉說明幾點：

一、我是資深33期飛行員，張迺軍是官校新畢業，資淺到隊不久38期的飛行員。我和他平時並無私人往來，更無恩怨。

二、當日空戰遭遇米格機八架，我們F-86F機六架，交戰時滿天飛機，相互追逐纏鬥，空中混亂。方才我看紀錄影片，除有我擊落敵機鏡頭外，沒有張迺軍跳傘鏡頭。

三、當時我們六架飛機發現米格機後，立刻解散，各自追逐目標。張迺軍是小分隊僚機，跟隨我後面，負責掩護。我一次急轉，他被拋開，脫離隊形，未再見他。他與一架米格機相撞後跳傘，我沒看見。其他隊員亦未看見。

四、當天在約十分鐘戰鬥中我擊落敵機二架，電影記錄片中大家已看到。戰鬥中我沒有時間，也更無理由去射擊跳傘的人（指跳傘中的張迺軍）。

五、米格機脫離現場。我們返航，張迺軍是我的僚機，是第一次做大陸任務，沒經驗，回航途中我用無線電呼叫他，告訴他返航台灣的方向，沒有回應。當時我懷疑他可能已被米格機擊落。

總領隊陸靖少校報告：

一、當天因是重點節日國慶日，大陸偵巡任務由平日四架，增派兩架，共六架。規定拂曉時分準點起飛。原任務派遣表中沒有張迺軍。當時隊上規定，派遣大陸沿海巡邏任務須官校35期以上隊員擔任。當天任務飛行員都是33期資深人員，張迺軍是38期，當時尚無資格，但他卻飛了那次任務。

二、中隊傳統慣例，每天值日官均由初到隊資淺隊員輪流擔任。張迺軍是那天值日官。

三、值日官張迺軍在清晨三時左右到各寢室，應到各寢室叫醒

執行任務的六位隊員起床，上車後開車到作戰室任務提示後出發。但是到作戰室後，發現缺少一員未到。當時若再開車回寢室接人，將延誤起飛時間。

四、因值日官張迺軍犯了錯誤，漏叫了一人起床，上車後又未清點人數，造成起飛前缺少一員。權宜之計，我當既決定由值日官張迺軍代替那位未到的飛行員（王姓33期，上尉）。

五、張迺軍說的他跳傘下降中被我們自己飛機「射擊」，我未看到。當時空中雙方十幾架飛機往來穿梭，交叉纏鬥，要想射擊敵機是大好目標，哪裡會去射擊跳傘的人。

丁定中上尉站起來問張迺軍說：「你廣播中說看見我飛機射擊你，是不是你在那邊有人叫你這樣說的？」張迺軍未答。

檢討會將結束，署長問張迺軍有何意見，張迺軍說：「沒有」。各人在會議紀錄上簽字，調查檢討終結。

然而三十年後，聯合報出現獲得年度報導文學首獎，連載多日的〈歸來的軍刀機〉一文，在美國華文世界日報亦同時刊載。這篇文章是移居美國的張迺軍口述，由作者周愚（筆名）執筆而成。

該文報導內容多處批評空軍部隊，欠公不實。

文學寫作可以誇張，黑白不分編造情節，譁眾取寵，無可厚非。但報導文學是報導真相旨意事實，尤其關係當事人的名譽。該〈歸來的軍刀機〉文中對當年曾舉行檢討會一事卻隻字未提，是張迺軍口述時是有意未提，或是作者明知而避談，其用意令人不解。

1994年於台北

註（2014年）：該作者多年後另文暗示張迺軍在該次戰役中曾擊落米格機一架。

大娘，您好！

　　兩岸開放的第二年1989年，我去大陸探親。

　　由山東煙台夜渡渤海灣，清晨到大連上岸。然後搭火車北上，僅兩小時路程就到我老家海城，選搭了普通車。

　　坐的那節車廂很擁擠，籮筐行李雜物多，門窗緊關著，車內空氣相當混濁，主要是抽煙的人太多。雖然掛有禁止吸煙的牌子，大家視而無睹。車上當然也沒有煙灰缸，最方便丟煙蒂的地方是地面上。

　　中途時列車長進來查票，大家紛紛把菸熄掉。車長是位五十多歲的女同志，臂上戴著紅臂章，後面緊跟著兩名助理服務員，也是女性，較年輕些。

　　「誰說可以抽煙的！」女車長拉開車廂門，看到烏煙瘴氣，滿地煙蒂，就衝著大家大叫了一句。這時候在她面前的一名年輕人措手不及，煙未來得熄掉，把煙藏在手窩裡，那煙霧卻由指縫間冒出來。

　　車長說：「可讓我逮著了吧！」年輕人迅速將煙踏到腳下，雙手放在膝上，低著頭不說話。車長看看他便走開了。

　　女車長離開我們這一車廂後，大家又恢復原來的愉快氣氛。我們這列車廂是最後第二節，不多時，車長又從另一頭折回。她一眼就看準先前的那名年輕人。不幸的是他手上正又點著另一支煙。

　　「好傢伙！人贓俱獲，罰十塊。」年輕人又把煙熄掉，低下頭不語。車長逼他罰錢。

老半天，小夥子說話：「大娘，我沒錢罰，您老再原諒一次，保證不敢了」。我們的大娘車長又氣又好笑。罵了一句：「不學好！」就離開了。

車快要到海城站時，我從架上把行李取下搬到車廂門前走道，準備下車。這時候那列車長突然出現在我面前。

「這大箱子怎麼可以上到客車裡來？」她說。我解釋說路程不遠，如果托運怕有延誤。我可未敢說車上有許多大鋪蓋捲，比咱這箱子可大得多呢。她說這箱子帶上客車是違反規定，應照章罰款。

「大娘，我就這站下車了，下回一定按規定。」我學剛才那名年輕人「坦白從寬」的策略。她想了一想說：「你是台胞吧，咱們特別優待，但規定可不能變，就罰兩塊吧！」她的口氣很堅定，罰款條件卻很有彈性，由她說了算。由原來說罰款五塊「減刑」到兩塊。後來當她知道我是東北老鄉，這次是回老家探親時，她似乎又有點後悔罰了我那兩塊錢。

在大陸許多地方，可以看到一些老年婦女參加工作。她們多是退休後再出來工作的。街道上常見她們戴著紅色臂章，手拿小紅旗，來往巡迴，管理街道巷里環境衛生，或負責維持行人穿越馬路交通秩序，態度認真，也絕對有權威性。

親戚告訴我說，這些大娘的法寶是「倚老賣老」，見誰不守規矩，就當面糾正，纏著不放。大男人若是被盯上了會覺得有失面子，習慣上好男也不跟女鬥，敬老尊賢，大都認了。年輕婦女孩子見到她們，就像是婆婆奶奶似的不敢惹，唯有乖乖聽命。在北方許多都市裡，常可見到數百輛以上自行車，停放得整整齊齊，就是這些街頭大娘的功勞，不容小觀。

做另外一種工作的大娘稱「街道」，她們可不是消遣性的。一般人私下又稱她們為「小腳偵緝隊」。她們一般年紀較大，多數在

解放前的「舊社會」纏過小腳，平日走訪鄰里，專做保安工作。

她們對責任區內每戶人家的成員和生活狀況瞭如指掌，家家戶戶對她們來說如同透明櫥窗一樣。「街道」大娘多半是有較高工作能力的人，文化水準也比較高些。她們耳聰目明，腳步勤快，對每一家的生活內容全能掌握。這類「街道」大娘發揮了把握先機，很「澈底」的保全功能。改革開放後，這種最基層的組織依舊保存著。

我去大陸探親訪舊，每到一地「小腳大娘」必來訪問，作一些談話，受訪者無法拒絕，這是規定。有台胞來之前，得須先報告她們。

訪問內容大都是一個樣板：從哪來？待幾天？再往哪去？留下在台的地址，電話號碼等。因有了經驗，每到一地方之前，就將資料寫在紙上，待見到大娘來到便主動送上，並附加一句「怕大娘記不住，就先寫下來了。」如此一來，皆大歡喜。

記得到東北姑母家那次，才進門不一會兒，兩位大娘便到了，她們都是兩人一組。一見面，我便迎上去說：「大娘好！」並請她們坐下，邊客套邊取出紙條遞上。除了我那七十八歲行動不便的姑母外，其他的親戚都一旁站立，恭敬說話。

大娘問我返鄉探親觀感如何，我照例答說各地方街道乾淨，都市綠化工作做得很好，不比台北市，人多樹少。她們聽了似乎滿意我的答話，立刻記下。我沒說我到大陸十餘天還沒見過抽水馬桶，血壓節節上升。

領先的一位大娘說：「聽說卓長仁在台北當市長？他是劫機犯，可不能重用啊！」「為著兩岸的關係，台灣該把他送回來才是。」我聽這話很驚訝。咱們這位東北老鄉卓長仁劫機去台灣是事實，可沒當上市長呀！（他後來在台灣因殺人罪判了死刑）。

我說當市長要有一定學歷，經歷，才有之資格參加選舉，沒聽說他出來競選的事，現在台北市長也不是卓長仁。談了一會兒她們便走了。

所有的「街道」的訪問裡，體會不到人應有的禮貌和尊重，連最起碼的寒喧客套都沒有。「舊社會」的東西沒有了。

我在大連車站，有過一次意外經驗。我們是由煙台搭夜船渡海去遼東半島的東北，船到達大連港時天尚未亮，摸黑趕去車站買車票。因離九點鐘開車時間尚早，旅途勞累，便坐在候車室裡休息。

不多時，聽到有人大聲說話，抬頭一看，幾名戴紅臂章的女同志來到面前。

「你是幾點的班車？」領頭的一名女同志問我，我以為是要提前驗票，自口袋裡拿出車告訴她九點半北上的車票。她二話不說，左手向外一擺說：

「出去！」我當下愣住。真不敢相信自己的耳朵，但這名女同志確實給了我出去的「手令」。

我當時曾想，買了車票，坐在站裡候車有何不妥？此外，從衣著上來看，我們實在也不像是流浪在都市裡的「盲流」。這時候驚動了全候車室。

我突然想到大陸順口溜說「共產黨像月亮，初一十五不一樣」，離開台灣已多天，沒讀報紙，是不是中共對台胞統戰「友好態度」政策又變了？但，她的這一舉動使我惱怒。

「妳這是什麼態度？」我站起來反問她：「我花錢買票等車有什麼不對？」

原來車站規定，搭最近一班車的乘客一律先得坐在長條椅子上，待車進站，一聲號令，大家起立順序上車，這原是維持秩序的一個辦法。換言之我等九時的車，是不能先坐在椅子上。

我接著說：「同志，妳這規矩我不懂，可以說給我聽，幹嘛一定要用這種態度說話？」我指著牆上的大標語說：「妳們上級不是要求大家『五講四美』：做事講文明，講禮貌嗎？」她沒料到我會有此反彈。大概在她的經驗裡，還未遇見過我這樣的旅客。

這時候她身旁另一名女同志打圓場，幫我搬動行李，讓我到對面的位子坐下，結束這段小風波。

1992年於台北

彈落荒郊

　　最近新聞報導軍中演習發生幾件意外的事。空軍嘉義東石靶場附近，一位村民被天上掉下某物炸傷不治。家屬指說是說飛機上掉下來的「炸彈」造成的。軍方實施漢光演習時，艦炮又誤將拖靶機擊落。金門守軍試炮，誤傷對岸居民，還以為台胞要反攻反大陸了。刀槍無眼，水火無情，除了作戰外，演習訓練時也常生意外傷害。

　　我在做飛行學生時，有次飛往大岡山的阿蓮鄉靶場，做投彈訓練。來到靶場後，我的飛機還未對準靶標，手指誤觸電鈕，兩枚練習彈掉落下去。

　　一枚落在農家曬穀場，另一枚「命中」一輛正在田間小路上慢步行走的牛車上。更巧的是，那枚只會冒煙，而不會爆炸的五磅小練習彈，卻引燃了牛車上的稻草，嚇得那牛拉著車子狂奔，結果撞傷兩人。校方立刻派員前往農家慰問賠償，我則受到處罰。

　　我服務於臺南空軍基地時，常去佳冬靶場做炸射訓練。實施炸射訓練之前，要派一位飛行員飛一架小飛機去靶場，擔任地面炸射安全管制官。

　　靶場位在屏東佳冬鄉東面，原是日據時代的一個小機場，跑道長度僅約三百餘呎。靶場南面是乾河床，北面是一大片香蕉園。靶場旁邊有一座小塔台。管制官坐鎮塔台上面，監控飛機炸射安全。當地有一個靶場分隊，負責場地維護，靶標劃線，檢查靶布射擊損毀等勤務等。

一、靶場是「拾荒者的樂園」

　　為保持精堪的戰技，唯有不斷的訓練。空對地炸射科目包括大角度投彈、火箭射擊、小角度機炮射擊及超低空投汽油彈等，一位成熟的飛行人員，需要每月做四次炸射，方能保持「彈不虛發」的水準。一架炸射的飛機攜帶著多種不同的彈藥，包括大小各型炸彈、火箭和機關炮彈。飛機頭前裝有照像槍（攝影機）每次炸射時將射擊情況紀錄下來，做為飛行檢討。

　　一次在靶場炸射的任務，過程非常緊湊，約十五分鐘完成。一旦進入炸射航線後，是一連串的的急轉、拉昇、俯衝，消耗極大的體力。此外還須注意航線上前後飛機的位置，否則會造成相撞。

　　基地上的飛機，間隔二十分鐘起飛一批飛來靶場。臨空前先與靶場管制官聯絡，待許可後才能進入靶場。通常四架飛機一組，進場時換成右梯字隊形，飛到正上空每一機間隔三秒鐘解散，各機前後拉開距離，開始炸射。

　　這時候地面靶場四周已豎起紅旗，安全警告，驗靶的人員已進入附近的掩體內待命。機聲隆隆，彈下如雨，煙硝火爆就此開始。

　　飛機對地面投射不同彈藥，各有一定的角度和高度：投炸彈及發射火箭的高度最高，機砲次之，最低是投擲比樓房還低的二百呎超低空氣油彈。

　　一般是投射高度愈低，距靶愈標近，命中率愈高，危險性也自然最大。有人好勝心強，欲求好成績，在「要準，就要狠」的前題下，會造成飛機過低拉不起來，就與「目標共存亡」了。

　　在炸射中，若見某一機有危險動作，像是俯衝角度大，脫離高度過低時，管制官就用無線電警告，或命令那架飛機脫離靶場，取消射擊資格。

當一批飛機炸射完畢呼嘯離去後，次批飛機進場前有十分鐘空檔時間，地面靶場人員實施檢靶。這時候附近許多農民、小孩，從四面八方、湧進來撿拾炸彈碎片。

　　火箭的碎片和機砲的彈殼是可以拾來賣給廢料鐵工廠的。有時拾到墜到地面未爆炸的炸彈或火箭，他們也不顧危險照樣扛走，自有他們「專家」處理。其中機炮彈殼是銅製造，賣價最高，每一機發射二百發，可撿拾的數量可觀。

　　靶場雖是軍事地區，但地區寬廣，無法禁止外人進入，卻成了拾荒者的樂園。更有人利用飛機正在炸射中的空檔，冒險衝入，也因而發生意外傷亡，成了軍民糾紛。

二、氣油彈擊中土地公

　　我初次去佳冬靶場擔任管制官，靶場分隊派了一位自稱是佳冬靶場元老的班長，他自稱附近農家的每條牛都認識他。在管制塔台裡老士官全程殷勤陪伴，不時端茶送水，送上屏東名產的木瓜水果，頗使我受寵若驚。還哄著附近放牛的孩子去堆土窯，烤蕃薯吃，說：「要好好的請管制官吃，不然飛機不來了！」。

　　老士官經驗豐富，對千呎以外的靶標，別具慧眼，看得清楚。每當飛機對著靶標發射機炮一串後，他站在後面，便自言自語的說：「命中十發」，投下一個炸彈，他就說「偏差二十呎」，若彈著點偏差過遠，老士官便搖頭嘆氣的說：「彈落荒郊啊！」若連連失誤，他便對我說：「報告管制官，請你指揮那架飛機炸準一點，炸彈丟得太遠，都被老百姓搶走了，發生危險！」

　　管理靶場的士兵清理靶場的時候，也撿拾一些廢彈，拿去賣錢，作為大伙的加菜基金。我這才恍然大悟，老士官為甚麼如此的關心彈著點準確。老士官還活神活現的說，有一次颱風之夜，他巡

視靶場時親眼看到一個頭被炸掉的人，抱著一枚還在冒著煙沒有爆炸的火箭，在靶場裡奔跑。

有一次一架飛機飛200呎超低空投擲氣油彈，飛機高速向著戰術靶標（一輛報廢的戰車）飛去。誰知因為投下時機稍晚（延遲一秒投下，彈著將會超前約四百五十呎），那個二百加侖的氣油彈，就超越了目標，直奔前面農家的香蕉園，命中了蕉園裡一座小土地公廟。土地公是保土護農之神，非同小可。結果空軍派員賠禮後，高金重建土地公廟。這一個炸彈闖的禍，堪比「火燒紅蓮寺」。

三、意外發生，誰也不能預卜

炸射意外事件，不盡都發生在靶場。某次演習，戰備飛機在機堡內緊急掛彈，一位部隊長駕著吉普車前來巡視。當車子經過一架飛機前面時，一枚掛在機翼下的火箭，意外引爆後射出。只見那火箭，對準吉普車，從那位部隊長的後腦杓和吉普車的後窗之間，颼的一聲穿過，落在遠處地上爆炸。那位部隊長除帽子被一股熱流吹落外，毫髮未傷，命大。若說他幸運，毋寧說是那枚火箭的神奇，先就計算了當時的風向、風速、吉普車橫過面前的速率，選在那千分之一秒的一霎間，引爆動力，發射出去，才有這驚險的一幕。即使上帝祂老人家的安排，也未必有如此的精確啊！

1995年於台北

我遇見李覺

　　原國民黨集團軍司令李覺，1949年大陸國共內戰期間起義投共，他是當年國軍軍團司令「起義」中最高階將領，是老蔣總統介石倚重的門生之一。1980年有緣在美和他巧遇，有一番對話。

　　大陸國民黨時代的何健曾經做過湖南省主席，李覺是他長女婿。我中學同學鄧君在美娶了何鍵最小的女兒。

　　頃讀《傳記文學》二九八期〈對劉廷芳唐德剛「兩廣事變」大文的補充〉一文，提到前湖南省何鍵主席長女何玫的夫婿李覺將軍，及第二九九期陳應潮先生對李覺出身補充函簡等。茲因筆者前在美曾與李覺巧遇，有一面之緣，作一簡述。

　　我幼年在台灣同學鄧君，去美廿餘年，在美娶何鍵主席小女兒，住洛杉磯。當時我服務於舊金山總領事館任副領事。1980年三月間，趁休假前往洛城探望鄧君，他約我次日到他府上晚餐，並告訴我他夫人的姐姐夫婦近日自大陸來美，亦將一同邀來共餐。

　　次日我偕內人依約前往鄧府，抵達時見有兩位老夫婦已先在座。

　　在座老人年約過八十，光頭，身體消瘦，神色矍鑠，說話中氣十足，頗健談。老婦人年亦八十以上，清瘦單薄，穿白色綢唐裝上衣，黑長褲，黑布鞋。二人湖南口音甚濃。因主人鄧君僅簡單介紹便逕去下廚。我僅知兩老初自大陸出來。

　　「葛先生有機會回中國去看看，這些年中國改變了許多。」老人一開口便不同於一般大陸出來者口氣。

我說：「我離開大陸時年僅十二歲，對幼年在大陸時一些事尚有印象」。

老人說：「我這次出來先到了加拿大，先看了一些老朋友，再來美國。在各地方見到了許多台灣來的留學生，他們的水準要比中國留學生高出很多，主要是中國在文化大革命期間基礎教育上受些了影響。」「不過現在許多政策上有了改變，大不同前了。」老人可能認為我亦是來美國的留學生。

他把大陸情況說了許多，政策改進等，尤其強調他的生活過得很好，「北京冬天天氣很冷，我們都有煤送到家裏來。」他說他離（退）休時任統戰部副長部。

這時候一位中年人自外進來，是主人鄧君的朋友。

那人對老人說：「姐夫你上報了！」將一份當日《世界日報》遞給老人。老人略看之後面呈慍色，便將報紙丟在面前茶几上，面有不悅。

「王惕吾會辦什麼報紙，他只是國民黨的工具！」老人嚴肅的說。

王惕吾是台灣聯合報、美國世界日報社長，原是國民黨中央軍校八期。我不知老人和王惕吾過去是否舊識，但肯定彼此瞭解。

我即將報取過來看，頭版標題印著：「前國軍高級降共將領宋希濂、李覺自大陸出來」，副標題為「聞宋、李攜大量金錢來美國、加拿大做統戰」。我此時方知面對的老人便是當年國軍集團軍總司令、皖北綏靖區司令官的李覺。知道這位老人身份之後便稍有警覺。

李繼續對我說：「中國大陸上生活的確很苦，國民黨在的時候不是也一樣嗎！國民黨很會胡亂宣傳嘛！」是一番不屑口吻。老人雖不知道我的身份，對一個陌生人開口就用這種口氣，我感覺不太合適。

我說：「大陸上這卅多年來一直不斷的掀起不同的運動，不同的政治口號，文革以後這類的運動是否還會照舊發生，中國大陸上人民苦在這方面啊！」。

李說：「國家政治運動求變才會進步。歷史就是一個變數，每一次運動有它的目的和效果，所以政治有高潮，低潮，你讀歷史便會明白這道理。」我感到老人有點依老賣老，有說教意味。

我說：「大陸上這些年運動相當的頻繁，每隔二、三年就有一次新運動，新口號，好像沒有一個安定的常態，老百姓怕難適應吧！」李聽後感到不悅，突然說：「國民黨那一套我很清楚，當年守上海有幾萬兵，解放軍兩個營在一夜之間就把他們瓦解了，還說什麼！」李顯然有點動氣。

我接著說：「你老一向在統戰部工作，假如今天沒有台灣存在，你在那邊的生活是不是還很好，統戰部怕也不存在了吧？」

李頓時不耐，頗激動的說：「你這個年輕人怎麼這樣子講話！」

這時候廚房裡的鄧君聞聲出來，站在廚房門口笑著說：「姐夫，你不要對我同學搞統戰啊！吃飯，吃飯！」很明顯鄧君聽到我們談話的聲音提高，故出此一句幽默來打圓場。

我笑著離座去洗手間，內人跟過來說我們走罷，吃飯時會不愉快，對鄧君不好意思。我說：「碰上了怎麼可以先走！」。當時台灣外交部訓令：遇大陸人士，不主動，不迴避。

飯間李坐我右手邊，李夫人坐李右邊，這位夫人始終很少說話，即使說話也是輕聲細語，極有風度。吃飯時大家談些輕鬆話題。

我說：「姐夫，北平公園內的金魚園還有嗎？我小時去過，還記得。」

李說：「還有，還有。」我幼時遊過北平公園，園內的金魚園留有深刻印象，故借此一問。

宋希濂當年是先被俘後附共，經「改造」二十二年後首批釋放。而李覺是公開率先投共，未經過「改造」。毛澤東對俘虜國民黨團級以上人員不殺，不辱，用長久時間實施「靈魂改造」。「靈魂改造」這原是耶穌上帝的工作。

　　那次宋、李二人出來，自會引起許多猜測。《世界日報》報導說他們攜大量金錢出來做統戰。宋曾向美政府提出造謠控告，官司後來便無下文。宋並強調說出來時僅帶出美金四百元，別無其他。

　　據說宋希濂前來美國是投靠兒子，如負有統戰任務，則其在美申請的居留便難獲准了，故控告《世界日報》似屬一必要姿態吧。

1992年於台北

「密斯脫」得很

　　長久以來英語一直是國人學習的熱門外語，尤其近幾年來格外蓬勃，補習班遂應運而生。

　　父母希望孩子英語「由根基築起」，可以上幼兒英語班、學前英語班。出國旅遊人，就有「觀光英語班」，對「書到用時方根少」的人，更有英語速成「三日通」或「英語穿腦班」等，對症下藥，包醫包治。

　　中國人以前很「夜郎自大」，也很排外。面孔和咱們長得不一樣的就說是番人，客氣一點就說是熟番，如果習俗怪異和我們不一樣，芹菜吃葉不吃莖，說是生番。女兒嫁給人家說是「和番」。如果有誰家的「漢兒學得胡人語，爭上牆頭罵漢人」，必認為沒教養，乖張不馴。

　　滿清初期時，英國外交官遞送的節略、說帖一些外交文件時，外務部在中譯本上把「英吉利」三個字也都加上犬旁，以示他們是化外之民，番邦。

　　後來西風東漸，我們還在放鞭炮，謝神弄鬼時，洋人已把中國人發明的火藥製成炮彈來炸人，這一驚，才想到要「超英趕美」。既然知道了「中學為體，西學為用」的方向，便從學習洋文開始以便「迎頭趕上」。

　　如此一來，學洋文成為時髦的事。早年五四運動後的愛情小說中，男女主角名字前必冠上「密斯脫（Mister）先生」或「密斯（Miss）小姐」表示洋化。現在台灣醫院裡護士之間仍在互稱迷斯。

抗戰時在四川成都發生一趣事。某次在一家戲院裡，一位大學生坐在樓底下看戲，忽然覺得上面不時有東西掉下來，接住手裡一看，原來是樓上丟下來的瓜子殼。

　　大學生一時按耐不住，回頭向樓上喊話：「樓上是哪一位『密斯脫』把瓜子殼丟到我頭上，影響我看戲啊！請你馬上『斯打甫』（Stop）。」語雖強硬，但極有風度，也十分洋化。

　　樓上那位丟瓜子殼的肇事者正巧是位老人家。見年輕人公然指責老人本來就不應該，還要用外國話Mister「罵人」大為光火。

　　顯然老人家不知道「密斯脫」Mister一字何意，認為是一不雅字眼。便吹著鬍子指著樓下的年輕人說：

　　「你罵我是『密斯脫』，我看你才像似個『密斯脫』，你全家都是『密斯脫』，『密斯脫』得很！」老人在一瞬間，能把Mister一字用來反擊，更能從名詞變化成形容詞來回敬，文字上必有功力，非等閒之輩，可比翻譯家林紓了。林紓為我國早年著名《茶花女》、《基度山恩仇記》等名著翻譯家。林氏不識外語，由他人口述後翻譯。

1992年於台北

訪美國航艦中途島號

一、夾板重落地　感覺不一樣

　　一次參加中美藍天演習的機會，我們自松山基地搭機出發，飛向距離台灣本島東南約一百浬某處海面上，參觀美國第七艦隊，排水量六萬四千噸的巨型航空母艦——「中途島」（USS MIDWAY）號。

　　1975年十二月十日，我隨同本軍孟少將、剛少將及友軍三位將軍等共計十五員，搭乘自「中途島」號飛來降落松山機場的一架C-1A型機前往。

　　在啟程之前，由該機的副駕駛為我們做了一次有關海上個人裝備使用和安全提示，特別強調了在航艦上起飛離地和降落時應注意的事。

　　一般人未曾有過航空母艦降落的經驗。聽完提示後有一些好奇，航艦上短距離的起降，剎間加減速，該是什麼樣的感覺。

　　飛行一小時五十分鐘後到達航艦的上空。我們注視著機上機工長警告的手勢，個個在縮脖挺腰，咬緊牙關，砰然一聲，降落到甲板上，飛機立刻停住，應該說是「釘」在中途「島」上。

　　強風細雨中，首先在甲板上接受由八位穿著各色背心的機務人員組成的臨時「儀隊」歡迎，由一位軍官引導進入接待官廳。隨同著將軍們拜會艦長、空中聯隊聯隊長及幾位官員。略事寒喧後，由一位軍官簡報，說明參觀的項目和方式。

我們安排分做三組進行，我這一組五人，是由一位留著鬍子，極易識別的Arenkov上尉引導，隨即開始在這艘一千○一呎長，二百五十八呎寬，擁有二千一百多個隔艙，如同迷宮似的航艦幾個重要部門參觀。

「中途島」號於一九四三年開始建造，一九四五年加入海軍服役，船齡已屆卅餘年，其間曾經過多次的改修。於一九七○年的改裝，將其排水量增大至現在的六萬四千七百卅噸，飛行甲板面積由2.82增至4.02英畝寬，加大升降平台，裝置新型飛機起飛彈射軌道系統（Catapults）及降落捕捉鋼纜（Arresting Gear Machinary），使它在裝備能量上，超過它同型姊妹艦（如富蘭克林號、羅斯福號和珊瑚海號）的三分之一以上。此外，它裝有最新的電腦設備，成為目前除核子動力航艦（如企業號等）外，資格最老，也最具現代化的航空母艦之一。在過去，中途島號曾擔負過多次美海軍新戰術構想和新武器發展實際試驗任務。

「中途島」號首次參與服役的任務，是配同三艘驅逐艦，一艘艦隊油船，滿載不同型機種，在北大西洋實施一次極寒冷地區作戰實驗。美國自水面發射第一枚飛彈，便是由「中途島」號艦上試射的。

二、越戰中首先擊落米格機

「中途島」在一九五七年配屬第七艦隊，編入第七七特遣艦隊，前往東京灣支援作戰。其間自航艦上曾出擊了一萬一千架次作戰任務，越戰中最早被擊落的三架俄製米格機，便是該艦上飛行員的傑作。

我們最先參觀作戰OPS指揮室，空中管制室等部門。暗淡的室內燈光，猶如進入一座小型的雷達站，各種資料的顯示一目了然。艦上的防衛和出擊作戰管制，使用第三代電腦裝備，並配合搜索半

徑距離達五百浬以上的雷達系統，對於任何涵蓋內的目標，在空飛機的儀表板上，可在數秒鐘內獲得足可運用的資料。

若由艦上的E-2B（HAWKEYE）空中預警機升空中延伸雷達搜索，其管制範圍將更加遙遠（E-2B機航程為一千三百哩）。

飛機升空作戰時，由管制室直接送到各飛機的儀表板上顯示，無須由無線電傳遞。

海面上逐漸風平浪靜，萬里無雲。我們進入航艦駕駛艙時，發現這艘廿萬匹馬力，航速卅浬，滿油量可行駛海上一年的母艦，正由一位年輕而帶有娃娃臉的水兵操作中，他身後緊站著一位滿臉落腮鬍，兩臂抱胸，面無表情的士官長注視著。那小兵大概正「在職」訓練，一定比整天刷油漆，擦地板有趣。

我們隨著上尉亦步亦趨，唯怕稍一落後即有迷路的可能。在各層艙間不停的爬上爬下，左迂右迴，除了頭頂上不時傳來飛機在甲板上起飛造成的巨大聲響外，已不知置身在船的何處位置。

接著陸續參觀艦長指揮室、航行室、戰情室等部門後再進入下層的機庫。那裡停放著各型的飛機，分別由飛行人員講解介紹，並歡迎我們進入座艙觀看。機庫的另一大間隔艙是修護廠地區。在一個有限的空間裡面，能夠對多型飛機實施廠站修護，能力驚人。

這航艦上四千五百兵員中，有十數位是平民身份，他們是來自各大學的教授學者和廠家代表，對艦上官兵實施選修隨營教育，和做各種裝備上的技術顧問。

三、航行一年不需靠岸

艦上每日製造淡水廿萬八千加噸，人員消耗肉類四千五百磅、馬鈴薯三千磅，有電話一千五百具。設有廣播電台、電視台、日報一份，並有一所設備齊全的醫院。

Arenkov上尉額頭上冒著汗水，不時的看著手錶，最後他舞動著兩撇鬍子說午餐預定時間到了。下午的節目是爬向上層，參觀飛行甲板上作業。

「中途島」號上的第五空中聯隊（CVW-5）早期稱作空中大隊，是美海軍史上最早裝備噴射機的航艦，目前擁有不同機種的數個飛行中隊，飛機六種，共計九十餘架。

通常甲板面上可停放機數約卅架飛機，由於任務性質不同，可由三座升降平台送到下層機庫互換。在機庫中，不同飛機的停放，必需考慮它最大的可容量和最機動的移動效率。由底層將飛機先送上甲板上彈射升空起飛，需要極靈活的調配作業。

甲板上調動飛機起飛降落、進出上下艙庫，這一套作業由在甲板旁一間狹窄的管制室（OPS）裡的一官一士，使用一具廣播器全盤的掌握著。欲使全部艦上的飛機升空，費時約需九十分鐘。每一架降落的飛機加油、掛彈後再起飛，需廿分鐘整備。

擁擠的飛行甲板上，戴著消聲耳機，穿著紅、黃、綠各色背心的機務人員，區分擔任不同工作。著紅色的人專做飛機停放位置，他們兩肩掛滿銷鏈，飛機停放後銷鏈固定。當飛機降落後，飛行員操作轉彎或移動，每一英吋位置，必須遵照他們的手勢。著綠色背心的人員手提工具包專做故障排除，爭取有效的時間。

四、彈射起飛　重「G力」觸地

母艦前甲板上裝置有兩組由蒸氣推動的彈射軌道系統，每一系統有相當於七十具火車頭的動力。

同一時間內可實施兩架飛機同時起降，不同型飛機在軌道上滾行距離不同，例如一架較重的F-4幽靈式機，大約需要五十呎的彈射距離，藉該彈射動力，在三秒鐘內由靜止狀態推送到一百五十浬

的離地飛行速度。

當一架飛機在艦首進行起飛之同時，另一架的飛機可同時向艦尾進行降落。在長度三百呎的可降甲板上，橫置著三道捕捉鋼纜（直徑約二吋，每呎三磅重），纜繩豎起距甲板面約三吋高，正常降落時僅豎起第一道鋼纜來勾住飛機後腹下方的尾勾。

飛機降落時須減輕重量，油量約為五〇〇磅左右。換言之，一次降落不妥當拉起重飛，油量僅能夠重來一次，沒有足夠飛第三次降落的油量，那時候必須在海上棄機跳傘，由直昇機救人。

當飛行員允許進場，轉入對準甲板跑道時，要注意場邊的最後燈號，並放下起落架及尾鉤，以大仰角，大油門，小速度操作方式，精確判斷進場著陸點（Touch Down Point）。一旦主輪觸地，即刻推滿油門，準備捕捉鋼纜，未抓住時需重飛。一旦纜繩掛住飛機，飛機在五十公尺內便完全停住。我們曾目睹兩架A-7A因測場觸地偏差而實施重飛的景況，驚險萬狀。航空母艦飛行員落地技術堪稱一流。

在航艦飛機起降階段，有一架型直升機升空待命，準備人員意外墜海搜救。我問若有飛機摔在甲板上，阻礙了後面飛機繼續降落，如何處理，上尉說：「我們儘速把它吊起，推入海中」。

一三三〇時，回到官廳，艦長Capt. Shultz客氣的要求大家給予批評指教，我們一位將軍說：「一切都好，只是這船太大，使我們找不到路。」在笑聲中結束此行訪問。

我們登上原機，再度抓緊安全帶，「彈」離「中途島」號，航返台灣本島。

1975年於台北

註（2013年）：該中途島號已退役，現泊於洛杉磯軍港。

談方便

　　人在生活上要入廁的事，本來是出於無奈，卻又是挺重要的事兒。上自元首部長，下至販夫走卒，一天之中誰能不辦這檔子事。從前的人就說過，吃飯拉屎連皇帝老子都管不著。

　　有人給廁所撰寫過一副對聯，聯曰：「倉倉荒荒的進去，從從容容的出來」，橫批是「揚眉吐氣」，相當傳神。也有罵人說「佔著茅坑不拉屎」，此話雖另有所指，也不外是某人礙了別人順心的事，挨罵的人應屬缺德之徒。

　　以前鄉下人把方便的地方稱作茅房，城裡人叫作廁所，西洋人對這詞更有改進，從W.C.到wash room，乃至comfort room等不一而足。如果你是初臨美國，到機場一時忘記那幾個洋文，只要簡單的說boy's room或girl's room，洋人準會給你遙指去路。假如你是讀三〇年代林語堂開明英語讀本長大的那一類古典英文，現在問人W.C.何在，那是問道於盲，今日的洋人多已不知道這個詞兒了。

　　W.C.是早期洋人water closet一詞的縮寫，演繹後泛指抽水馬桶。自原子彈問世以後就少用它來代表廁所，但是現在松山機場新蓋的航醫中心，還可以看到這個縮寫廁所名詞，堅持到底。

　　國人們在用詞上也隨時間改變；從解手，上一號到洗手，補妝等等，都是台灣近年來生活中演繹發展的詞。洋人把這事兒說得更文明些：「回應大自然的呼喚！」十分文雅。

　　多位去過大陸探親的先進都說大陸廁所骯髒，難以忍受。尤其和闊別四十多年至親相見擁抱，淚珠兒會奪眶而出之際，他們哪裡

知道，這千里迢迢回來探親的遊子，水土不服，已多日未通方便，血壓高升不下，蓋因廁所問題也。

今年九月我去大陸，探親首站是新疆昌吉州。到達那日已經是離開台北的第三天晚上，才終於感到「大自然」的呼喚，心中大喜。

那公廁距我親戚家約有一定距離，我頂著塞外強風，摸索到廁。裡面沒有電燈，有如黑洞，但鼻子告訴我在此地辦事沒錯。當踮著腳尖，剛一蹲下，糞坑裡強烈的氣味直逼腦門，頓時覺得呼吸困難，原留在肚中的一口氣也緊緊憋住不敢吐出，生怕再次呼吸，臭氣濃度更高，有中毒之虞。活該又不自禁的拿電筒低頭往下看，原來屁股距下面糞堆不及半尺，蹲立不安，當機立斷，立刻屁股抬高，提著褲子衝出門外。霎時腦海中一片空白，大叫一聲：「天呀！」

一天早上，天才亮，起身外出散步。邊疆大地一望無際，荒漠中的綠洲牧草正長得茂盛。此時正值深秋，已進入農閒時期，大清早不見一人。

突然心血來潮，何不在此方便一下？

於是就在草叢中找一適當地點，頂著藍天，面迎朝曦，眼望著終年覆雪的高山，在這南疆邊陲上進行了一次「野把」，仰天長嘯，其舒暢通樂非局外人能道也。據說毛澤東早期在西北搞革命時，也喜歡幕天席地式「野把」，但是他有衛士警戒，不如我那次來得瀟灑自然。

大陸的公廁多是蹲坑並排式；坑與坑之間很少有隔間設備，是集體「統艙」。在人多的地方也有雙排式的，即李登輝說的屁股對屁股（people to people）「實質外交型」也。

河北遵化縣的東陵，為大清諸皇帝陵寢所在地，是一個重要觀光據點。宮牆之外就有這種大型雙排公廁，在廁所外邊牆上寫著斗大「男」「女」兩字，一哩外就可以看見，半哩內可聞到。據導遊

說，曾有一位來觀光的美國老太太意外的死在公廁內，說是在裡面昏倒後頭部觸地重傷不治。不知是不是被裡面景象活活嚇死的。中國認為上廁是必然事，但一般不重視。

除高級飯店賓館外，大陸一般未有抽水馬桶。住公寓的人家都用跨蹲式沖洗的便所，比較衛生。使用這類蹲式廁所，得有點功力，否則蹲不到一會兒，便雙腿痲痺，腳尖乏力，血脈擴張，眼冒金星。不習慣這種把式的人，少有人能順利完成一次通樂的。

這式廁所因沒有阻氣設計，管道也由樓上一直貫通入糞池。氣溫回升，氣體膨脹，臭味就隨「中央系統」逆流到室內來。當一家眾親圍坐，面對桌前美食，舉著美酒夜光杯的時候，也同時聞到飄來的異味。

我在煙台曾借用一所學校的廁所，是屬於「垂直坑底型」，大便下墜落池，就來個反彈向上，命中屁股，當時萬般無奈。這種公廁因為糞便多已化解成糞水，表面風平浪靜，實則坑下大有玄機，不能不防。

以前大陸鄉間，各家都自有茅房，也都用竹子或高粱桿圍建一半截式矮門。在習慣上任何人如廁，必將有布製的褲腰帶搭在門上，以示警告說：「茅房有人」，旁人不可走近。

而現在大陸各處的公共廁所，即使裝有左右隔間，但一概沒門，對台胞婦女就極為不便。有的人撐起傘來遮掩，但也僅能額得了頭，就顧不了「後」了。友人毛太太得意的說：「我是用兩把傘擋著！」這是探親經驗突破。

天津市火車總站是近年來重新改建，外貌壯觀，頗為宏偉。大廳內是歌德式拱型圓頂，上面繪有許多希臘女神像，在天空雲霧中飛翔，氣勢不凡。一天早上當我踏進廁所，看見的景象卻令我震撼不已。那裡是一長列，成縱隊型的無門廁所，最少有三十個屁股呈現在眼前，大開眼界，嘆為觀止。

為什麼所有公廁都不裝門，不讓人有點隱私？據一位親戚說明，才知道個中道理。

　　上廁所本不是一件雅事，在過去，蹲在那隱蔽的小天地裡方便，無人干擾，是隱私場合。如廁的人在天馬行空，胡思亂想之餘，難免情有所觸，信手在面壁上寫下幾句「文學創作」；小學生往往寫下「王小毛愛女生」「二狗子是王八蛋」。無聊的大人也會塗上「春潮帶雨晚來急，野渡無人舟自橫」或「日出，順壁流水，浪來，四腳朝天」的一些隱晦詩句，這類個人情緒私下的宣洩，雖不光明正大，但也不會有損生活在社會主義下人民的優越性。

　　但據說，自實施「三反五反」、「三面紅旗」運動之後，「廁所文學」改走「革命」路線。各地公廁裡出現「打倒毛澤東，把江青拉下馬，踏上一隻腳」等反動文字。更有的壞分子在廁所裡私裝土製炸彈，搞革命破壞與人民為敵。於是中共黨中央一聲令下，拆除所有公廁的門，要人人向黨「交心」，來個澈底的大「恭」無私。

　　相聲大師侯寶林，在文革時被紅衛兵揪到台上，要他坦白認罪。大師想不出有何罪行，也沒做過對不起人民大眾的事，但是不能沒有交代。他真不愧是位相聲大師，靈機一動，就對群眾說，他有兩件不可寬恕的大罪。

　　「頭一件，第二次世界大戰是我陰謀策畫幹的！」逗得紅衛兵革命小將哈哈大笑，「第二件是我有回上茅坑拉屎，用了幾張《毛語錄》擦屁股。」結果被鬥得死去活來。

　　大陸上現在正大力推行「現代化」，改善生活，便所改善一定在計劃之內，好讓人民在方便上通樂一下？

1993年於台北

摸底

和老徐合照，1981年於舊金山花園角

　　春節過後那個周末，我站在Duma街的街角上，等待紅綠燈轉換。

　　那是洛彬磯一個常見燦爛陽光的午後。Duma街的一帶，是較多老中來往的地方，熙熙攘攘，但你不太會去留意身旁走過的人。

　　跨過街心的時候，見到一張臉色黝黑，兩頰削平，一雙不太容易讓人忘記的大眼睛人和我擦肩而過。過了街，我不禁回頭望去。而那個人也正駐足側身，在對街轉身望著我。就這樣子，我和老徐在街頭上不期再遇。

我初次遇到老徐也是在一個街頭上。那是多年前，1980年八月間在舊金山的事。

　　記得那一天的早上，他一個人站在高樓聳立的Mongamary街的角上，手裡拿著地址，在匆忙上班的人群當中東張西望。大概見我是老中，便把我攔下，問領事館在那裡？

　　那時候中共和美國才建交不久，中共新設的領事館是在遠處另一條的Gary街上。台灣和美國斷了外交關係後，領事館就改了名稱，但仍留在原來的Mongamary街的300號樓上，領務工作照樣運作。

　　七十多年來老僑們尊重的「唐山衙門」一下子斷交改為「協調辦事處」，情況雖然有些尷尬，但舊雨新知，大家都還習慣的把我們那裡稱作「領事館」。

　　那時候中共和美國一開始建交的頭一年裡，大陸就派出一百多個觀摩訪問團，「大躍進」式的來美國學習「超英趕美」。他們初抵舊金山的人，常有人從機場服務台那裡問到了原來「中國領事館」的電話號碼，打來300號樓上的「領事館」，要求人派車去接機的事。

　　我從這一人的口音和神態上，覺得要先弄清楚他問的是那一個「領事館」，我無意要考這個人。

　　他說：「我找國民黨的領事館。」他這麼說，聽起來雖然有點怪，但說的再清楚也不過了。我對他說我也是要去那裡。他就隨我一路走。我問他是不是來辦台灣簽證，「不是，想來辦點事。」他低聲回答。

　　到三樓出了電梯，我就指著門上寫著：「中華民國駐金山協調辦事處」的牌子說：「就是這裡。」就是他要找的「國民黨領事館」。他隨我進來，走向櫃台。我進到辦公室。

　　不久，櫃台小姐進來對我說：「外面有人說要找負責軍事的人」。

我出去一看，找我的人，正是剛才隨我進來要「辦點事」的那個人。就這樣，我認識了老徐。

　　在這之前，曾經由《世界日報》轉來過他的一封信，信上是這樣寫著：

　　　　尊敬的負責先生：我叫徐克（Victor Hsu），河北人，五十五歲。上月從上海來美探望三十二年未見的妹妹。

　　　　一九四三年我在重慶交通大學畢業後，被徵調到軍事委員會外事局工作。先是參加中印緬遠征軍新一軍五十四師做盟軍翻譯連絡，抗戰勝利後再調美國戰略情報局北平辦事處。最後擔任國共和談停戰三人小組，國民政府方面首席代表蔡文治將軍代表團的翻譯。

　　老徐說，大陸淪陷後，中共判他反革命間諜罪刑十年，之後又強制農村勞改。經歷了一共了二十一年人類最殘酷的苦役。

　　我感覺老徐的事，已不是幾句話可以了解的，便請他到會客室坐下。他由口袋裡小心翼翼的取出「解除反革命帽子通知書」、「清理回鄉說明書」，然後陳述他的經歷故事。最後他略提高語調說：「我不願再回大陸去了！」

　　「徐先生，你想要我們為你做些什麼？」我問他。

　　老徐開始是婉轉的說想要一份救濟金，後來乾脆的說要求國民政府補償一筆錢，以便找律師來辦理依親在美國留下來。他說：「我可是因國民黨而受難的啊！」。

　　老徐一再讓我受寵若驚的稱我「尊敬的負責先生」，那是他美麗期望的錯誤。我可不是大陸上「我說的就算數」的那種幹部，便告訴他我得把他的事先報回國內台灣去。

　　打一開始，我心裡就已經覺得要對老徐抱歉了。大陸出來，到

領事館要求協助，是可以理解同情的。但是要求補償金還是頭次遇到。若老徐是第一個，也絕不會是最後一個。在中國這場時代悲劇下，像老徐這樣子遭遇的人何止千萬。我們除嘆唱同情外，能做多少呢。

老徐和妹妹幾十年沒見，那一分親情，同情，也只能讓他能有機會到美國來見面，但並不意味任何的承諾。探親也只有三個月期限，而老徐說，並不是嚮往美國，只是因不願再回到他幾乎耗盡了一生的煉獄，能留下來，即使是依然再艱辛、卑微，卻是一個可以得到清暢呼吸，舒展鬱悶塊壘的天地。

雖然老徐正面臨著三個月必須離去的期限，又要回到一個悲情的未知，但他自認為現在已踏到一個希望的邊緣。

老徐三天兩頭的來找我，說是來聊聊，其實他是關心台灣方面的消息。不來的時候，電話裡也不忘加上一句說：「抱歉，今天不來聊了！」他知道我這北方老鄉，喜歡聽他講些文化大革命的故事。

有天下午我們在花園角喝咖啡，他興致很好似的，說毛語錄上有句話說：「『革命事業不是請客吃飯：道路是曲折的，但前途是光明的。』我給它改了。」

「毛語錄是經典之作、誰有本事敢改？」我說。

老徐說：「我改為『革命事業是無客無飯：道路是曲折無盡頭的，前途是光明的看不見的』。」說完就得意的哈哈笑起來。

難得見他那麼高興，我又說：「難怪他們不放過你這反革命份子。」

然後他又講些多年在農村公社裡掏糞坑下田的事。望著咖啡杯子，我就隨口問道：「在大陸上沒咖啡喝吧？」我沒有刻薄他的意思。

「當年我跟美國人一塊做事的時候咖啡沒少喝。後來的三十多年裡就沒再見過這玩意。」

「當然，美國人走了，就沒咖啡喝了。」我說。

「倒不是。一九四七年秋天，國共停戰談判破裂後，美國軍事調解處一解散，我就離開北京。當時戰略局的美國朋友人私下告訴我說，一旦共產黨當政後，一場蘇聯革命式的大整肅就會發生」。

「為什麼沒想到去台灣？」我問。

「我們那一批翻譯官是大學剛一畢業，就被國民政府軍事委員會徵召來了。翻譯官訓練後，就分發到外事單位工作。我後來派到美軍戰略局北平辦事處，當時為了要和洋人平起平坐，方便協調辦事，軍事委員會就給我掛上個少校軍階，並不算是正式軍人。國民黨那時候打仗，節節敗退的形勢，也沒想要去台灣。」

「解放後頭幾年還好，東藏西躲的。我先到西安鄉下教書，又去廣西，最後到上海。上海人多好隱藏」。

「誰知道他們一直在查我。經過十年之後，共產黨把我的底摸清了。就在一九五八年十月三十一日晚上來了人。我就在一家工廠裡遭到逮捕。他們把我的背景資料桌上一擺，指控我是『國民黨走狗，美帝間諜』。」

「老徐，你也不是什麼大號人物，一個翻譯官都不放過，也實在夠厲害的。」我附和的說。

「何止厲害。我在廣西廟門鄉下祇住了僅兩個月，他們都派過人下去查得一清二楚。共產黨對這種事是絕不放鬆，不惜任何代價，做得滴水不漏。」老徐說。

「老徐，後來你的愛人呢？」

「在我下鄉勞改一年後，怕她牽連受累，我就主動寫信給她，辦了離婚和她劃清界線，從此未再見過面。」

「你們是怎麼認識的？」

「我們是大學同學，是學化工的。她雖然和我離了婚，但離不了關係，怕是也躲不過一番折磨吧！」他又說：「聽說我們唯一的兒子在十六歲時就去了北疆農墾軍團，想到我自己的成份從未敢和他聯絡過。」

　　「亂世啊！一切都已在中國的苦難中滌蕩殆盡。」老徐望著街角遠處蒼涼無奈的嘆了一口氣。

　　有一天老徐來個大早。要我到外頭說話。他突然問我：

　　「聽說花錢找個老黑女人辦結婚，身分合法就能留下來了？」

　　「……」我沒回答。

　　「你看這是不是一個法子？」老徐望著我說。

　　「你是指望台灣給你的錢，用來找個黑女人結婚？」我心裡想笑，卻忍住了。

　　「我得想辦法留下來呀！」

　　「我說老徐呀！台灣會不會給你錢，說真的，我也沒把握。找個黑女人嘛……。」我還是笑了。

　　「不是有人這麼做嗎？」」老徐認真的說。

　　「你以為那移民局不懂咱們老中要的把戲？想要辦假結婚，可要真『辦事』才行啊！有了合法結婚也不一定就行得通。」

　　「什麼是真『辦事』？」老徐睜起大眼問。

　　我說：「洋人要弄清楚你和黑女人結婚是真是假。就算領了結婚證書後，移民官會不定時的來個『家庭訪問』，否則一樣遞解出境。」

　　「什麼樣訪問？」老徐聽不懂。我想了一想，不知該怎麼說。

　　「移民官來的時候，先隔離問話。先問你的『美國黑愛人』她一個月和你make love幾次，上一次是什麼時候，是白天，還是晚上，怎麼開始的、經過如何……然後再把她支開，回頭再問你。兩

人講的話要像拼圖似的要對得攏，說法要一致，那才證明你們是真夫妻。」

老徐打斷話問道：「什麼叫make love？」

我說：「Make love……就是……做愛。……也就是英文說的intercourse。」老徐傻了。

「啊呀！徐同志，這個時代有誰不知道make love這掛在嘴邊的語彙，肯定你三十年前的老英文已經落伍了，再也不能幹翻譯官了。」我笑著說。

「唉！移民官真這樣做嗎？真夠絕的。」老徐渾身起了疙瘩。

我解釋說：「你想，一個中國人會和一個黑女人結婚，哪裡像是門當戶對，其中必有詐。移民官要查個一清二楚，這一招不也是『絕不放鬆，滴水不漏』嗎！」老徐看著對街那家閃著霓虹燈的性商店，想到移民官要問那樣的話，也就打住了。

有一天，突然心血來潮，我打電話找老徐來。

「老徐，你當年可是幫美國人做過事的啊！」我不是在問他，只是心裡沒主意的重複他說過的話。老徐覺得我這話有些唐突，先是愣了一下。

「怎麼！台灣有消息來了，他們不相信我？」然後有點氣急敗壞的說：「我尊敬的老弟呀！當年美國馬歇爾將軍來中國調停內戰，在調停會上美國、國民黨、共產黨三方面代表都聽我的翻譯，假得了嗎！現在中共外事局長當時是周恩來當年的翻譯，談判桌上和我面對面坐了一個月，國民黨一定有人記得我……你們去查查。」老徐顯然是誤會了。

「老徐，咱們去移民局。」我終於這麼說了。

「去移民局做什麼？」我沒回答。我自己也不確定要去做什麼。

在去移民局的路上，我問：「你這次在上海美國領事館申請來

美簽證時，填寫的英文名字可是和當年在戰略局工作時是同一個？名字英文拼字沒改變，談話的時候有沒有刁難你？」

「用的名字和當年的完全一樣，二十天就順利拿到簽證。」他說。

「那你資料一定進了電腦。」我藉機告訴他：「電腦就是大陸上所說的計算機，只要有資料輸進去，連耶穌上帝住在那裡都能找到。」

「別以為洋人都是像電影裡那樣；成天只會喝酒、唱歌、跳舞，他們做起事來可不含糊。」我說。

來到Sanson街的移民局服務台。那人問我要找哪一個部門。

「哪一個部門？……」我自言自語的猶豫起來，看了身旁的老徐一眼，想了一想就說：

「要求政治庇護（Political asylum）」。

「是Political asylum嗎？先生。」那人重複我的話。

「是的，這位Hsu先生請求Political asylum」我指著老徐說。

一旁的老徐一聽，愣住了。他一定覺得這事情比他想找黑女人結婚來得更唐突。服務台那個人倒是緊張起來，就拿起了電話。我搓著雙手心裡想：就這麼辦。

那位移民官主管安德森先生坐在椅子上，聽我說話。先是輕敲著手上的鉛筆，漫不經心聽著。不時地眼望著窗外的漁人碼頭，好像是在數看著過往的船隻，偶而在紙上記下幾個字。

過了一會他和老徐說話。他聽了老徐字正腔圓，語詞雅典，不很流暢的英語講述他的故事，慢慢地把眼光放在老徐的臉上細聽。

事後，他遞給老徐一張紙，一隻筆。說：「Mr.徐，請你寫下任何你記得的當年在戰略情報局工作的美國人名字。當然除了馬歇爾將軍之外。」

老徐看看著我，我一旁低聲說：「他要摸你的底」。安德森沒

表情的望我一眼。老徐苦思一陣後寫下兩個名字。

安德森看著紙上的名字又問：「你能否記得Steven的全名，他當時是什麼軍階級，是那一州人？」老徐邊想邊說，但都不很肯定。但安德森記下每句話。

老徐突然想起說：「那個叫Steven的外號叫Shorty，是個矮子。而另一人Daniel好像是春田大學畢業，是加州人，家裡似有一個牧場……養了許多馬……。」

安德森想了一想，在紙上寫下一個電話號碼，對我說：「你們打這個號碼過去，也許有些幫助。」

出來時我發現那個電話是東部華盛頓特區的一個號碼。我懷疑安德森不是在把事情推給華盛頓吧。

第二天一大早，老徐就來到我辦公室。我撥通了華盛頓的電話，對方說：「這是Tony Fish Market」。我一聽，心想怎麼會是賣魚店？

我說：「對不起，舊金山移民局的安德森先生給我這個號碼，是有關一位Hsu先生的事，我不知道要跟誰講話。」

那人改變口氣說；「Go on（你請說）！」

我說了老徐的事，對方似乎用心在聽。我問：「你要不要和Victor Hsu本人說話？他就在這裡。」

那人說：「我們知道Mr. Hsu已和安德森先生見過面，一些資料已傳過來了。我們試試看能做什麼……」說完就掛上電話。

「試試看能做什麼…」，我一直在想這句話，該不是石沈大海吧。

大約五天之後，華盛頓電話給我回話，要我們再去移民局見安德森先生。我們滿腹狐疑的趕去。

進入辦公室，見安德森的手中仍然拿著一隻鉛筆。但是他從桌

後面站起來，伸出手來對老徐說：「Mr.徐，恭喜你。」接著從抽屜裡拿出一個信封交給老徐，說信封裡會說明一切的。

然後安德森改用一口標準中國話對我說：

「Frank，我在台灣住過，那裡有很多的台灣朋友」。

整個事令我意外不解。讓我有點被他戲弄了的感覺。

我有點不甘示弱的說：「安德森先生，假如我沒有猜錯的話，華盛頓還保存著戰略情報局徐先生的資料，我欽佩你們。不過第一天我們來的時候，您沒說中國話倒讓我意外」。

安德森笑著說：「對不起，那是我的工作方式。您那天不是也說我是在『摸』徐先生的『底』嗎？」我們都笑了。

老徐在一旁拆開信封，裡面是一封由華盛頓傳真過來的信。信上寫道：

> 親愛的徐先生：
>
> 　　我們感謝你過去為美國政府所做的貢獻。
>
> 　　我謹代表我的同仁，熱誠的歡迎你今後在美國享受自由和快樂。
>
> 美國中央情報局，中國事務科，
>
> 簽名，一九八〇年十月一日。
>
> 附言：抱歉你的老朋友Daniel已經去世，Steven還記得你，謹附上他的電話和地址。

老徐讀完信後，熱淚盈眶。

老徐就這樣以美國國務院每年保留的五十個「人道庇護」名額，獲准居留美國。

不久老徐在遠處工地找到一份築房灌漿的工作。他在洋人、黑人工人裡很有「革命積極性」，工作表現良好，不久就升當了工頭。

　　每日天色一亮，老徐於晨曦初綻時，駕著他用「國民黨的補助金」買的一輛福特舊車，通過金門大橋，開始了他的一天工作。

　　不久我奉調回台，打電話告訴老徐。他說：「我為你餞行，咱們哥兒倆喝一杯。」

　　我說：「毛澤東不是說『革命事業不是請客吃飯』嘛！你省省吧！」

　　「別信他娘的那一套，哈哈！」老徐笑起來實在是個滿可愛的人。那次我還是讓他請了那頓飯，我要看看老徐高興的樣子。

　　回台灣之後跟老徐通過幾次信，後來未再聯絡。大約是一九八三年我在報上看到中共發表了老徐當年在談判桌上的翻譯對手，出任了中共駐美大使，讓我一度聯想起老徐。假如老徐也知道了這消息，會有怎麼個感慨。

　　如今二十多年後再見老徐，他已經是美國的公民，三年前自舊金山遷來洛杉磯後，就在遇到他那街的拐角上，當上一家小飯館的老闆。最重要的是老徐找到了離婚的愛人，再結了婚。在甘肅油田裡也找到了兒子，現在都已接來美國團聚。

　　那天老徐堅持我到他的飯館去一敘，我又說了那句老笑話：「毛澤東不是說過：『革命事業不是請客吃飯嘛！……』」。

　　老徐接著說：「我的『革命領導』啊！我得向您『早請示，晚匯報』才對」。

1998年於洛杉磯

城牆下

　　我初到洛杉磯認識了姜才，那是「六四天安門」事件的第七週年過後不久。

　　認識他是在蒙特利市的Lanley老人活動中心，那裡是退休的老中喜歡去的場所。裡面的乒乓球室、彈子房、韻律操和每週一次的老人舞會是十分熱鬧的。我喜歡去那邊的閱覽室，可以看到一些中文報紙。

　　幾次去，留意到一位年歲稍大的人，他常喜歡獨自坐在有樹影透進來的一個窗下角落裡，靜靜的低頭細讀著報紙，偶而也抬頭望一下進來的人。他經常穿件已少見的舊式牛仔夾克，我開始認為他必是來自台灣或中國大陸。

　　有一天外面下著洛杉磯少見的大雨，來人很少。進去時那人已獨坐在裡面，我走近去低聲的試著和他打個招呼，想搭訕幾句。他點頭望著我，一種帶著穩重的微笑和友善，好像也在期待與他人打招呼似的。

　　他先用英語問我：「From China？」在美國的老中初次交談時，往往無法確定應該先用那一種語言。我說：「Taiwan」。

　　他伸出手來自我介紹說：「我叫姜才，姜子牙的姜，文才的才，You may call me Peter（你可以叫我彼得）。」他這中國名字聽起來有些傳統意味，語氣卻十分洋化。和他握了手，就這樣我們成了常一起談話的朋友。

　　先是在閱覽室裡，高興時壓低聲說話有些不便，我們移到中庭

花園椅子上。我開始喜歡聽他說些故事。

　　姜才是獨身，沒結過婚，過去一直在東部的紐約生活。近年來身體漸漸不耐那邊酷寒的冬天，退休之後就來到洛杉磯。他說：「我原是學農的，這裡是全美國生產水果蔬菜的王國，早些年我一直希望能到加州來。」

　　一個退休獨居老人，總是有一些失落感，即使是一生平凡，畢竟還是有一些不尋常的際遇和見識，仍擁有一份風度與尊嚴，也就不甘願像一部不斷運轉的機器突然停頓下來，忍受陷入孤獨的感覺。我感覺姜才大概是屬於這樣的老人。

　　一九四五年中日戰爭結束，Peter離開上海來美國讀書，那年他二十三歲。四九年中共佔據大陸後與家中斷了音訊，他輾轉得知家人一些不幸的遭遇。大陸建立新政權之後積極親向蘇俄，全面反美，整個亞洲的形勢有了遽變，美國開始加強對中共的全面重視。

　　當我知道他曾是一位中央情報局退休的人時，是訝異的，以我的常識，認為他實在不像是個007電影裡龐德那樣偉岸瀟灑的「情報人員」。他可以說長得瘦小，而且兩眉間還有一粒朱砂痣，這很容易讓人留下印象，原不是當一個情報員的條件。

　　Peter大學畢業後，偶然機會知道中情局在招募華人，就去試試。他在中日抗戰期間隨著父母大江南北四處逃難，學會說多種的中國方言，且天生具有超乎一般人的驚人記憶力。

　　經過嚴格測驗和忠誠調查後進入中情局，開始了他一生的情報工作。他說：「那時候他們需要我這樣的人，在早年中情局的華人大都只會講廣東話。」

　　一九五〇年韓戰爆發，北韓大軍南下入侵南韓，後來美軍迂迴北上，在仁川登陸，切斷北韓部隊後路，俘虜了六萬餘北韓部隊。意外的發現在俘虜中竟然有中國解放軍，證實中共已正式介入韓戰。

美國立刻向台灣求援，在短期內派來八十名翻譯官來韓，美國派出十六人，Peter是其中一位，配屬到美國陸軍第八軍團裡的G2情報部門，在濟州島擔任中共戰俘的審訊工作。

　　彭德懷率領的中共「解放南朝鮮戰爭」的自願軍來自中國各各省份。Peter在審訊俘虜時使用那些俘虜說的家鄉話。他說：「共同語言有一些親切感，一些知識較低的士兵戰俘容易道出真話。」

　　一天有一名戰俘坐在面前，沒有軍階，外表和其他士兵沒有兩樣，談話之後，他對這個人似有一種特別印象，覺得這個人的面孔似在那裡見過，尤其他說的普通話夾帶著特別口音，愈發讓他懷疑，幾天裡一直想著那個士兵的事。

　　有一天的半夜，他輾轉反側，無法入睡，便拿起電話打到華盛頓局裡，說明原委後說他想要去台北一趟。那位主管電話裡說：「喂Peter！你們老中的面孔，在我們看起來全是一個樣子，寬扁的臉像平底鍋一個樣。」「既然你懷疑那個人，我立刻為你安排！」

　　第二天的早上，正巧那日是聖誕節。他帶著那名俘虜的照片，搭乘一架小型軍用飛機，四個小時後飛到了台北松山軍用機場。

　　Peter不是第一次來台北，來接他的人正是不久前一次中美情報交換會議時認識的王上校。車子直接駛往王上校的單位，進入一間擺著成箱疊櫃資料的房間裡。他拿出帶來的照片說：

　　「我似乎在這裡見過這人的檔案。你可記得上次我來時，你允許我瀏覽過一些你們的東西。」

　　「抱歉！我們的東西太多，你得從每一份資料開始找起。」

　　上校看著照片，問說：「你認為要查的這個人是個幹部嗎？」

　　「我不知道，但是他年級較大，應該是個幹部。他的神態和說話不像是個士兵」Peter說。

　　上校說：「照片年齡上看，這人可能是一名高階幹部。你可以

先從『兩萬五千里長征人物誌』檔案裡開始著手。」Peter坐在搬出來擺放成堆的資料面前開始工作。

僅憑著自己主觀的一點模糊印象，要從無數份的資料中找出可能的線索，無疑是件海裡撈針渺茫的事。假若那個人只是一名普通士兵，這懷疑豈非多餘。

漫長的時間過後，已是台北的深夜。

Peter突然站立起來，搓揉著手興奮的說：「就是他，一定就是他！」

吉普車駛在往松山機場的路上。上校說：「現在正是聖誕夜，此刻你應該是正在你們的舞會上，可惜我們這裡沒有太多聖誕氣氛，也許讓你失望。」

Peter說：「不，這是我一次別具意義的聖誕夜。」他高興的說：「不虛此行」。

上校突然說：「讓我送你一份聖誕小禮物，毛澤東的兒子毛岸英，上個月也到了韓國參戰，他是中共彭德懷俄文翻譯兼祕書，雖然只是一名中級軍官，顯然毛澤東對這場戰爭是很認真的」。

上校又說：「如果你們逮到他，別忘了告訴我。」Peter聽後笑說：「OK！」。

Peter意識到美國在這場戰爭裡，面對的敵人中共，不是僅憑藉高科技和強盛的武器就能克敵制勝，必須借重台灣國民政府和共產黨多年鬥爭經驗，充分合作，才能克服毛澤東的那種「小米加步槍」如浪潮般的人海戰術。中國共產黨的符咒，得需用中國法子來破解。

次日早上濟州島一片白雪皚皚，第三戰俘營帳篷的外面正刮著凜冽的寒風。憲兵押解著那名士兵進來審訊室。

那俘虜在Peter對面坐下。Peter從皮包裡取出一張照片遞給他，那是一張上面有許多群眾場合的放大照片。那戰俘拿著照片，

先是用狐疑眼光掃瞄著，最後停留凝聚在照片一點上。

突然，Peter改用四川話問：「李鳳，照片上面有你嗎？」

Peter又說：「去年八月一日是你們的建軍節，在濟南火車站前舉行的抗美援朝大會上，你舉著拳頭呼叫的是什麼口號？」

那俘虜聽後先是一陣錯愕，不言語。

Peter提高聲調說：「李鳳，你是四川人，原來是駐雲南第十二軍的司令員，怎麼會調到山東部隊的第二十四軍來到韓國？」

那人臉上表情更是顯得茫然，在一陣遲疑後，終於承認了自己的身份：面前這名偽裝成士兵的人，是中共解放軍第二十四軍軍政委李鳳。Peter釣到一條大魚。

這無意間發現這名中共參加韓戰最高階俘虜的事，驚動華盛頓那邊的局裡，同事為他喝采，把他名字Peter演譯後戲稱Peter Printer（彼得牌印表機）。這位中情局年輕中國人的大名在圈子裡不脛而走。

Peter多年裡專門閱讀大量資料的工作，原是枯燥乏味的，但往往能把看來毫無意義的資料，在思考研判後，拼湊成一份有價值的情報。後來他在對古巴豬玀灣事件及越戰期間的情報工作上，有驚人的表現。

七年前的天安門事件，是驚動世界的事，可是除了海外中國人關切和無奈之外，和這在美國住了五十多年，一直也未再回去過中國大陸的姜才似乎無太多關係。

但在那年「六四」爆發的前夕，就在距離天安門附近發生的一椿事，竟那麼戲劇性的意外。

一九八九年的四月，中國大陸北京悼胡事件，發生第一次學生運動後，中國形勢開始變化。駐北京美國大使館和華盛頓之間的電訊開始頻繁起來。中情局向國務院報告說，有理由相信中國大陸可能即將會發生自建立政權來最大規模危機。

五月下旬，防部下令三具人造衛星交替與地球同步，滯留在亞洲上空。Peter一組人臨時被徵調到電子偵測局，進駐監控中心，開始利用人造衛星加強對北京地區的密切觀察和監視。

　　世界人權組織求助於美國總統布希，在必要的時候協助救出一些知名的異議人士。美方同意利用人造衛星來掌握在天安門廣場上幾個特定人士的行動。

　　Peter一行人在監控中心，使用太空人造衛星上高倍數攝影機，把天安門現場的影像傳遞過來，將畫面分割，編定座標，函蓋整個廣場，全天二十四小時的觀察。每一具鏡頭居高臨下，透過雲層，在監控中心裡螢光幕上可以清楚的看到現場散落在地面上任何一張紙上面的字樣。

　　一開始，他們對照著人權組織提供的照片，在廣場中央的地方，容易的找到吾爾開希、嚴家其和現場拿著麥克風的總指揮柴玲幾人。天安門裡外已擁滿了十數萬人，旗海一片，紅火朝天。中共第七軍已在天安門外圍待命，有一個營的軍人，換穿便衣混進人潮裡。局面已是山雨欲來之勢。

　　六月一日的晚上十一時，廣場上的學生群已顯得疲憊不堪，多數的人都躺臥在地上，一片寂靜。這時候有一個人用快步走過來和吾爾開希幾個人說話。

　　幾人一陣耳語後，就各自迅速的離開了現場。Peter覺得情況有變化，立刻要其他席位上的監控員各別把鏡頭跟蹤他們。

　　他負責的目標是吾爾開希，看著吾爾開希穿過人群，走到一條黑暗的街拐角上，有一個人在那裡等待著。吾爾開希接過那人的腳踏車後，就飛奔似的消失在暗夜裡。

　　兩個星期以後，吾爾開希、嚴家其、柴玲等人分別在香港和巴黎等地出現。Peter說：「我們只奉命監視他們，這些人如何逃離中國大陸，相信他們自有特殊的管道。」又說：「不過我相信我是

世界上唯一目睹吾爾開希離開天安門現場開始逃亡的人。」

六月二日上午，在廣場上空出現了一架直昇機，來回的撒發傳單。

在廣場東南一角，靠近箭門的城牆邊上，有一個人似乎對當空的景象特別有興趣，他一直不時的抬起頭向天上那架直昇機觀望。

那個人戴著一頂回民傳統小圓帽，在他每次抬頭仰望天空時，他那寬扁的下巴，上唇削短的特殊臉型，讓Peter產生了微妙的好奇。他便有意把鏡頭拉到最近，鎖定，拍下照片，立刻把這人編定一個臨時檔案名字：「Charle」（美軍在越戰習稱越共為Charle「查理」）。

當Peter看著這個人的面孔時，也立刻聯想起一件事。

一九六七年，以色列以迅雷不及掩耳的突擊行動贏得了那場「六日戰爭」，也佔領了約旦河以西大部份的巴勒斯坦土地。原住在那塊土地上的阿拉伯和巴勒斯坦人，除少數逃離外，多數人成為以色列統治下的人民。這些人以復國為口號，成立巴勒斯坦游擊隊，在以色列境內進行恐怖活動，同時在中東國家和世界各國，製造暴力血腥事件。

巴游前後劫持過四架民航機，刺殺約旦總理泰爾，也在德國機場以機槍和手榴彈瘋狂屠殺，造成了二十個人喪生，七十二個人受傷事件。這千年來的種族、宗教和歷史仇恨的衝突，似乎永無終止。

一九七二年六月世界奧運在德國慕尼黑舉行。號稱「黑色九月」的五名巴遊恐怖份子混入選手村，在奧運進行的第三天，也就是六月五日的夜裡，衝進了選手村的公寓，當場殺死兩名以色列選手，再挾持九名人質後，要脅釋放二百名關在以色列牢裡的囚犯和提供一架飛機逃往巴勒斯坦。

恐怖份子帶著人質衝到機場時，引起一陣槍戰，巴游當場先把

九名人質殺死。結果恐怖份子也全部遭德國警察射殺，一名德國警官也在槍戰中上喪生。這一場血腥暴行，舉世震驚。

「黑色九月」幕後策劃人是一個叫做撒利阿的人。以色列的情報組織「辛貝特」佈下了天羅地網，不惜代價要逮到這個元兇，然而在過去二十年裡沒有一點撒利阿的蹤跡。

Peter對那個Charle連續拍攝了照片。用電腦調出「黑色九月」的檔案資料和照片反覆比對，愈發泛起疑惑。最後決定向上級報告了他的發現。不久後局長親自打電話過來。

「Peter，你有幾成把握認為這個Charle就是撒利阿？」局長問。

「我不知道，局長。」Peter回答說。

「我們該怎麼做？」局長又問。

「先要求中國當局留置他，再繼續查證。」Peter說。

「你要知道，我們美國政府要在中國北京，為以色列追捕它的要犯，這事有點不盡情理。」

局長又說：「撒利阿這些年裡不是在中東，就是躲在蘇蒙山裡（蘇蒙山位於以色列、黎巴嫩、敘利亞相互接壤的地區，巴遊以此為基地）」。「中國是管制嚴密的國家，Charle不太可能出身藏那裡。」

Peter說：「也許中國不知道撒利阿的身份，也許早已知道，秘而不宣，可用來做為一個有價值的政治籌碼。」

局長思考了一會最後說：「事情雖然不可思議，但也不是不可能。」

不久立刻得到了指示：「充分與以色列大使館合作」。一小時之後，以色列駐華盛頓大使館的安全官來到監控室，研討如何在數千里之外的北京遙控緝兇的行動。

遠駐在北京的以色列大使館，立刻得到中國政府的理解後，同

意共同緝拿那可能是撒利阿的Charle。顯然北京當局並不知道撒利阿躲藏在中國。

六月三日，天安門廣場學生示威的緊張形勢不斷高升。

早上十點，Charle再度出現在於同一地點。在管制中心裡的一伙人，已經和在北京天安門採訪的美國CNN記者小組取得聯絡，利用他們現場的攝影機和無線電，隨同以色列的外交官，中共外交部人員和四名武警會合，一邊由耳機中，聽取千里外華盛頓那邊的指示趕往箭門。

Charle的外表和一些常見自古以來從邊疆趕著駱駝，載貨來北京的中亞人，或維吾爾族的駝夫一樣，穿著黑色長衫，外面罩著繡花馬掛，頭戴回民圓形小帽的傳統服飾。

這時候坐鎮監控中心的Peter心裡產生一股莫名的壓力。他突然認為螢光幕上的Charle這個人和檔案中的撒利阿的模樣有太多的不同，覺得自己正在做一件世界上最荒唐的事，對這件事他幾乎完全失去了信心。

突然間頭戴回民圓形小帽的Charle離開那位置，大家緊張了起來。看著他跨過馬路，走到一個食攤上買了大餅，又喝了大碗茶，從公廁出來後又漫步回到原來地方，靠著城牆底下蹲坐下來，神態十分悠閒的吸著煙。

檔案中記載的撒利阿是一九四一年生，這時候應該是五十歲。從他的背景和年紀來看，週遭火熱的學生運動對他，似乎只是一件置身事外好奇的事。他完全是一個載貨來京，在街頭來看熱鬧閒散的駝夫。

那距離地面三十六萬英呎太空衛星上的照相機鏡頭，牢牢的鎖住Charle。CNN小組一行人已趕到城牆邊上。

Peter邊看著螢光幕上的畫面，邊在無線電中叫說：「就是戴著帽子，蹲著吸煙的那個人！」四名武警上前先把他架住。

Peter又在無線電叫說：「先站住，要他仰起頭來、我要拍下他正面照片！」為了避免引起一旁人們的騷動，武警迅速把Charle帶走了。這場景在幾分鐘內就此結束。

期待著這件事的結果，Peter內心裡充滿了狐疑和矛盾。兩天後，接到局長的電話。

「Peter，他們證實了Charle就是撒利阿，他在中國西北邊疆地區躲藏了二十多年。以色列正在向中國政府要求引渡撒利阿。你做了一件了不起的事！恭喜你。」

「謝謝長官。」Peter興奮的說。放下電話後深深的吐出一口氣。

一個月後，我面前這位瘦小，看來貌不驚人，愛穿牛仔夾克的姜才，那一天穿著整齊，由中情局長陪同下，出現在華盛頓特區的以色列大使館，隆重的接受以色列國家頒贈的一枚象徵和平的最崇高獎章。

舉世震驚的「六四」爆發的前夕，幾乎沒有人知道就在天安門的一個角落上，一位華裔的中情局人員在無意間，遠在數千里之外，在幾萬的人群中，發現了犯下滔天大罪，全世界急待追捕逃亡了二十年的一個要犯。

姜才雖然只是從鏡頭裡偶然的一瞥，但有賴他完美豐富的記憶，天賦獨特的智慧，集合了時空微妙瞬間的巧合，才有這一次成功。我們這位不像似情報員的情報員，做了這麼一樁鮮為人知的事，值得為他致敬喝采。

1998年於洛杉磯

一串珍珠的思念

　　美軍在越戰期間，除人員傷亡慘重外，另有約五千人被列為失蹤，直到戰爭結束後二十餘年的今日，仍有一千五百人下落不明。失蹤的人員中，多半是作戰的飛行人員被擊落時失蹤。當時因任務需要，他們必須深入北越腹地，攻擊戰略性目標來減低敵人持續作戰的能力。

　　在這些攻擊的目標四周火網密佈，飛機被擊落的機率很高，即使幸運安全跳傘，但在全民皆兵的北越地區，不是當場被殺害便是成為俘虜。

　　一旦被俘，北越為獲取情報及配合美國國內反越戰的聲浪，便會對被俘飛行員進行不人道的虐待，同時有計劃的在傳播媒體上，偶爾洩露若干人員的信息，作為談判籌碼。在美軍方面，人員失蹤六個月後，就會正式宣佈死亡。

　　一九六五年九月九日，美海軍飛行員吉姆斯・史克特中校，由越南外海的航空母艦起飛，執行攻擊河內一處工廠的任務。在他做最後一次低空攻擊時，飛機被炮火擊中，他無法轉飛到海上待救，而立即跳傘。

　　當降落傘要接近地面時，發現有許多民兵早已舉槍等著他。史克特見到這景象便大聲的喊叫：「莎比（他的妻子）快救我，天呀！」從這一日起史克特便失去了下落。

　　住在加州的莎比獲知丈夫失蹤的消息後，仍然保持鎮靜。一如往常的安排四個孩子的生活和上學，並常告訴他們父親一定會回來的。

一個月後，軍方送來一個包裹，打開一看，裡面是史克特留在航艦上的東西。其中有一串漂亮的珍珠項鍊，那是史克特上次途經東京時為莎比所買的，準備做為耶誕節回家時送她的禮物。睹物生情，堅強的莎比感到無比的憂慮和悲痛。

　　莎比每日不忘閱讀有關越戰的消息。在一些國內反戰的刊物上，常會出現一些北越虐待美軍戰俘的報導，都歸咎於美軍飛機濫炸殺害北越平民，戰俘們因而受到懲罰。北越通常把新送來的戰俘，先關在淹沒到頸部的水牢裡數月。

　　莎比開始寫信給國務院和國防部，要求知道史克特的下落。那時候反戰聲浪高漲，政府對越戰保持低調，即使有任何戰俘的情報信息，一概不得洩露，是為了避免被北越所利用。有位越戰專家寫信給莎比，善意的警告說：「聲揚這件事，對留在北越的戰俘反而不利。」

　　半年後的一天晚上，莎比接到在華盛頓情報單位工作的一位朋友電話，說蘇聯真理報的一位記者，最近在一次訪問北越河內的時候，見到一位被俘的美國海軍飛行員。說這這位飛行員身材人高大，金色頭髮，名字叫吉姆斯・史克特。但是史克特只有五呎九吋，不算是高大，頭髮是灰色的，但是名字沒有錯。那位朋友說：「史克特可能還活著」。

　　兩年後，一九六七年七月七日，波蘭華沙電視台播放一節「河內之夜」的報導。報導的記者說：「我們不允許和戰俘直接說話，只可錄影三分鐘。第一位出現的是一位美國海軍中校，他是俘虜營中軍階最高的軍官」「他面無表情的報出他的簡歷：『我是美國海軍飛行中隊長吉姆斯・史克特中校，一九二三年十一月二十日生。我的航空母艦是奧斯堪號，我是在河內北方被擊落，我駕駛的飛機是A-4E型戰鬥轟炸機……』」。這一段錄影雖然是有意透露出來助長美國反戰宣傳所安排的。但證實了史克特還活著。

在史克特被俘的第四年後，有一天莎比接到一封由歐洲寄來的信。信封上的筆跡完全陌生。莎比意識到這信封裡一定是要告訴她什麼訊息。她激動的拿著信，捂著臉，卻沒有勇氣拆開。敲開鄰居瑪莉家的門。

莎比說：「接到一封信，我不敢看！」瑪莉靜靜的把她送進書房，讓她坐下，關上門時說她會在外邊等她。莎比膽怯地拆開信。

她一眼就認出是史克特的筆跡，莎比便放聲大哭起來，瑪莉急忙進來，拿起信輕聲的讀起來。信的內容非常簡單，甚至於沒有一句親切的話。信尾上寫道：「莎比，願上帝和我們同在。」這一句話給予莎比帶來無比的希望。

莎比開始想，在美國有多少的戰俘家屬和她一樣，生活在魂縈夢繫的期待裡呢？她不甘再保持沉默。

莎比開始聯繫戰俘家屬，拜訪時報雜誌、華盛頓郵報，並和幾位有影響力的主編聯繫。在他們的支持下，這一直被壓抑，被認為忌諱的事情終於公然掀開。

莎比在信心和鼓勵下，發起一個爭取戰俘權益的組織；「越南美國戰俘婦女聯盟（League of Wives of American Prisoners in Vietnam）」，並以大會名義寫信給當時的總統尼克森。婦女聯盟透過國際紅十字會，依據日內瓦公約，要求北越政府給予戰俘應有的待遇和權益。

當聯盟成員結束拜訪駐巴黎的北越大使館離開時，一位北越使館的外交官低聲對莎比說：「史克特太太，爾後您可以直接和我們聯繫。」配合國際輿論的聲勢，北越顯然受到國際上相當的壓力。

聯盟會的努力終於有了作用和回應。尼克森總統召見了莎比，北越也具體改善了戰俘的待遇，並同意在國際紅十字會人員陪同下，有限度的讓家屬代表前往北越探視戰俘。在越戰不斷升高的那個時期裡，有這樣的結果，幾乎是不可能的事。

史克特被囚禁七年後被獲釋返國，一家團圓。後來也被視為國家英雄，晉升中將。

1995年於台北

眷區中彈了

1960年間，我在台南空軍基地服務。那時期正值台海對峙緊張時期，我們除經常防空警戒和大陸沿海偵巡外，還不斷加強對地炸射訓練。

有一回我們四架飛機去馬公南面的石礁靶場投彈。飛臨目標上空時，雲層很低，無法目視地面，取消了任務，帶著炸彈回航。

返航時，跑道上起降飛機很多，塔台要我們在南面左營上空地區上空待命，兜了幾個圈子之後才返回降落地。

落地不久，彈藥分隊的人跑來檢查我們飛機，檢查有無炸彈掉落外邊。因為基地接獲左營警察局電話，說有一枚炸彈落在左營海軍區眷村一處操場上。警察說：那顆炸彈插在地上，尾部朝上，彈體雖小，但冒著白煙。說「眼看就要爆炸的樣子」，已全面警戒，等待我們基地快派人去處理。

基地就派了一位管理彈藥的老班長前往。那班長先在電話中對分局警察說：「那炸彈是練習用的，不會爆炸，你們撿起來丟掉就是了！」老班長顯然是不願出這趟公差。

對方堅持說要按「特殊事件」處理，不能馬虎。我那天也奉命陪老班長同去，當地老百姓不懂，有去安撫意味。

班長無奈，開著軍械車，輾轉兩個小時來到左營現場。見到一大群人圍在一塊空地上，指著露出土面的炸彈尾巴，議論紛紛。警察高聲說：「專家來了，大家躲遠一點！」

老班長下了車，凸著嘴不說一句話，走近炸彈。一位年輕勇敢警察低聲一旁問道：「這是不是一枚『延遲引信炸彈』，是不是彈體愈小，威力愈大？」。

　　那枚黑黑的炸彈有半截埋在土裡，尾巴向著天。老班長排開眾人，大步上前，二話不說，伸出右手，像拔蘿蔔似的把炸彈從土裡拉了出來。他把炸彈拿在手上，想了一想，然後看看周圍大家，突然一咬牙，把炸彈用力往地上用力一摔，嚇得人們紛紛倒退。

　　這時候班長開始說話了：「這個炸彈現在不爆炸了，我告訴你們一點『軍事秘密』，這個炸彈成本台幣五塊錢，送給撿破爛的人都不會要。最後說你們那一個要，可以拿回去裝上一個燈泡，當檯燈很好。」

　　那是一枚翻沙製造的訓練彈，重五磅，彈頭裝有一發煙引信，觸地時會冒出白煙，做為空中彈著點參考，不會爆炸，除非直接命中地面人的腦袋瓜，若是那樣，那真該是禍從天降。

附記：那次四機飛行領隊是張立義少校。張立義後來去飛U-2機，在大陸跳傘
　　　被俘，輾轉回到台灣，我再度見到他已是三十年後的事。

1990年於台北

閃著金光的夾克

　　今年（1995）六月初，一件舊的飛行夾克從美國加州的聖荷西帶到台灣，陳列在岡山官校的空軍軍史館裡。

　　這件事給在聖荷西的Charles帶來極大的欣慰。他在附來的信上說：「我曾經穿著這件夾克，在中國的大地上空和中國的飛行員併肩作戰，追逐日本飛機，在黃河的兩岸攻擊日軍的陣地和車隊。五十年後的今天，這件夾克卻會存放在中國空軍的軍史館裡，它像是再有了生命，彷彿又穿在你們年輕一代的飛行員身上，激發出無比的勇氣和信心」。

　　我認識查爾士是很偶然的。1978年我在舊金山領事館服務，由世界日報社轉來一封由一位瓊安女士寫的信，詢問如何能得到三十多年來一直未曾獲得到的一枚中華民國的「中日抗戰紀念章」。她的丈夫查爾士・戴維斯在二次大戰中曾經赴中國參加對日作戰。

　　我撥電話過去給瓊安女士，表示樂意幫助這件事情。不久便接到她寄來查爾士當年派去中國作戰的旅行命令、照片和一張油印的「西安美軍招待所洗衣房」的收據。從泛黃的薄紙上，可以看出這位持有人，對他在中國這件事，有著一份深厚的情感和珍惜。他在電話裡表示，很高興我能這為這件久遠的事幫忙，也希望能認識我這位來自中華民國的空軍軍官。

　　我決定要去認識這位我在小時候，曾躲在麥田裡，親眼看過在空中和日本飛機纏鬥交戰過的美國飛行員。

　　查爾士的家在聖荷西市，距舊金山北面六十哩。我初次去拜訪

時留下了深刻的印象。

當進到查爾士家裡時，在一塵不染的客廳裡，一眼就看到在壁爐上的中華民國國旗。旁邊衣架上刻意掛著一件繡有標誌的舊飛行夾克，沙發前的茶几上放著一本封面褪色的飛行日誌。我仔細端詳時，查爾士夫婦在旁邊沒有說話，好像有意要讓我也進入他們往事的回憶中。

然後，查爾士取下夾克，他說當他初到中國（昆明）的那一天，便換穿了這件飛行夾克，無論是出任務，或在飛機旁玩棒球時都沒有離過身。夾克的左臂上縫有一方中國國旗，胸前是美航空第五三〇中隊的蠍形隊徽，夾克背面是一大幅美國和中國並列國旗，下端有印有中文字，寫著：「來華助戰洋人，軍民一體救助。」

早期的時候，中國偏遠地區的老百姓從來沒有見過外國人，曾經把空中跳傘下來的美國洋人捆綁起來，誤以為捉到了日本鬼子。之後中國政府在這些美國人的飛行衣和夾克上製作了極明顯的標誌。

查爾士是二次大戰中期1943年派到中國，當時二十二歲。他先由美國東岸搭乘運兵船到印度，再由克拉刺換飛P-51野馬式戰鬥機到中國的昆明。後來先後駐防過成都、桂林和西安。

那個時候飛行在地域遼闊的中國戰區，導航設備極為簡陋，在幾乎沒有天氣預報的狀況下，很容易迷航。在西北地帶唯一可以憑藉參考的地面目標是黃河。遇到壞天氣時得利用雲洞穿到雲下，先找到黃河，再順著河岸找到降落的機場降落。在查爾士的中隊裡曾有四架飛機迷航，人和飛機從未尋獲。他說：「古老的黃河孕育了千年的文化，它是中國人的母親，對我們來說卻是賴以活命的一條生命線。」

查爾士一次在空中被迫跳傘，降落在日軍佔領的地區內，被中國農民救起。晝伏夜行、躲躲藏藏，十二天後才回到安全地帶。在

逃亡期間，他體會到中國鄉下人的善良和堅韌的耐性。幫助救助美國飛行員的農民如果被發現，整個村莊的人都會被日本軍殺害作為懲罰。

那次逃亡途中，他坐過最奇特的交通工具，是四個農夫抬的門板（跳傘時右腿受傷）、二人抬的滑干、河上的舢舨、黃包車、和從未見過的煤炭動力汽車（Charcoal Burning Bus）。

由印度到中國，須飛經馬拉雅山，越過駝峰。在這條高山峻嶺，延綿五百三十六哩終年天氣詭譎的航路上，曾有數百架以上的飛機迷航失蹤，或撞山失事。同時，須耗費三加侖才能將一加侖的汽油運到中國昆明來。當時是世界上最艱鉅的航路。

中日抗戰結束，查爾士中隊上的二十四架飛機全數贈送給中國空軍。他在1945年聖誕節前夕回到加州。1950年再派到歐洲，在法國認識瓊安，二人結婚。

瓊安是北歐丹麥人，個性爽朗、執著。一九七八年政府將要承認中共時，她在教會中發動簽名抗議。她常說：「我是海盜的女兒。」（第八世紀北歐Viking海盜掠奪歐洲西海岸，為害三百年之久）。

我返國後，多年裡一直和他們保持聯繫。去年瓊安來信告知查爾士得病的消息，而她自己也為纏身多年的糖尿病苦惱。今年初的來信裡，充滿了從未有過的傷感。她說想把查爾士的飛行夾克送給我，「總要有人為這件老東西上油保養吧！」我徵得他們的同意，將這件有紀念性的飛行夾克轉贈送給空軍軍史館（位在岡山空軍官校），當時由夏贏洲校長接受。

今年八月底我去加州轉道聖荷西，我帶著夏贏洲校長的謝函，和一幅空軍官校校門軍旗招展，宏偉放大的照片。

那是一個秋末的午後，在開往查爾士家的路上，再度看到夾道的濃蔭密樹，飄落中的片片楓葉在夕陽裡閃耀，依舊是多年前的景象。

進入屋內又再次看到壁爐上的那面中國國旗，室內的擺設絲毫沒有改變，唯一不同的是見到兩位衰老面容和疲態的老人。驀然想起這次見面已相隔十三年了。

　　第二天早上天色未亮時我便起來，發現查爾士已靜坐在客廳燈下，他低聲的對我說：「今天那隻平常由院子進入屋內，爬到我腿上吃核桃的松鼠，要比往常來得早些，牠大概知道我們家有你這位遠道的客人。」

　　我告辭的那天的早上，瓊安說：「請再來聖荷西，我們會活得很久的。」聽了這句話我心裡黯然良久。

　　查爾士是位平凡的軍人，風雲際會的扮演了中國抗日戰爭中千萬人裡的一個角色，而這個角色卻代表了那個不平凡的時代。

　　查爾士在1979年終獲我政府頒贈的一枚編號A九○四三中日抗戰紀念章。查爾士後因癌症去世，瓊安現仍住在聖荷西。

1995年於台北

照片能說故事

　　童年時，我喜歡翻弄父親的書或報紙，上面的文字雖然並不全認識，意思似懂非懂，但是對上面的任何一幅圖片都會產生興趣，好奇地去猜想圖中的含意。

　　1948年冬天，我隨家人自南京大行宮機場搭空軍飛機去台灣。在飛機上，坐在我旁邊一人正在讀當天的報紙。那報紙上有印度甘地被刺的新聞照片，當時雖然並不知道這位絕對「不合作主義者」的聖雄甘地是誰，但大標題上「甘地被刺身亡」的字樣大致認得，給了我留下深刻印象。這件事後來幫助我知道了我家五十年前到台灣的確切日期。那年我十一歲。

　　有人說：「一張照片能道出千言萬語」。一個定格影像，捕捉了瞬間的事實，留下稍縱即逝的情景，能使日後一個淡忘的事實，重現清晰的回憶。我因此喜歡上了拍照攝影。

　　我拍照喜歡擷取生活中周邊的人和事物做題材。有一位電視明星在推銷照片膠卷廣告上說：「我用照片寫日記」；我卻用照片留下生活的回憶。熱愛生活，不能忘去過去。

　　拍照片時我不講究被拍的人要「站有站相，坐有坐相」，隨意自然就好，那樣才能抓住瞬間的感性趣味。多年前的一次同學聚會上，大家慎重其事的站好留影，當正要拍攝時，某同學和他太太看見遠處他們的孩子正在爭執，聲音很大，他夫婦都把頭扭轉去，用手指著說：「大寶、二寶別打架！」這時候我按下快門。

　　事後同學們都說再重照，顯然覺得畫面不夠莊嚴。於是大伙就

像政治人物，給歷史留紀錄，拍了第二張。面容呆板，場面嚴肅，缺乏趣味。

多年後，看了這兩張照片，我卻喜歡先前叫「二寶別打架」的那一張：它生動有感情，也呈現出當時瞬間發生的趣味。尤其知道後來那「打架的大寶、二寶」都已成長自立，結婚生子，看著那照片別有一番回憶。

早在1950年我到南部東港大鵬灣至公中學讀書，就把家裡一架舊相機帶著。當拍了一卷裝有十二張黑白底片後，發現那伸縮式的相機暗箱露光。我使用醫院用的白膠布貼上，再用毛筆塗黑，很符合那年代提倡的「克難精神」。

後來那架老爺相機也拍了一些我認為很珍貴的鏡頭。那架老相機是父親早年自國外帶回，他卻從未用過，也未曾為我們拍過照片。我們家人在大陸時期條件不夠，拍照是件大事，留下照片極少，是遺憾事。

在東港有一張照片是站在大鵬灣，一座高大叫做「石川島」的起重機上拍的。照片中有後來擊落米格機的英雄胡世霖和現在當鐵路局局長的陳德沛。拍照時候我們都還是十三、四歲的年紀。他們二位是我在大陸南京時的小學同學，每見到這張照片時往往讓我沉思良久。

有一張冬天在空軍官校的照片：我們穿著棉布製的飛行衣，面著朝陽，走過草地，腳上沾濕露水，走向機場飛行線的情景。照片中走在最後面，背著一具保險傘的同學張祖澤，外號「木瓜」。他後來離開官校，進政大東方語文學系，學阿拉伯語文，任了外交官。在安曼見到他和阿人喜笑暢談，並沒有「比手劃腳」，肯定是阿語說的流利。

另有一張官校飛行時徐正煒和高惟禮二人，在一架AT-6中級教練機上的照片。高惟禮坐在機艙裡，徐正煒自後面伸出頭來，面帶

笑容，露出他特有的大板牙。當時他二人同在一組，常以師兄弟戲稱，寶貝事很多。可惜他們二位到作戰部隊之後不久，都先後殉職。

四十多年後，一次同學會上我把幾張老照片帶著。大家看著照片裡的人物，情景，回憶當年同學時的許多趣事，憾事，一椿椿隨興道來，隨著往事情節開懷大笑，或感嘆迴盪不已。一張照片帶來了許多回憶故事，是喜悅，也是沉重。

畢業後到部隊，無論在作戰室、停機線、警戒室、空中飛行及外地駐防等不同場所，遇有機會也時常隨興拍攝。結婚後在台南飛燕新村眷區住了多年，那些年裡的照片最是豐富，尤其孩子們由出生、成長、嬉戲、上學讀書等，都留下許多生活鏡頭。

有一張「野戰圖」，那是在一棵大樹下面有三個孩子：一人拿著一根樹枝比成手槍模樣。小兒寧傑則頭戴著一頂我那年自越南西貢淪陷前夕出來時使用的鋼盔。三個人在樹下做成作相互瞄準射擊的樣子，形成有趣畫面。令人玩味的是當年的三個孩子，後來他們都各別學了飛行，也都先後進入華航當了機師。

1972年我到菲律賓馬尼拉三軍大學。當時菲國亂動不安，政黨傾軋，南方岷答哦島及蘇祿島上的莫洛回民相應叛亂。回民攻擊軍營，搶奪武器，殺異（天主）教徒，烽火連天。馬可仕總統下令實施戒嚴，全國學校停課。

我和班上三位外籍學官被菲國防部派到南島戰區做兩週的戰地觀察（Military Research），校長笑說，看看我們外國軍官對解決菲國長久以來回教問題能否提供「高見」。那次拍的照片雖不多，但也是值得紀念的。

那次自馬尼拉搭軍機南下到宿霧。宿霧是西班牙航海家麥哲倫被當地土著酋長Lapu Lapu殺害的地方。一路由武裝士兵護送到最南方暴亂嚴重的Cotabato（科答苗）地區。

進入Cotabato前有一關卡，路旁豎有一高大的牌子，上面寫道：「你已進入戰區，停步接受檢查，否則格殺無論」，氣氛緊張。陪同去的是一位菲國陸軍上校，故一路順利，有機會在那警告牌前拍下照片。

　　1975年越南淪陷前，我在駐西貢大使館武官處服務。四月下旬北越軍已兵臨城下。當時我國政府派了四艘運輸艦前來撤僑，抵達後停泊New Port碼頭，我去登艦聯繫時拍了幾張照片。幾天後，泊在港內我運輸艦夜間被潛伏的越共發射火箭，迫使緊急離港，那幾張照片更是珍貴。

　　西貢淪陷的前三天，四月二十七日早上八時二十五分，當時我在打高街住所，突然聽到外面有轟炸聲音。看見窗外一架政府軍的F-5A戰鬥機正對隔街的獨立宮（總統府）發射火箭。迅速拿出相機拍下總統府中彈冒煙的鏡頭。之後這架飛機逃往北越投誠，可惜未及拍下那架飛機蹤影。

　　那時兵荒馬亂，北越軍已圍困西貢邊界，局勢惡化，人心惶恐，南越南首都即將淪陷，意識到這最後的情景不再，我是在越共進城前二天奉台北命令離開。

　　在使館撤離，撤僑準備工作中，也胡亂的拍了幾張照片，每一張都有一個驚心動魄，令人感嘆的回憶。越南共和國淪亡多年，走入歷史，當時未能多留下更多鏡頭，引為憾事。

　　1978年我到在舊金山服務，次年元旦日美國宣佈與中國大陸建交，同時也和台灣斷交。

　　元旦日那天，中國城的大遊行好不熱鬧。就在Kern街上，湧來的「台灣留學生」「反四人幫」「擁護四人幫」和一些反共組織的隊伍，隔街相互吶喊，一片旗海中情緒高昂的景象。

　　幾年後的1983年我自空軍退役，轉業華航服務，有機會飛航世界各地。外國名勝古蹟，優美的風景不少，自有專業們去拍攝。我

仍然選擇有趣味的事物來拍。

記得在飛吉隆坡時，我們組員常去一家華人開的海鮮樓。那海鮮樓就在機場33號跑道盡頭邊上，近的幾乎每次飛機落地後滑行轉彎時，就是從酒店門前緩緩滑過的。那店家開店的台灣老闆每見到我們飛機落地，就站在店門前高舉著啤酒瓶，擺手向我們打招呼。這人、地、時、物趣味巧合景象是難捕捉到的。我也曾在那店裡一手抓起大螃蟹，一手舉著一棵榴槤拍了照片紀念。

退休後旅遊大陸，帶著數位相機和一張可儲存千張照片的記憶卡，無論長街小巷、地攤走販都留下鏡頭。

天津市的租界區有近代史上許多赫赫名人的故居。如張學良、顧維鈞、袁世凱、黎元洪、馮國璋、梁啟超等百座以上的名宅。這些名宅除在門牆外掛著「某某人故居」一面牌子外，昔日風光不再，只剩下暗淡建築軀殼。

那棟袁世凱故宅，望去是一番滿目破敗景象。牆邊建有一公共廁所，牆上寫著斗大的「男廁，女廁」字樣。人事滄桑，畢竟袁世凱是當過二十八天的「洪憲總統」。

梁啟超是近代史上的大思想家，他的「飲冰室」舊居，原是一座義大利式高雅三層樓房，現在裡面是住著許多人家的大雜院，窗上糊著報紙，院子裡曬滿衣物。眼前一片滄桑，雖不是趣味體裁，還是沉重的按下鏡頭。

退休後整理照片時，發現經年積存的相簿為數不少，放置和保存成了問題，若要看照片，就得要翻箱倒櫃，極不便，幾乎成了廢物。於是買來電腦和電腦書來讀，從如何開機，來個自學，遇有問題請教朋友。

用電腦處理多得令人頭痛的舊照。先用掃瞄器將舊照片一一輸入，經過分類，編輯後存放電腦內。待要找尋某類或某一張照片，立刻就會呈現眼前，你會發現電腦的神奇可愛。

假如有數位相機，用一張比郵票稍大的記憶卡，足可拍很多照片，畫質也比一般傳統膠片相機更佳，記憶卡中的照片能夠直接輸到電腦上讀出和儲存，省去送店沖洗的麻煩，而且記憶卡也可一用再用，省事省錢。

　　電腦處理照片另有許多特殊功能：泛黃的老照片可使之黑白分明，模糊不清楚的可以由增強焦距而改善，照片上也方便加上文字，註明照片上的人、地、時、事等內容。此外還可以利用家人的照片，配上不同的景物圖案剪裁，設計做出一張美工圖。

　　照片整理妥後可以灌進空白光碟片，一張光碟可容下二到三千張照片。此外也可在碟面上設計圖案，我就喜歡將自己家人照片合成印上，加上「我家的照片簿」藝術字樣，揮灑自如。渾然天成後，發現自己也似乎很有「藝術天份」。CD成品完成，再複製分送子女、親友是有意義的事。

　　利用電腦也可以把親友地址、重要文件、舊日信件、情書等輸入保存，專家們說一張光碟片可保存多年。用文字回憶過去，難免有取捨，有導向，蒙蔽真實，照片是最存真的方式。

　　電腦日漸普及，但「電腦文盲」很多，想學，又怕，專家們針對「電腦恐懼」症候群對症下藥，所寫的書深入淺出，簡明易懂。如果你是退休人，又有許多照片，不妨一試。

1998年於台北

尋狗

當初，若不是想擁有那份樂趣和溫馨，何來這份難捨。

種花養魚，養鳥，可以陶冶性情，生活上添增情趣，可是養狗，千萬別輕易的嘗試。

狗，是靈性動物，善體人意，忠誠友善，尤其不會嫌貧愛富，也不需要像交朋友那份俗套的謹慎。李敖說過：「我認識的人愈多，我愈覺得狗更可愛」。

如果你家有一隻狗，會讓你窩心快樂，可是，如果有一天你失去了牠，才體會到一份難割捨的感情，往往會使你或你的家人籠罩在愁雲慘霧之中，你也許會四處張貼尋犬廣告，淚灑街頭，在慢步中放眼每一處角落的找尋。世上癡情的男女固多，「癡狗」的人家當也不少。

記得小時候家住重慶的山上，家裡養了一隻小狗，是我快樂玩伴。後來狂犬病流行，在父親的堅持下，把狗兒放在籃子裡，罩上布，帶到山下去拋棄。不幾天，那狗兒又上山找回家裡來，永忘不了再見到牠那一刻的喜悅。感謝父親後來同意把牠留在家裡。

1945年抗戰勝利，舉家還鄉，我們搭木船順長江去南京。那天傍晚，全家坐上卡車去江邊上船，狗兒安靜的望著我們上車離去。

第二天早上起碇開船的時候，卻發現那狗兒端坐在江邊上，一直搖著尾巴向船上望著，我們高聲喊叫著牠的名字。船身慢慢移動，狗兒沿著江邊追趕一陣後，漸漸的消失在江面的盡頭。多年後，每讀到「潯陽江頭夜送客，別時茫茫江浸月」那詩句的時候，

總是會憶起當年望著江邊離去的那一幕。

　　過去我們住台北松山新村眷區，房舍並不寬敞，雖是「陋室」，卻有一個小院子，孩子們養了有三隻不起眼的雜種狗，給全家帶來許多的歡樂。

　　每當我下班回來，狗兒們必定高興的撲上身來。進到屋裡，照例先和牠們玩一次「拔蘿蔔」：狗兒們先乖乖的並排坐下，仰著脖子，讓我一一的用雙手捧住她們的頭，高高向上舉起，數叫一、二、三後放下後，牠們才滿意的離去。

　　三隻狗兒中的PUPPY年紀較大。牠是一隻走失的狗，流浪到我家門前，久不肯離去，就成了我家的一員，那時候已是一隻老狗了。MIGA聰明溫順，是兒子從學校廚房邊一窩小狗中帶回來的。三歲黑白花的TIGER長得瘦長挺拔，頗有一股英氣，兒子說：「看牠走路的姿態，像是一匹駿馬」，女兒也說牠必是「名門」之後，其實牠來的時候也是一隻村子裡不知誰家棄養的小狗仔。

　　家裡常播放「田園交響曲」，當那曲子一揚起響鼓聲時，TIGER聽到後，就會走近音響，端坐喇叭箱前，伸脖仰首，隨著音樂低吟哼叫，那聲音雖聽起來並不入耳，但相信牠一定喜歡那音箱中發出來的旋律。有客人來時，孩子喜歡常這把戲當作「獻寶」的節目。

　　日後眷區改建，舊房拆除，要搬到公寓。公寓裡是不能留養三隻狗的。一番考慮，百般無奈，南部的朋友為三隻狗兒在新營鹽水鎮旁找到一個新家。那是1992年夏天的事。

　　九月間的一天，懷著沈重的心，開車南下送牠們去。一路上狗兒安靜無聲，牠們當然不知道要去什麼地方。

　　牠們的新家是一處四周圍繞著稻田和魚塭的農家：一片闊野，可以終日追逐奔跑，看來是處快樂天地。再三謝過農家主人，願意接受了我們的「託孤」。

大約一個月後，女兒出差高雄，順便去農家探望看狗兒。當知道三隻狗失蹤後，她站在田埂上，茫然的望著四野，竟哭起來。主人說三隻狗自來到後，不食不動，終日窩在一塊，在一次颱風夜後，都不見了。

　　不久後的一天，農家的主人打電話來，說發現狗兒曾在附近的工業園區出現過。我得知後立刻搭機飛趕往高雄，由朋友駕車前往鹽水鎮。於是便開始了我四次南下尋找狗兒的行動。

　　據書上說：無家的流浪狗，在不安的心理和飢餓情況下，習慣在日出後三小時，日沒前的二小時左右出來尋食走動。

　　工業園區範圍廣大，除來往少的車輛外，行人稀少，我那天在園區的每一條的道路上，漫無目的迂迴往返找尋，期待狗兒們出現。也拿著狗兒的照片尋訪許多工廠工人，偶爾遠處也看到幾隻流浪的狗出現，但稍一接近，牠們便驚慌的逃走，始終未見我家的狗兒。這真是一場漫無止盡、希望渺茫的找尋。

　　十一月七日第三次南下，已是秋末的日子。園區內道上盡是飄落的梧桐樹葉，一片蕭瑟，終於那天的下午，在一家造紙廠前面樹下發現了捲睡中MIGA。見牠身體贏瘦，毛色已失去往日的光澤，特別是牠抬高左前腿走動，明顯受傷，可能牠是走進過工場尋找食物時被人打傷的。

　　當牠一見到我時，低扭著頭走過來，有些靦腆，輕擺著尾巴發出一絲低吟的聲音，露出嬌滴和失落的委屈。我抱起牠的那一刻，體會到失去所愛，再復得的感覺時，竟是那麼的令人激動。

　　我輕拍著牠說：「乖乖MIGA，我們回家去吧！」

　　找到了MIGA，希望另外二隻狗也會出現。於是再去。

　　另一天下午，我那耐心的朋友開著車，照樣在園區內無目標的慢慢開著。走過工廠的每一處堆放木材、鋼材、塑料的地方，任何可能的角落，依舊全無蹤跡。

當天日落西垂，我們離去。在經過工業區外圍公路旁，一輛停放路邊的卡車底下，看見有一個黑影，我要朋友停下車來。待慢慢從那輛車的後面蹲下一眼望去，竟是老狗PUPPY。

　　牠捲著身體，先是像流浪漢似的癡呆的望著我，沒有任何反應。幾個月來周遭的環境讓牠充滿著驚怕和茫然。我低聲的叫牠：「PUPPY，PUPPY！」牠開始抬起頭，扭動一陣鼻子，終於認出了我來，搖擺尾巴，蹣跚吃力的走到我身邊來。

　　只為找回三隻失去的狗，四次南下。從第一次算起，前後已近兩個半月，家中氣氛一直陷於未曾有過的低沈。每一次南下開車陪我前往的友人，對我這幾近瘋狂的行徑，給了極大的容忍和體諒。

　　像似一場搏鬥，雖然身心疲憊的已找回了MIGA和PUPPY，但我不能放棄找回像小孩子似的那「名門之後」的TIGER。

　　在馬祖當兵的兒子，電話裡不斷的打聽我南下結果。十二月十六日他休假返台，放下背包，和女友通電話之後，帶著我繪示在園區發現MIGA和PUPPY的地圖，獨自匆匆開車南下。

　　他當日天下午到達後就前往園區，一直到傍晚都沒有什麼發現，當晚住在鹽水鎮上一家簡陋的旅社。附近是新開發的工業園區，治安大概重要，夜間警察來查房，兒子說明前來尋狗的事，警察還不太相信會有人遠自台北來找狗的事。

　　兩天後，他失望的回來。他說：「工業園區裡都是工廠，並無住戶人家，僅見一些丟棄的便當盒子，殘渣棄食的垃圾堆。TIGER是年輕的狗，活動力較強，很可能已離開園區那個地方了。」

　　我仍然不願放棄。數天後的十二月十八日，再度第四次南下。那次是高雄的好友，壽山法新禪等的主持聖雄法師，知道了我尋狗的事，同情我的苦心，願意開車陪我前往。

　　那天我們在工業園區兜轉了約兩、三小時後，再轉去園區旁的鹽水鎮上。走過太北里時，見一戶人家門前的籠子裡養著一小狗，

想必是愛狗人家。便趨前打聽，和在高速公路局四隊服務的李耀珍先生略談之後，他們夫婦訝異我這遠道的台北人，還由一位穿著寬領鬆袍的出家人陪來。我留下三十張TIGER的照片，請他們代為留意尋找，我說：「牠很可能在這個地區。」

站在一旁的一位老人問說：「是甚麼名犬？」聖雄師父回答說：「是一隻普通狗，是一隻感情狗啦！」師父這句話說得十分妥切。

憶及狗兒和全家人相處的那份歡樂，而這次因為眷區改建，為三隻狗兒「新家」的安排，卻是帶來遺憾和內疚。我是否會再來？是否還繼續在那漫無止盡的地方尋找TIGER呢？我不知道。

送我去小港機場的路上，師父終於開口說話：「天下萬物皆有情，人間事事如流水，人生本著在一個『苦』字，緣生緣滅，『來則聚、去則不留』，你已盡了心意。」他的話帶有幾分禪意。他見我默然無語，又安慰的說：「那狗與你們有緣，終會尋到你家去的」。

找回的MIGA和PUPPY後來送到台南朋友家留養，MIGA腿傷痊癒，PUPPY在一個月後老死，但未再有TIGER的消息。

台北眷村拆除後是一片廢墟，偶爾走過已失去舊觀的附近，總會駐足四下望望，尤其在冬日寒風蕭瑟時節，還會想起TIGER，會在那裡？

約四年後的1996年八月間眷區改建完成，平地起了高樓，是一處美輪美奐的社區，改松山「新村」為「新城」一字之差，人事卻是全非。當年自老眷區因改建遷出的住戶中，有四十多位老人過世，再也沒有回來這新房子。

1996年於台北

老總到！

　　在洛杉磯的蘭莉老人中心，是蒙市一帶老人活動較熱鬧的場所，許多上年紀退了休的人，無論遠近，喜歡常來這裡。打發時間，認識朋友。

　　這族群裡以老中佔最多數，來自台灣，大陸，越南等地，五湖四海。每人都有著不同的過去背景，其中不乏經過大風大浪，有頭有臉的人物。有當過官的，有當過紅衛兵的，蹲過牛棚的，更有人打過韓戰、越戰。無論過去輝煌顯赫，或是平淡一生，有著不同的經歷，可是進到這裡，一切都由絢爛化為平凡。大家見面稱兄道弟，小張，老李的稱呼著，一堂融洽。

　　但是「老總」是個例外。他喜歡談些他過去的事，但又不像是在自我吹噓，應該是屬於口直心快，是有話不說心裡難過那種老人吧。也可理解，有哪一個老人不回憶過去，不說說自己的往事？

　　老總姓孫，在台灣幹過軍人，打過仗。我們一起打了幾年乒乓球，他的真實名字卻還不太清楚，這不重要。要是在這活動中心提起老總這稱號，就無人不知了。

　　老總身材高大，方頭大臉，紅光滿面，另外加上一對豐厚大耳，若在雍正王朝，不當個三品官也難。

　　假如你對他說：「老總，你是一臉富貴相，過去至少官拜中將吧！」他就會笑說：「老兄弟，俺就是天天喝『中將湯（日本知名婦科補品）』也當不了中將。俺過去只幹過比綠豆那麼大一點的小營長而已，別把俺給看大了。」「不過，俺倒是『扛過槍，吃過

糠，渡過江，受過傷』的。」聽後讓人肅然起敬。他雖然說的是一口山東焦縣土話，卻不減對他的親和力。

大概過去忙著帶兵打仗，老總沒學過什麼運動，退休來美後喜歡上打乒乓球。每次見他手拿球拍來的時候總有人叫道：「老總到！」他就高聲接腔說：「大家統統下（桌）！一旁讓開，小心會濺一身血！」然後雙腳並攏，挺直身子，右手拿起球拍舉到眼眉旁敬禮，向大家說：「兄弟姐妹們大家早！」說罷自己哈哈大笑起來。老總是球友們的開心果。

由於長得過於高大，手腳特長，動作顯得不甚靈活，老總的球技幾年來未見什麼進步，一直就淪落在和幾個臉上塗抹得大紅大白的老娘們一塊打，老總愛說他是在教她們打球。每在終場休息時，娘子軍們擁著他，嘴裡嚷著「師父，師父」去喝咖啡，老總心花怒放。

每週二下午的舞會他從不缺席，西裝筆挺，挺有氣派。雖然只會慢三步四步，可是自有品味；專請在場的洋女人跳舞，凡是沒有舞伴孤坐角落的，他都前去一一請到。有一位洋女人每次在完舞之後，還微笑著把一顆糖放在他手心裡。老總說；「那些洋婆子都是孤家寡人，整天就盼望這一星期才一次的舞會，你看她們那慎重其事花枝招展的打扮，結果又沒人請舞，閒坐擺拆字攤，坐冷板凳！」老總很體諒入微。老總會說幾句英語，洋婆子們稱呼他General。

老總說他當年十八歲開始穿草鞋當兵，抗戰時候在新四軍孫立人部隊打小日本，後來遠征緬甸，渡怒江，越竣嶺，南征北討，當年在他槍口下撂倒的日本兵不下十來個。尤其談到一九四二年在仁安羌一戰，臨危受命，率領一個營深入蠻荒，解圍了被日軍圍困在山谷裡一個多月的英國部隊。這是他愛津津樂道的事。

大陸撤退來到台灣之後，沒有仗打，離開軍旅。說到這一點老

總就感嘆的說：「俺是雜牌軍人，沒入過軍校，能有甚麼前途。」有志難伸，心裡遺憾。

老總家住在和蘭利中心同一條街上，是一小棟獨立小屋。前院是綠色如茵的草皮，後院種了些蔬菜瓜果。左鄰是一家墨西哥人，那老墨看到老總常在太陽下種菜，還送了一頂墨西哥大草帽給他。

右手邊住的是王教授。他是大陸移民來的退休教授，蹲過牛棚，知識青年時代下鄉，懂得種植，老總從他那裡學會如何種菜。

住在對面的是Jack桑先生。Jack桑五十來歲，彬彬有禮，沒像老派日本見人九十度鞠躬，但有禮貌，會哈腰點頭。老總常對王教授說那小日本矮個，螺旋腿，看就討厭。最近他二人常談華文報上熱門報導的南京大屠殺話題。

老總幾年來都是每天準時來蘭莉報到，今年初以後就沒見他來了，我心裡有些掛記，去看他。

那天見他正在後院裡「下田」種菜。我趨前招呼說：「老總您好！」怪了，他好像不認識我這老友。望著我一陣子才說：「你是新來報到的，很好！」他放下鑱子問：「你原先是哪個部隊，駐防何地？」我一時聽不懂，答不出話來。然後他又上下打量我一番說：「你看，你是頭一天來見我，沒立正，也沒敬禮，軍紀是很重要的嘛！」他說完又去澆水。他這番話先是讓我心裡一驚，最後才弄懂，老總變糊塗了。

我後來向他告辭，為了不讓他失望，立正站好，雙腳並攏，盡可能做出嚴肅的樣子，舉起手向他敬了一個軍禮，大聲說「報告營長，屬下告退！」老總點點頭。

一路上心想老總怎麼變成這般樣子了，心裡難過。

有一天孫嫂子來蘭利，大家圍過去。她說：「我家老頭病了！」是什麼病，她也說不上來。

她說：「那天我從超市回來，見我買了菜，他就說：『沒我同意怎麼自行採購！』嘀咕一陣後又說：『妳要是揩油，我送妳軍法！』」她一臉委曲。又說：「後來乾脆說要我買甚麼東西得先寫在紙上，要讓他拿筆批了『照准』才能去買。」孫嫂子焦慮和無奈，大家聽後沉默不語。

她又說到在外市開店的兒子來看他，行前和老頭通了電話。老頭放下電話，你知道他說甚麼？他說這兒子打電話開口時也沒先說個「報告！」又說：「軍紀鬆弛，軍紀鬆弛啊！」還好兒子來時有了準備，未穿球鞋便裝，穿著西裝打領帶，皮鞋光亮來到。兒子進到家裡先向老爸立正敬禮，口裡高聲說：「報告爸爸，我回來了！」老頭高興了。離開時還勉勵了幾句說：「要努力向上，奮發圖強啊！兒子。」我問孫嫂子您這兒子今年多大，她說：「六十多，要退休了。」

大家說老總得了老年癡呆症吧！孫嫂子說不像似，說她見過癡呆症的病人是啥樣，我家老頭身體硬朗，兩腳走路腳步大，也沒蹭地，四平八穩，目光有神，煮飯，衛生都會做，飯也沒少吃，哪裡像是老年癡呆。唯一徵候就皮氣變得古怪，話少，好像整天想心事。

過不多久，孫嫂子又來過一次，那天她眼裡含著淚水說：「我那老頭又變本加厲了。」

她說老總近兩月來每天都是天一亮就起床，兩手插腰，立在窗前，不停的往外邊觀望。見有人過來，就把雙手舉起放在眼前，手掌捲成望遠鏡樣子，嘴裡唸著甚麼「正前方山頭一百碼……」、「右面小河對岸有動靜……」，一站就是一兩小時。給他送早茶，他還說什麼「大敵當前那有時間喝茶！」老總病情似乎又加重了，球友們擔心起來。

有一天桌球會長王醫生特意趕來，這位專治疑難雜症的老大夫

見大伙七嘴八舌，聽完老總病情描述後沒有說話，搖著頭說：「我得研究，研究。」他回去後翻了一夜書。

第二天王醫生來了，大家擁上去。他說：「他得的是一種罕見的憂鬱症。是一種叫做『強迫性回憶憂鬱症』。一般上了年紀人都是忘記過去，可是咱們孫老哥只記得過去，不知現在。」

問他能治嗎？王醫生說：「目前醫學雖然進步，醫學界文獻上卻少見，只有埃及法老王朝時代有一兩個類似病例，但沒有治癒記載。」又說：「有這種病的人有一特性，凡是什麼老人易得的病，他都不會得，命活得特長。」大家面面相覷，沒詞了。

半年過去，有一天蘭莉中心傳來警察抓老總的事。

先是有一天，老總突然心血來潮，請隔壁老墨開車陪他去材料行買料。有圓，有方，大小木櫃子，外加油漆，電鋸等買了一車。此後大約有一個月時間後院不時傳出電鋸，敲敲打打的各種聲音。老頭在幹什麼，孫嫂子也沒理會，只見他每天傍晚收工後就用報紙把東西蓋上，不讓人看到。

有個週末孫嫂子想孫子，去了兒子家。問他你自己會弄飯，泡茶？他不說話。孫嫂子有點不太放心。

那天晚上天氣陰霾，暗黑低沈，不見星月。老總自後院推出一件大傢伙到前院，擺在草地上。

這時候隔壁王教授出來院子裡打睡前的太極拳，隔矮牆看到老總那院裡一件像似機具的東西，有點納悶，貼近一瞧，只怪自己有學問，見識多廣，認出那是一尊二次大戰國民黨兵用的迫擊砲，著實嚇了一大跳。

那黑色炮管，炮架旁邊地上還整齊的擺著兩枚黃銅色的炮彈。而老總還搬一把椅子端坐在炮旁，手裡端著另一顆炮彈，好像就要準備上膛開炮似的。

教授順著炮管方向往前望去，那炮口正好對準過街Jack桑家大門。這下明白了。美國雖然槍彈自由買賣，迫擊炮卻是沒聽說過。心想這老孫莫非跟黑道有掛勾弄來的。正在疑惑，一輛警車來了。

　　兩名警察下車後直奔Jack桑家。Jack桑向警察指著對面院子說了一陣話後，把手裡望遠鏡遞給了警察。警察在暗淡的街燈下向著老總那院子裡看了好一會，拿起無線電向局裡報告。

　　不多久，另外幾輛警車陸續來到。有一個穿著便衣的人，年歲不小，王教授判斷那必是位炮兵專家，可能打過越戰，至少也參加過伊拉克之戰。

　　那專家也先用望遠鏡仔細觀察，果然看出關鍵性了。他發現「嫌犯」手上正握有一顆炮彈，低聲說，只要把炮彈放進炮口，就會立即發射，情況非同小可。跟著消防車也到了，整條街道封鎖，如臨大敵。

　　警察按捺不住，開始攻堅。領先的那個慢步挺進，挨近老總時先說了一聲：「嗨，Grandpa（老爹您好）！」老總沒動靜。警察一個箭步過去先把他端在手裡的那顆炮彈搶下。接著那位專家上去，在手電筒照明下伸手去檢查那迫擊砲，敲打炮管，一下，又一下，頓時望天長叫了一聲：「啊，My God！」。

　　這時候Jack桑先生大膽走過來，警察掏出記事本，問他要不要提出告發老爹威脅，恐嚇罪。他一想，這豈不是承認自己被假砲嚇到了，有失日本武士道精神。連忙說：「No！No！我看也是假的嘛！」我們老總仍然安坐那張椅子上，若無其事的望著前方Jack桑先生家的房子。

　　事後警察把那尊「砲」帶走，告訴王教授說帶回去拍照後送回，說這是個好的警察教育案例。那專家臨走時對老總說：「Nice Job！（手藝不錯啊！）」

孫嫂子第二天回家後並不知道昨晚發生的事，王教授也沒說。一直到有天Jack桑先生帶了一盒蛋糕來孫家敦親睦鄰，教授當翻譯時孫嫂子才知道這檔子事。但是Jack桑先生對老總要炮轟他家的事總是百思不解。

1996年於洛杉磯

在序曲中落幕

　　每四年舉行一次的世界盃足球大賽，原是愉快的期待，但每當觀賞激烈的球賽時，看到守門員擺出高舉雙臂、彎著雙腿，阻擋來球的架式時，就會不由得想起「大臉」來。大臉是李全的綽號，是我的好友，同學都這麼叫他。

　　就這樣，每次觀賞球賽時，大臉的影子就會在腦海中不時的浮現。不知不覺的也就泛起想要去碧潭空軍公墓的念頭，這感覺縈迴許多年，揮之不去。

　　這些年裡去過幾次碧潭，和三十五年前那次參加他葬禮時的感覺一樣：感嘆大臉怎會是個生命那麼短暫的人，尤其正是他意氣風發，人生序幕方才開始的時候，卻驟然的落幕了。令人感嘆生與死之間竟是那麼不容妥協。

　　每去到碧潭墓園，穿過小徑，踏上交錯台階，是一片蒼翠，感覺像秋日的蕭穆。在遠遠地方就可看到大臉墓旁那棵特別高大的松柏。我對大臉生前的事，和他在這迷宮似的墓園裡安息的位置是熟悉的。

　　走近時，帶著抹不去的情怯傷感，蹲在墓碑前，撥開塵土和殘枝枯葉，再讀多年風蝕後斑駁墓碑上的文字。

　　那塊平放的碑上寫著：「李全中尉，河北石家莊人，民國二十七（1928）年十二月五日生。空軍官校第四十二期戰鬥科畢業。民國四十九（1960）年十二月五日於屏東佳冬靶場炸射訓練時失事殉職。享年二十三歲。」一個曾經是生龍活虎般的生命，記載他一生

的文字就是那麼的簡略，生硬冷漠，沒有一絲的感性；沒有身世，沒有過往，當然更沒有提到他出事當天正是他的生日。

和大臉開始交往，是同在岡山空軍官校當學生的時候。他比我晚一期，年齡也小些，他是他們期上足球隊的守門員。一次兩期球賽，我不留意一腳踹到他的臉上。大臉緊抱著球從地上爬起來，揉著臉，望著我，笑咧著嘴說：「老哥，閣下的『火腿』有夠厲害的！」球場上少見有這樣好脾氣的人。

我在高級組飛行時，他也正開始中級訓練。雖是各自半天飛行，半天上課，課餘時間我們常在一塊。一次晚自習，他從對面教室靜悄悄過來，丟下福利社五角錢一包的花生米。附著的紙條說：「金聖嘆被劊子手殺頭的前一刻透露說過：『花生配豆腐干吃，有火腿味道，不亦快哉！』」遇到放假的日子，我們兩人也會湊了錢，一塊走路到岡山鎮上去看一塊五角票價的電影，吃一碗紅豆冰。

民國四十八（1959）年，我畢業後分發到臺南基地九中隊，住五號營房。一天晚上室外有人喊：「報告！」我那時候還是資淺的隊員，有誰會向我喊叫報告，開門一看，竟然是大臉。

「你畢業調來一大隊？」我看到他一旁的行李，高興的問。

「正確。特來追隨的呀！」大臉笑說。他分發在三中隊，但同住五號營房。

那時候台海局勢緊張，他報到後不久，立刻開始他F-86F軍刀機緊密的戰備訓練；從地面學科開始，到空中戰鬥編隊，纏鬥，空地靶炸射到夜航等繁多的訓練課目。那是初到部隊飛行員的煉獄時期，忙得喘不過氣來。

大臉長得身材高壯，身體結實。說話笑起來臉盤就顯得特別的寬大，他這個綽號是有點道理的。

有時候晚間他會輕輕的推開房門，先探頭進來，笑著臉，低聲

唱起：「你知道你是誰，你知道花年如水…。」也有時飛行回來，滿身大汗的對著電扇，拉開飛行衣拉鍊，指著胸前濃密的胸毛說：「我這一身『俄國毛氈』夏天裡真受不了。」

大臉寫的一手漂亮的字，一到隊就被網羅去辦飛安壁報。

「我這字是有體的」他說。

「屬於甚麼體？」我問。

「我的字是『死蛇掛樹，草繩落地』體。我小時候就被老師這樣罵過。」大臉說。

隊上遇有洋務時，常派他去和基地顧問組洋人打交道。有次聖誕節晚會上，他在洋人面前唸起一首英文情詩，一位洋太太驚叫起來說：「你從哪裡學來的這首詩！真是太美了。」事後他說，洋人未必個個都讀過莎士比亞，這件事大臉頗有點得意。接著又說：「不過，我也只會這一首而已，沒想到把洋鬼子唬住了。」說罷就笑起來。大臉就有那份幽默，開朗，帶有寶氣的個性。

三個月戰備訓練完訓，他休假回家，從基隆回來。

「這次回去，我叔生我氣了。若要是以前，我小時候犯了錯，就會被罰站，還得把我母親的照片端在手裡思過。」

「你叔為什麼事生氣？」我問。

「說我畢業後有半年沒回去過，也少寫信。」

「那這回有沒有罰你端照片思過？」我很想笑。

「當然不再會了。我自小叔叔管教很嚴。母親的照片在我進官校時我就帶來身邊了」。

大臉一歲時正值全國對日抗戰，烽火燎原。一次隨父母由濟南坐火車逃難，中途遇到日本飛機攻擊，火車停下來，大家紛紛逃向兩邊的高粱地躲避。日機掃射死了不少人。敵機遠離後大家回到車上，倉皇中火車繼續前行；從此母子倆再沒有見到父親。

母親帶著大臉去重慶投奔叔叔李復柴。一次霍亂流行，他母親

染病逝。臨終時將李全托孤給叔叔和嬸嬸。李復柴後來自己也有了孩子，但未負所托，把李全當作自己孩子養育，帶來台灣，教養成人。

「沒回家是小事，相親是大事。」大臉說出真相。

李復柴有一位當年一同渡海來台住在淡水的摯友，家裡有一個獨女藍湘。李復柴一直喜歡這個自小看大的藍家女兒。空軍官校畢業了，叔叔急著想要帶李全去藍家。李全半年沒音訊，為這事生氣。

那是民國四十九年的夏天，在臺北火車站的鐵路餐廳裡，我初次見到藍湘。大臉牽著藍湘的手走過來。他對藍湘說：「這就是我的老哥。」藍湘大方的說：「老哥好！」

藍湘長得白淨秀氣，那時候是師範大學音樂系學生，臉上總是帶著笑容，溫婉可人。笑起來時露出漂亮的牙齒，正如大臉所說的「齒如編貝」。又說：「她是家中的掌上明珠，我是腳下的鵝卵石。」在藍湘面前喜歡說笑，寶氣十足。

那時候隊上每月可輪到三、四天的休假。每逢休假的前晚上，大臉就搭夜班車去台北。車到了台北時天色初亮，坐上三輪車先到工專對面的空軍新生社落腳，然後再趕去車站。等待搭最早班車從淡水來的藍湘。藍湘每來時會帶著大臉愛吃的那種燒餅。

藍湘上課時，大臉就在師大校門對面那家冰果店裡，拿出帶著的書攤在桌上，耐心等待。待藍湘下課後，兩人就一同回淡水去。遇到週末，藍湘打扮漂亮，兩人同去在台北玩一天，有說不完的話。

藍湘的爸爸感覺出女兒心事，對李全也做了一番了解。藍湘是獨生女，李全是位軍人，又是一位從事飛行事業的人，心裡有著一分不很踏實的感覺。有女兒的父母常說：「嫁給陸軍苦死，嫁給海軍等死，嫁給空軍急死。」

後來他也透露了心裡的話：「李全這年輕人忠厚實在，一切就看他們的緣分啊！」藍家爸爸和李復柴也都有了默契。藍湘的媽媽滿心喜歡，每提起來就說：「李全真是寶氣啊！」大臉這塊「鵝卵石」顯然像似投入到一個寧謐的湖水裡，給寂靜的藍家帶來未曾有過的生氣。

　　有一天大臉飛行回來，興奮的說：「老哥，我可是真正的『童子眼』啊！」他又是在說玩笑。

　　那天早上出偵巡任務。四架飛機由基地起飛後，飛向大陸邊上的東山島，再右轉向北飛，經過廈門沿海附近的時候，戰管雷達站突然警告有米格機出現。大伙緊張起來。大臉是飛在編隊最後面的位置。

　　「米格機四架，在十一點鐘位置，距離三十浬！」雷達站無線電報告說。大家立刻向左前方遠處上下目視搜索。

　　「目標機接近離十七浬…十五浬…」。

　　「十二浬……九浬！」大家仍都未發現，一陣心跳緊張。四架飛機一直保持高速疏開戰鬥隊形，不敢輕舉妄動。

　　「Contact（發現了）！目標在十點鐘位置下面，那堆雲的右方！」大臉在後面突然發話。

　　領隊沒看見目標，說：「四號機你先上前去，我們跟你！」大臉立刻加滿油門，一馬當先，推頭對著米格機方向衝去。

　　那群米格機顯然也都在搜尋目標，但遲了一秒，失去先機。雙方高速對頭交會後，待反轉回來，米格機突然加速俯衝右轉向內陸飛去。四架軍刀機加速追擊，戰管雷達指揮官突然命令說：「不准追進去，即刻返航！」這可能發生的一場空戰，在一瞬間內就此結束。

　　四架飛機若稍加追擊，勢必有機會將米格機擊落。但也必然會造成低油量，油量不足情況下，回航時可能被迫在海峽上空棄機跳傘。

大臉說：「假如老共早幾秒先發現我們，當時我又拖在機隊最後面，準是第一個被他們咬住。」

「你果真是童子眼啊！先看見他們，否則你們今天不是打米格機，那就給他們『送菜』了！」我說。

大臉向大家眉飛色舞的講述這件事的經過時，最後還說：「當時我和一架米格機交會時，還看見那個飛行員對我咬牙切齒，怒目相視。」引起大夥一陣爆笑。

那時候隊上的休閒生活十分單調。在晚間沒有任務的時候，多留在寢室裡看書，聊天或寫信。大臉和藍湘之間是用默契的藍色信封和信紙，保持著三日一信。

記得那是冬日的一個周末。晚餐後我們搭基地交通車去城裡看電影。那晚寒流來襲，冷風蕭瑟。進到大全成戲院裡大臉顯得有些沉默。電影開始後，他先是始格格的笑，然後笑聲也漸漸的高起來。尤其在電影情節枯燥時，笑聲顯得很唐突。結束後，我們趕搭最晚一班車回基地。

「我要去買太空衣。」那是一種當年初流行的紅色尼龍夾克。「我上次答應給我兩個（堂）弟弟各買一件，回基隆時帶去。」他說。

「你不是月底才休假嗎？現在去買，恐怕趕不上了交通車了。」我說。

他還是堅持去買了衣服。看看錶，交通車已開走。我倆坐三輪車，顛簸著回到機場。我對他說：「你明天早班飛行不能睡太晚。」我感覺大臉今晚有點怪怪的。

民國四十九十二月五日一大早，作戰室裡忙碌起來；各批開始任務提示，著裝，登車，一天的任務又開始。第一批最早班的炸射訓練任務準備出發。

大臉穿著抗G衣，背著保險傘，臨上車前走過來找我說話。

「我想起來了，今天我的生日，晚上一塊進城去吃飯。」他說。

「你的生日？早知道昨就不必去買衣服，坐三輪車回來了。」我說。

「說來也怪，早上一醒來，就想起今天是我的生日。」他說完後便離開了。

隨後我也去飛行。起飛不久，耳機裡突然傳來基地不尋常的廣播：「所有在空訓練飛機返航！」我猜想最近大陸沿海有數千艘機帆船在福州、廈門一帶聚集，似有渡海攻台跡象。我們每天都派了飛機去監視。是不是有了狀況，要提升戰備？

我落地後，進到作戰室，見大伙氣氛異常嚴肅，方知道發生了事故：有一架飛機在佳冬靶場作俯衝投彈時失事，機毀人亡。頓時讓我震驚，沒想到竟是大臉摔了。

回到五號營房，推門進到大臉房內，靜靜的，悄然無聲，像似什麼都沒發生似的。見有一封給藍湘的信還豎在書桌上，那是他準備回來要去投寄的。望著那藍色信封上蒼勁的字，知道這封信已不再有任何意義了。

桌上有一張他和藍湘的合照，在旁邊寫著：「但願永遠共此時」。我靜坐在桌前，腦海中一片茫然。想著他的過去身世和一個充滿活力的身影，更想到他和藍湘那份真摯的感情，無限傷感。我還是把這不幸的事，儘快的告訴了藍湘。

碧潭葬禮那天，見到在憂患歲月中把李全撫養成人的叔叔、嬸嬸。李復柴老淚縱橫說：「這教我怎麼向他死去的爹娘交代啊！」藍湘由兩位同學陪伴著來。我把當天沒有寄出信交給她，雖然我知道這信中任何誓言的字句，已成為永遠無法實現的諾言。

幾番風雨，春去秋來，只道是悲歡離合，人生無常。經過了數十寒暑，多少事物都已在歲月中漸漸的糢糊，然而李全和藍湘他們卻仍鮮明的在我記憶中，衷心的希望看見他倆再一次牽著手走過來。

幾年後我接到藍湘由西班牙來的信，告訴我她在那裡學音樂，此後未有音訊。

　　有人說不要亂採記憶的果實，怕的是會弄傷滿樹繁花。有些記憶是虛無縹緲，似有似無，但有些落在心田底的老根，忘記澆水也不會乾枯。

1996年於台北

機長有一套

　　出國旅遊是令人興奮的事，如果又遇上新鮮事兒，更是錦上添花。

　　春節時我們去峇里島玩，看見當地的旅遊局掛著迎接的中文標語，寫著「歡迎台灣李大統領光臨本島」，李登輝搞他所謂的「南進計劃」，號稱「破冰之旅」的「實質外交」。台語中說「匹婆對匹婆」，報紙上英譯People to People，有人笑說如果再轉向翻譯中文當是「屁股對屁股」。我們意外的在島上和「大統領」在旅館門前相遇。他張著大嘴向大家微笑，一些人也向他鼓掌回敬。

　　結束旅遊後，晚間搭包機回台北。登機後許久不見動靜，見幾個工作人員在機門外急著說話，如臨大敵似的傳來喧嘩。原來當地代辦旅行社超額接受了訂位。聽見之後，暗暗叫苦，心想我們台胞慣有的「鬧機」「霸機」鬧劇，眼看又要上演了。

　　正喧騰時，前面駕駛艙門打開，機長出現。機長看起來相當魁梧，夠分量，濃眉大眼，長著一個特大號而又莊重的鼻子。他走到機門外，先高舉雙臂揮一揮，有點像選舉爭取選票站台的架式。他請大家先安靜，然後微笑著對門外那些不能登機的人說話。

　　「本地旅遊社已承認作業上錯誤，為了向大家道歉，現在已為大家安排旅館，精美的晚餐，一切免費，然後改搭明天早上第一班飛機回台北，請大家諒解。」

　　一位不滿意的人大聲說：「我們要求精神賠償！」機長說：「老兄，不能再要求賠償啦！明天這新聞準又上報，全世界的人都

會說我們台灣人又『鬧機』，老是得理不饒人，這樣多不好意思嘛！」大家還是七嘴八舌。

機長提高聲音說：「各位鄉親，大家都知道，李總統昨天才離開這裡，他來是為爭取國際朋友，更為我們台灣向外拓展經濟發展，我們是不是也該配合一下，給總統做個面子，也算是國民外交嘛！」門外的眾人交換眼神後，安靜下來了。

機門終於關上，客艙裡的人對機長的妥善處理，報以熱烈掌聲。一位乘客說：「機長有辦法，卡讚！」另一位豎起大拇指說：「機長樣子很像軍中領導部隊的大將軍啊！」機長連連說：「多謝，多謝，我回去一定天天喝『中將湯』。」邊說邊走回駕駛艙去，準備起飛。

「機長，這樣不行啊！」突然從機尾遠處傳來聲音。

機長又回過身來，笑著走過去，朝坐在最後一排角落的一名年輕人說：「小夥子，又有什麼不爽呀？」年輕人抱怨說他的座位太擠，腿伸不開，無法睡覺。機長一看說：「啊呀！你這打籃球的高等身材，劃位時應該向櫃檯要前排寬鬆位子，現在大家都『排排坐，吃果果』了，誰會跟你換位子？」機長說。

這時候有一個人拎著提包從前面走過來，笑著說：「我跟你換。」機長訝異地看著他說：「你真是大好人一個啊。」那人說：「對不起，對不起，我是帶團的。」

機長一聽，皺起眉頭對他說：「該打！像他這樣的打籃球『特殊身』你當領隊的怎麼不事先安排前面可以伸腳的位子給他？」那領隊嬉皮笑臉地向機長行個舉手禮，說：「本團一定改進，提高服務品質。」周圍的人都笑了起來。

機長看一看錶說：「我們延遲了一個多小時了，現在可以讓我起飛了吧，大家乖乖地睡覺，我穩穩地飛，天亮時機上也請你們吃

精美早餐。」機長笑著走回駕駛艙時，後面又傳來一聲：「機長有辦法，卡讚！」

　　我心想，這像將軍的機長是有一套，平息了這場將要發生的「呆胞鴨霸鬧機」。

1996年於台北

紗帽巷憶舊

　　1999年我從台灣到南京旅行，那是九月炎熱的一天。我在市區一路上望著車子窗外。來到了一處行人熙熙攘攘的地方，那司機說：「這就是成賢街了！」下車後，駐足張望，心裡茫然，眼前的街景全不是記憶中的樣子。

　　順著成賢街口往前走，心想著不遠處左邊應該有一條巷子，心跳隨著步伐加快。果然見巷口牆上有一路牌寫著「大紗帽巷」。

　　向著五十年前所熟悉的巷子裡走去，努力的想拼出一張幼年時曾經在那裡居住過的舊景；記得巷口左邊頭一家原是賣開水的老虎灶，緊鄰是香油磨坊，再過去是出租小人書（連環圖）書店。然而舉目望去，卻是一整排的二樓住房，估計已有多年了，都不是以前的樣子。

　　巷子口右拐角上一間馬房也不見了。再往巷子裡面走，心裡數著大約百步的地方，再回頭向著巷子頭尾兩邊打量，估計站腳的地方，應該是我舊家門前的位置。我小學五年級時住這巷裡十八號。

　　四周望去，卻是一大片正在興建高樓的工地，細看地上堆積的，都是舊年代的青瓦磚片。舊居地點找到了，老房子已無蹤跡。一位路過老人說，這塊地房子六個月前才開始拆毀的，你來晚了。近鄉情怯，泛起失望。

　　1945年抗日戰爭時期，我家住四川重慶，八月裡抗戰勝利消息傳到那天，整個山城鑼鼓喧天，熱情鼎沸。八年艱苦的戰時生活結束，大家紛紛準備返鄉。

那年冬天我隨家人搭木船，沿長江東行一個月到了南京，住在成賢街的大紗帽巷。

　　大紗帽巷是一條長巷，路面鋪著青石板，每塊石板中間稍微隆起，雨天裡不會積水，雨後石面上反映出撥雲見日的亮光。

　　當年我家十八號是一棟老房子。進門先是一間寬敞大中庭，裡面擺設都是木刻雕琢的舊家俱，很有富貴氣派，應當是一戶四合院官宦舊時宅第。兩側是住房，是房東一家人住房。

　　穿過客廳，是另一個天井，三面是廂房，我家就住在那裡其中一間，其他三戶都是由重慶、成都各地復員來京的空軍眷屬。

　　大門口有一橫條高大石塊的門檻，我那年十歲，進出時還要把腳抬高才能跨過去。

　　巷口的老虎灶，那是南京特有賣開水的店家。遇家中有來客時，我就提著白鐵壺去那裡買水回來沖茶。隔壁是一間香油房，主人不時的把炒過發出香味的芝麻添到石磨裡，一條小毛驢整天不停的圍著石磨轉動，磨碎的芝麻漿汁流入大桶裡，沉澱後，上面是芝麻油，下層是芝麻醬。當時磨房裡製油的情節在我眼裡是十分有趣的事，經過時都會駐足看一會兒。

　　想起巷口那家出租連環圖的書店，就不能忘記店裡的老闆；他是個大胖子，夏天熱，喜歡光著上身，滿口金牙，手上戴著一枚偌大的金戒子，口裡不斷的對來租書的孩子說：「小兄弟，要先付錢後看書啊！」記憶格外深刻。

　　那店裡專門出租連環圖畫書給孩子，叫做「小人書」，店門前擺著幾條小板凳，孩子們選擇自己喜歡的書坐在那裡看。

　　店裡書的種類極多，凡是水滸傳、三國演義、西遊記、七俠五義等古典文學，以及歷史名人如秦始皇、曹操、黃巢等的故事都盡在圖畫書裡呈現，畫工細膩，人物栩栩如生。

　　記憶中我常去那書店，花費不少零用錢。

日後我和喜歡讀古典小說的朋友談話，時常問他們：「武松在景陽岡山打死那隻大老虎之前，在上山之前，喝的是什麼酒？」大家都說不出時，我說：「那晚武松在上山之前喝了兩種酒：一叫『出門倒』，另叫『透瓶香』，那武二因為這兩種酒下了肚子，長了力氣，才把老虎打死。」說罷自己有點得意，這是當年小人書對我的影響。我尤其喜歡書裡一些忠孝節義的歷史故事。

　　初到紗帽巷時，有一天我對母親說：「巷口有日本鬼子兵！」母親驚訝的說：「日本人不是投降了嗎？」那時候日本剛投降不久，日本兵等待分批遣送回國，有一些兵就暫住在巷口那間馬房內。

　　那些日本兵整天留在馬房裡。每天清晨由一個他們的班長帶隊，集合點名，出來做完體操後，扛著掃把，提著鐵桶掃街。清理完後集合，穿著帶鐵釘子的皮靴，踏著整齊步伐聲回到馬房，不再出來。

　　那馬房原是一間養馬的房子，沒有床舖，地上鋪著稻草，他們就睡在上面。有一扇向著街道的鐵柵窗子，日本兵常依在窗口邊往外面呆看。有一次一個兵從窗子裡伸出一支鋼筆，向一個小販換東西吃。

　　戰時的1937年十二月十三日南京城淪陷，三個月內，日軍屠殺了當時未及撤退的國軍官兵和無辜百姓三十萬人，就是著名的南京大屠殺。而現在的情景和八年前血流成河的局面不可同日而語。我常想天道循環，人算不如天算啊。

　　成賢街並不算很長，過去空軍訓練司令部在那條路上，我常喜歡去玩，因為有一位叫田大的小駕駛兵，允許我坐在他停放著的吉普車上，讓我隨意扳動駕駛盤，假裝開車樣子，我非常快樂。

　　記得當時每日幫父親買晚報，可搶先看「三毛流浪記」漫畫。「三毛流浪記」現在中國再度出版，可以買到。

當時我讀空軍子弟小學，每日在訓部門前坐大卡車到學校。如今原來的訓部舊樓除破舊斑駁外，並無變化，現在已改為市立圖書館。抗戰時的航空委員會在重慶，勝利後遷都到南京的小營後，改稱空軍總司令部。

　　街尾是當年的中央大學，對台灣卓有貢獻的經濟學家李國鼎和科學家吳劍雄都是這所大學畢業的，解放後已改為東南大學。校門進去是一條寬敞平坦的大道，兩旁大樹濃蔭鬱綠依舊，以前我常和同學去校園內玩。

　　有一位叫王文棣的同學，我們常在道上溜冰。有一次他跌倒受傷，放聲大哭，我急去告訴他家裡。後來說他的股骨折裂，動彈不得，不久後我家離開南京去了台灣。在台灣我遇到他的姐姐，她說當年王文棣當時因傷勢不能走動，需要療養，沒有來台。這次我來南京前有意尋訪我這位王同學，心想兩岸開放後他們姐弟會有聯繫，無奈打聽之後，這位王文芝大姐已經去世多年。

　　回到紗帽巷，前塵往事湧現眼前，往事可數，然人事已全非，我方頓悟這份多年惦記的歲月流逝，已是風斷物淒。

2000年於台北

夢回土橋

　　我自幼時有記憶起，就住在昆明鄉下。昆明是春城，無處不飛花，氣候宜人，我那時候認為這世界就是這樣子。後來去了北方，冰雪蓋地，飽受嚴寒凌厲，昆明四季如春，得天獨厚可愛之處，令人懷念。

　　民國三十年我家遷往昆明。父親在巫家壩機場工作，選在附近的土橋村居住。我們住的房子是由泥土混參稻草砌成。圍牆很高，院子裡天井用青石板鋪成。每在傍晚時分，我坐在窗檯上面等待父親回家，遠望著他走過田埂小路回到家的景象。

　　房東是一位學校老師，人長得胖胖的，光頭，常見他穿著長衫來和父親談話，談的都是些抗戰打仗的事。那時候正是抗戰的中期，大半個中國終日生活在躲避日本飛機轟炸的夢魘裡。他每次來時，都給我帶來用黃紙和紅線包著的芝麻餅。我那時約四、五歲。每天早晨起來，母親給我一塊麵餅，我就會安靜的坐在天井的石凳上，從不吵鬧，這是我母親生前常讚美我的事。

　　雨天裡，我喜歡望著由房簷流下的透明水柱，濺到石板上，淬冽出無數晶瑩水珠的樣子。我家對門只有一戶人家，僅有母女二人，女兒叫秀英。母女每天荷鋤下田，早出晚歸。

　　土橋是一個很小的村子，遠處山巒秀靈，近處住戶零落，人煙稀少。門外是一個很大的曬穀場，四周是翠綠的田野廣闊，當春天菜花盛開時候，映照成一片金色大地。那是我記憶中唯一感受鄉間濃郁氣息的地方。

初到土橋時有一天，秀英擔著籮筐和她母親來我家，籮筐裡裝有許多蔬菜瓜果，秀英對我母親說：「你家請（用）。」她赤著腳的母親在一旁面容微笑，未說話，是農村人樸實的樣子。

　　秀英雙眸清亮，活潑大方，留有一條烏溜溜的長辮子，長得齊到半腰上，說話搖頭時那辮子不時的左右擺動。我深深記得她們母女那天來的印象。

　　之後，每天一早，下田之前，秀英都會來我到家，放下籮筐鋤具對我說：「讓我看看你今天有沒有穿新衣裳？」那時我的衣服都是母親手縫製的，或說：「今天臉上有沒有搽香香的雪花膏？」逗玩我之後快樂的離去。

　　有時候秀英來時，也會給我一個炒過捏成的小飯團，鹹味的，上面放著一小塊豆乳腐，用一根香爐裡的香棍叉住，再教我用另一根香棍挑著乳腐吃。此後我習慣每天起床後在石凳上等待她來。

　　有一回附近人家蓋新房子，秀英帶著我去看。那天是新房子砌好泥牆要上主樑的日子，村裡許多孩子都來了。安裝的樑柱上貼著紅紙，樑木抬上去後，有一人提著裝有許多爆米花糖的籃子，爬上梯子，點燃鞭炮，那人就把米花糖丟下，地上的孩子們一擁而上。那是給新房子討吉利的傳統習俗。

　　秀英把我放在一旁，就去孩子中間搶拾。米花糖多是圓球形的，小如雞蛋，大似蕃茄，五顏六色。秀英搶拾到後用嘴吹去上面的泥灰，便笑嘻嘻的遞給我。

　　搶接糖果原是孩子們嘻笑的事，秀英是一個十七、八歲大姑娘，擁擠在孩子間顯得特別突兀，是個不很協調的畫面。我想她是為我帶來一份喜悅而做的。

　　抗日戰爭的後期，日本侵華漸漸由北向江南推進。日本飛機轟炸的目標雖然是巫家壩機場，有時候就從村子上呼嘯而過，田間的農民也遭到猖狂肆意低空的掃射，每次都有死人。

那時候飛機速度緩慢，地面防空還沒有雷達，發現飛機來襲，依靠遠處山頂上的觀察站，用電話一站一站的傳遞信號，但這樣仍然比飛機速度要快些，敵機臨空前我們有充足時間躲避。

　　遇警報，村子遠處有人敲鑼示警。在田裡的秀英聽到後立刻放下鋤頭跑回來，急忙背著我，帶領我母親往田裡跑，尋一處畦間的豆棚下裡躲避。警報解除、敵機遠離後，秀英再背起著我，牽著母親，帶著在豆棚裡躲警報時採剝的一堆豆子，送我們回到家後，她再回到田間裡去。

　　秀英要出嫁我母親是知道的。母親為秀英縫製了一件大紅花的棉襖，她在我家裡試穿，我在一旁望著。大人自然不會對我這孩子說她要結婚的事。

　　春日暖和時，我有時一早隨她母女去田裡，吃著飯團，喝帶來的開水。有時候她把地裡挖出的紅蘿蔔在她的衣角上擦去泥土後給我，我就安靜的坐在稻草堆上慢慢吃著，隨她們收工時候回家。

　　有一天，秀英家門前突然熱鬧起來。一台大花轎隨著吹鼓手一同來到。有一個年輕人我從未見過，穿著長袍，頭戴一頂黑色禮帽站在她們門外。他是來迎親的。那天秀英的母親穿了新衣裳，也穿了新鞋。

　　不久，秀英穿著紅色新娘繡服，頂上罩著紅布，低著頭，由人攙扶出來坐進轎子裡。起轎後那頭戴禮帽的年輕人手扶轎子，快步的跟隨響起的鑼鼓手離開。我一直站在一旁，看著這些不瞭解的景象，望著秀英坐著那花轎遠遠的走了。那是我最後一次看到秀英。

　　抗戰結束後我們離開昆明，輾轉到北方各地；民國三十七年到了台灣，那時候大陸還未撤退。有次父親自台灣去廣州出差，雖然那時候我們闊別昆明已經多年，他帶著懷舊的心情，刻意去了昆明一次，他到機場訪舊，也去了土橋。

父親他回來時說土橋的房東已得病過世。我們住過的土房子無人居住，破舊零亂，院子裡養了牛，成為畜舍。

　　多年裡家裡每談到當年土橋，我就會想到秀英。當時我很希望由父親口中能道出一點秀英的事，但那是不太可能的，因為在我們未離開土橋之前，秀英已經遠嫁他處。

　　近來偶然遇見一位大陸來年紀略長的先生，談到他幼年也住過昆明鄉間，他去年到昆明參觀了春交花展會。我問他可知道土橋，他驚訝的說當年他就住在土橋鄰近的菊花村。他說土橋早已改名東風鎮，現在人口聚集，高樓興起，已非當年景象。聽罷，我無意再詳問下去，不願土橋今日繁華的景象，替代我夢中舊日的風貌。

　　春去秋來，幾番風雨，已是一甲子的歲月，即使春風再綠門前草，哪堪放眼憶兒時。

2005年於台北

老墨的報曉雞

　　如果你住在洛杉磯阿汗不拉這條街上，最近每當晨曦初綻，睡意正濃的時候，一定有聽過幾聲遠方雞鳴的經驗。

　　我住的這條街，平日往來行人不多，偶而會有幾個散步的老人，和一些肥胖的墨西哥女人帶著孩子經過。就市區而言，我這住區是較安靜的地帶。

　　那一天清晨，天色還未亮，樓下院子裡聽到一聲宏亮的啼叫聲。聲音聽起來似乎很近，但不確定，睡意全消。

　　思索那奇怪的聲音：是我家院子樹上的烏鴉叫嗎？不是，多少年來棲在我家樹上的鳥這時刻是不會叫的。不久又傳來了第二聲啼叫，接著是拍打翅膀的聲音。

　　我披上衣服出來，往樓下的院子望去，昏暗的街燈斜照下，確定了我的猜想，果然是一隻公雞在院子裡。這隻雞的意外出現，吸引了我的注意。

　　當年在台灣時，我家住在眷區，就在竹籬笆院裡養過雞。母親從市場買來小雞放在院裡，不時的撒些米粒，雞仔就會啾啾的跑來搶食。我每日上學前把小雞放出來，晚間再一個個捉進用竹片做的雞籠子裡。做那件事情使我非常快樂。

　　睡意全消後，我留坐在屋外樓梯上，想著雞的事，似有一些回憶童年養雞的感情，已多年沒有這樣子盯著一隻雞看了。也想起童年對日抗戰逃難在重慶時，在一家客棧門前的兩句對聯：「未晚先投宿，雞鳴早看天」。

待我端著一杯咖啡再回來時，天已大亮，完全清楚的看見牠了。

那是一隻碩大的公雞，棕土色，夾著藍紅亮麗的羽毛，尾巴高翹，頸部披灑著光亮的翎圈，肉冠鮮紅如醉，非常漂亮。牠看到我出現時一點也不驚慌，緩步從容，就好像是在牠自家院子裡一樣。每間隔一會，就昂頭向遠處啼叫一聲，鏗鏘響亮，直貫雲霄。大有世人皆昏晦，唯我獨醒之勢。

我奇怪這鄰近如何會有雞的出現，隨便跑是不許可的，而且進到我院子裡來；轉角上就是警察局，警車來往沒看見嗎？至少牠的啼叫擾人，附近鄰居可能早就告了警察。不久前一隻貓半夜叫春，警察就來捉過。

不過我倒是高興牠來到我家，人生相逢必有緣，果然牠把我這裡當做家，不走了。

我到附近的鳥食店買飼料，店家說沒有餵雞的貨品。說得也是，有誰會把一隻雞當寵物來養，若是鄰居的老中知道了，肯定笑我是「武大郎玩夜貓子：什麼樣人玩什麼鳥」。

店主還問我是哪裡弄來的一隻公雞，說餵些米就行了。我說：「我想要牠吃營養些，長得更健康，更雄壯漂亮些。」我喜歡看牠雄糾糾的樣子。

幾天後，我得到一個考據：大公雞是在日出前二十三到二十五分開始初啼，然後每隔一到二分鐘叫一聲，天明以後，只叫一二次就不再叫，牠大概知道「聞雞起舞」上班上學的人都醒了。

自那天起，享受著有如鄉野間，黎明時刻公雞報曉的樂趣，泛起一股莫名的興奮和愉快。每當天亮之前，自己倒先醒了過來，躺在床上，矇矓中期待那一聲清脆響亮的聲音到來。

幾天後，我這快樂的期待起了變化。我開始想這隻雞是哪裡來的，如果牠是附近人家養的，牠的主人是不是像我一樣，每日清晨也在期待這隻雞黎明前的啼聲，如今留下了這隻雞，倒使我感到有

些不安起來。我要訪尋牠的主人。

我先是問常路過的那幾個胖女人,有誰家裡走失了雞沒有,都說不知道。我想她們也許會在電話聊天時,會把這件事當話題傳給左鄰右舍。

我早上帶著小孫子沿著這條街散步,每經過一家院子前,就引頸望一下,試探誰家有養雞的可能。路過時,院子裡的人向我打招呼,以為我是來欣賞他家院子裡的綠草花卉呢。

大約一週後的一天,一個滿臉鬍子的中年墨西哥壯漢,挺著啤酒肚子,帶著一個孩子來到我家。

「嗨!先生早,我的名字叫荷西,這是我爸爸。」那孩子先說話。那漢子一旁帶著腆靦的微笑。

「孩子,你早!有啥事呀?」我說。

孩子說:「我爸爸要找一隻雞。」

我這一聽,就明白了。就對那老墨爸爸說:

「你是要找一隻大公雞(Roster)嗎?」那漢子似乎聽不懂那個英語字,轉眼望著兒子。那孩子說了幾句西班牙話之後他對我說:

「Yes,Yes,Chiken(是,是,雞)!」我把父子請到院子裡來,指著樹下說:「look!」

那孩子見到雞就歡喜的跑過去,把那隻公雞驚嚇的飛跳起來。那父親叫住了孩子,說了一些話,想必是在告訴孩子他的捉雞計劃。

他倆伸展雙臂,橫步慢移,圍著公雞打轉,很像拳擊賽中對手一來一往的攻防架式。結果無法捉住。

「我有一個法子。」我說。經兒子翻譯後,老爸點了頭。

我去把車庫大門打開,把雞趕進去,關上門,再由側門進去。

車庫裡一片漆黑,打開燈,看見大公雞昂著頭,高度警覺的立在那裡。我對自己想的這一招「甕中捉雞」妙法頗為得意,好人做到底,就要過去親自捉拿。可是那大公雞突然飛躍起來。

那孩子的爸爸叫起來說：「No, amigo. Me know, me know（這不行！老鄉，我來，我來）」只見他眼睛先盯住雞，慢慢的伸手把燈熄了。後來只聽見大公雞在黑暗裡的一聲尖叫。

　　事後我想起那老墨漢子就住在這條街的盡頭，曾見他開著一輛紅色小卡車來往經過。有天他把車停下來和我打招呼：「嗨！Amigo（老鄉）！」他說。

　　「你的那隻雞可好吧！」我低聲的問，像怕警察聽到似的。

　　「No more（雞沒有啦）！」他笑著指著肚子回答。

　　「吃掉了，哈！謝謝你啦，再見！」說完擺手就走了。

　　我一臉茫然，立刻想到那老墨的啤酒肚子。

1999年於洛杉磯

落地有點衝力更安全

——讀者投書

廿日讀貴刊讀者投書批評搭乘××航機降落時常有「衝擊力」，並指出該公司「飛機著地前，為了省油料，怎可逕自切斷引擎動力」等云，本人有些淺見。

飛機觸地時如有振動的感覺，是飛行術語所謂的「有感落地」，也即是該文說的「衝擊力」，大概是指觸地時的振動較大，客人不安。

世界上沒有飛行員能保證每次落地都做到「無衝擊力」或「無感」落地。事實上，在飛機技術手冊上，都說明「有感落地」比較安全，因為減速快，減少用跑道長度。

飛機降落時如果跑道有右方來的側面風，飛機必須偏向跑道右方側飛行，以抵消飛機被吹離跑道的趨勢。飛機一旦觸地，飛行員即刻將機頭轉向與跑道同一方向，利用觸地「衝擊力」的向量，使飛機重量儘早「壓在」地面，有利減速。安全避免飛機吹離跑道中心線。

風平浪靜時，機師做了一個「輕飄飄，無衝擊力」落地，常會獲得乘客的掌聲，但以安全著眼，並不值得鼓勵，簡單說，如有「衝擊力」感覺的落地，雖稍不舒適，但可較早把飛機停住。

讀者又說：「有些機師，為了省油料，落地前切斷引擎動力」。

當飛機進場時，必須保持引擎動（馬）力，方能飛到降落跑道上，不能沒有引擎動力。如果說飛機未落地前「切斷引擎動力」，飛機會立刻失去電力，機輪放不出，煞車無效，駕駛桿鎖死。其他無線電、艙壓、燈光，幾乎全部沒有了。這些功能是依靠引擎動力運轉帶動。如果真的為省油「著地前切斷引擎動力」，那一架一百多噸重量的飛機，必立刻成為自由落體（Free Fall）垂直下墜地面。

　　該文又說到：「國際飛航安全規定，飛機引擎於落地前不得終止動力」、「不得在著地前切斷引擎動力」。不知這些規定出自世界哪個國家。此外，文中說到「空速滑行」一詞，更不知出至自何處。筆者飛行三十餘年，未曾聽過這些高論。

　　乘客有所建言，民航公司應當虛心接受，但將「自我想像」的說法公開，將誤導社會。

1996年於台北

那年　我離開越南時

今年是越戰終結第三十年。

時光劃過每一個流轉的時代，往往把悲慘壯烈的世事烙在歷史的長廊上，人們在累積太多的記憶裡後，隨時空改變，僅只偶而扮演一名穿透時光遂道的過客，或泛起嘆息和淡忘的沉思。

一九七五年的四月三十日上午十時十五分，一輛北越編號八七九的戰車，上面疲憊邋遢的北越士兵，揚著紅底黃星旗幟，在勝利的歡聲中，率先繞過南越共首都西貢百年的天主大教堂，直驅總統府（獨立宮）。

從這一刻起，曾經過艱難奮鬥，擺脫了多年法國的殖民統治，爭取到獨立的越南共和國，從此淪亡。這場自一九五四年開始的南北越南，糾纏多年的越戰，也同時宣告結束。

這場浩劫，多少人，多少事，盡在其中。在西貢（今胡志明市）失陷的前夕，我在中華民國駐西貢大使館的武官處服務。

從一九六四年美國的採取一切措施，強調阻止北越向南越進行的侵略行動，到一九七五年改變了政策，又說「否決再對遭受北越進攻的越南共和國的軍事援助」。美國已看出這場既定「旨在阻擋北越侵略，不求勝利」的越戰，終將注定失敗。如果繼續援助南越，只有延長戰爭，增加犧牲。美國最後終於從長久的疲憊，陷於尷尬的時刻，自泥淖中退出。

於此兩年年前，美國總統尼克森一面私下給南越總統阮文紹諸多的承諾和保證的同時，另一面和北越在談判桌上，放鬆條件，一

手主導下簽訂了巴黎停戰協定。

美國干預越南事務三十年，軍事介入越戰長達十年之久。美國務院說「越南的經驗是一個錯誤。」一位越南的外交官憤怒的說：「你們在一九五○年起，利用越南來牽制中共，現在你們認為是錯誤了，那就別逃走，必須接受錯誤的後果！」

一、轟炸胡志明小徑徒勞無功

多年以來，美國投入龐大的人力，物力，以精良的部隊，使用高科技武器，始終無法使那些生於斯、長於斯、前仆後繼的越共屈服。雖然美軍大兵從地道中抓到一些十八，九歲的男女民兵，看起來個個羸瘦單薄，弱不禁風，逼供時把他們的頭按進水裡，在極度的恐懼和痛苦下，往往也逼不出一絲的情報。

長久以來，這些北方來的戰士，人人都是為堅持「民族解放」的理想獻身奮鬥。

在山林中，或是鄉村裡的北越部隊和民兵，經年從潮濕泥濘中的「胡志明小徑（Ho Chiming Trail）」扛著一箱彈藥，一桶氣油，或幾個人抬著一隻拆卸的炮管，躲過美機轟炸，在叢林中將這些物資送向南方，建立他們綿密的補給站。

在一次美國高空U-2偵察機獲得情報顯示，北越在貫穿南北的胡志明小徑一片地區，有大量部隊集結。十六架B-52轟炸機群從關島起飛，將那一百哩範圍的森林地區夷為了平地。第二天U-2機再前往空照驗收成果時，北越河內電台廣播說：「美帝的飛機損壞了大量人民的天然森林資源，卻僅只殘殺了我們堅守陣地的數名戰士而已，我們將會永遠留在這塊土地上。」

二、原始戰法與高科技武器之間

峴港（Danang）是南越北面重鎮，美越空軍駐防了大批飛機，戒備嚴密。越共利用抓來的兔子，在牠們身上綑帶炸藥，經過烈日下酷曬後，從機場外四周放進基地，兔子本能的跑到飛機下面陰涼地方停住。這時候躲在遠處的越共便從容的等待炸彈爆炸。

西貢是一個四通八達的都市。越共的特工白天隨著趕早市的人潮進到市區裡活動，晚間離開回到山區樹林中躲藏，以避免夜裡戒嚴時間的戶口盤查。

為阻止越共的潛入，美國越戰專家發明一種紫色化學藥水，用空軍C-130飛機在越共隱藏的山林區噴灑，稱作紫色任務（Purple Flight）。在上空噴灑後，叢林的樹葉枯落，地面一片光禿，紫色藥水沾在人手臉上，長時間不會褪去。迫使越共無所遁形，不敢再混進入西貢。

幾天之後，越共白天又再恢復進城。原來他們用了森林裡一種垂手可得，搓揉後產生泡沫的苦楝樹皮，洗退了臉手上的紫色。原始的草藥竟破解了高科技的符咒。

越南的作戰，美國國內動員二十萬各種專業人士，投入越戰的後勤支援，是一場高代價的科技武器，對抗低成本原始戰法的競賽。

三、一分鐘的拍賣會

西貢是一個充滿浪漫情調的都市，法國人在的時候稱作「東方的小巴黎」，越戰期間美國駐軍最多時高達五十萬人。

在西貢街上的酒吧與聲色場所，街頭上所見都是美國軍人，市面上充滿了美國物品。常見一些小販，手裡拿著袋子，只要付出二

元美金，就可以伸手到袋子裡碰一下運氣。你可能摸出一隻全新的浪琴牌軍用手錶，再付五元，在另一個口袋裡可以摸出一副飛行太陽眼鏡。

西貢有一處叫做「金邊市場」，有人說：「除了飛機大炮外，在那裡幾乎可以買到任何的美國東西」。用五十元，可以買到整套戰地使用消毒包妥的療牙器材。一個美國大兵領不到他合適尺碼的衣服時，補給官會叫他到金邊市場去買，再由美國政府來付款。

C-5A巨型運輸機自美國運來大量的美軍生活用品，包羅萬象。在鄉下的某些偏僻地點，常舉行「一分鐘拍賣會」。一車大木箱的外面除標示物品號碼外，無從知道裡邊是甚麼東西。可能是一箱子的戒子，手錶，也可能是整箱衛生紙或保險套。這些東西都是來自美軍的軍中福利站（Post Exchang）。美軍軍部雇用當地人駕駛，他們熟悉道路，常把載運物資的卡車開到不知去向。

四、馬援大將不敵娘子軍

在西貢市郵局的大廳裡，掛著一幅漆畫，上面描述越南的民族英雄徵女王，騎著大象，追趕那位中國史書上所稱「馬革裹屍」的漢朝「伏波將軍」馬援，棄甲曳兵，匿旗息鼓的兵敗景像。

在我們的歷史常識中，越南在古代一直是中國的藩屬地，每年來中國朝貢，稱大漢天國為王，事實上，自漢唐以來，越南對中國南面邊境的騷亂，並不亞於來自北方的匈奴。

一般而言，南越是一塊富庶地方。但在北緯十七度以北的北越地區，多丘陵，土地貧瘠，缺乏糧食，主要的米食依靠南方。自二次世界大戰結束劃分南北越後，內陸貿易中止，傳統的「南米北運」從此截斷。三年後北越人口中，有百分之十二，約一百五十萬到兩百萬人死於飢餓。

湄公河發源於喜馬拉雅山的西藏高原，浩瀚流向南方，南越人稱它為「九龍江」，在南方的入海處分流，形成一年三熟富饒的三角州，促成南越較高尚和舒暢的生活方式。西貢是富庶的首都，北越河內發動這場戰爭，全力征服南越，解決長期缺糧的困難也是主要的原因。

五、部隊「太子兵」和「影子兵」

越南部隊裡有一個普遍現象，尤其在美國撤軍後，停止了援助，補給短缺，兵員不足，在裝備器材上消耗龐大，也缺乏有效的管理修護能力。無論飛機，大炮或是戰車，少有修理，只換零件，造成龐大的浪費。在空軍的辦公室裡，我見一個士兵用美援的衛生紙來擦拭他長官的桌子。

部隊兵員有兩類是虛有的；一種是「太子兵」，另種一是「影子兵」。太子兵應召報到後，付出代價就可以離開軍隊，回去從事原來的行業。影子兵則是名冊上有名而無其人，就是所謂的「吃空缺」。

德國曾經把一批經過叢林遊擊戰訓練，每隻價值六千美元的軍犬，送到越南，分配到越南部隊裡，參與作戰。六個月後專家來驗收這批軍犬作戰效果時，發現在那年春節過後，全數都已被越南兵宰殺吃光了。

越南軍人在傳統的民俗節日裡，如舊曆年、中秋節等都不願出擊作戰，美軍顧問在擬訂作戰計劃時，往往把這一天排除。

六、西貢如鐵桶般的被包圍

南北越爭戰多年，在一九七五年的二月裡戰況高昇，急速惡化。

一九七三年巴黎停戰協定簽訂後，五十萬的美國部隊陸續撤離，同時終止對越南的援助。但國內反越戰聲勢並未低盪，要求撤回美國子弟，談判換回數千名仍在北越手中的美國戰俘，為了要讓河內更滿意些，國會說阮文紹總統當政，戰爭便會繼續打下去，阮文紹下台，會更有利於在巴黎的和談進行。

　　一九七四年的春節後，北越在有利的雨季開始發動攻勢，僅以一個正規師留守北方，將十八個兵步師全部投入南侵戰場。

　　南越部隊節節退敗，情勢緊急，許多都市相繼失守，最後的決戰已成山雨欲來之勢。南越在彈藥補充，燃料短缺下，集中兵力，決定由中原高地往南撤離，企圖固守第三軍區所在地的首都西貢防線。這一舉措，造成人心恐慌，軍民意志動搖，紛紛不戰而退。自峴港棄守後，加速了後來的全局的挫敗。

　　峴港撤退時，一座監視北越最現代化的雷達站未及破壞，修護人員就先逃離，飛機無法起飛。可供作戰的F-5E/A、A-37及直昇機等各型飛機一百六十二架，戰車四百輛和大量的重要裝備就地放棄。軍人換穿短褲，打赤膊，攜帶家眷，混雜在難民潮裡盲目的南下逃亡。北越每攻占了一個城市後，下一個必成為空城。

七、我大使館的行動

　　一九七五年三月十二日，北越第六次增援進攻，南越部隊除在西貢以北的春祿有過一次兩晝夜的激戰外，已潰不成軍。北越正規軍以十四個配有戰車的步兵師，將西貢外圍防線團團圍住。

　　大批特工已滲入市內，掌握了城內兵力、交通、人文狀況。大量的小型武器以拆卸方式帶進城內，等待時機，裡應外合。

　　三月下旬，我國大使館奉命將非必要人員及眷屬撤離到曼谷待命。我和陸軍副武官黃肇南少校在四月四日遷往打高街，朱武官住

樓下，我二人住二樓，相互照應。樓下門前有沙包堆成的碉堡，日夜有國內派來的憲兵警衛。

四月五日晚上，朱武官從外面回來，手中拿著一疊電報，向著二樓對我說：「第一件事，蔣總統（介石）去世了。第二件事，歸仁下午丟掉了，情況很不好！」。

第二天使館內設立靈堂公祭蔣公。越南許多政要前來弔唁。副總統陳文香擦著淚在簽名簿上用中文寫下感懷的話，韓國大使金榮寬也以中文簽下「英魂常存」四個字。

我白天裡忙著準備應變，晚上收聽廣播，設法了解戰局的發展。西貢有一美軍電臺，每十五分鐘播報一次新聞，但因受政府管制，對每日戰況的報導多不夠詳盡。北越的「前線解放（英、越語）電台」捷報迅速，雖然常誇張戰果，可信度仍高。

此外，要較完整了解整個戰局，有每週的二、四上午在美軍顧問團舉行的簡報可以聽取。美軍有十分完整的情報來源彙報系統。

四月十五日午夜，被隆隆砲聲驚醒，急到窗前觀望，看見北面硝煙四起，火光滿天，十六哩外的邊和機場遭到猛烈攻擊，許多飛機和一座彈藥庫被炸，黑夜中許多直昇機在砲火中緊急起飛逃離。跑道被炸，戰鬥機癱瘓無法起飛，轉降到附近西貢的新山一機場，損失嚴重。新山一機場已是南越可以控制下的最後一個重要空軍基地。

越南空軍在三月一日到四月三日的一個月裡共計損失飛機三百九十八架，其中絕大多數是沒有足夠的油料，無法起飛，全部放棄。

八、叛敵飛行員轟炸總統府

四月二十四日上午八時，我在打高街樓上，忽聽見附近有飛機

轟炸聲，連忙向窗外看，仰頭見一架南越空軍F-5A戰鬥機，正向距我不遠的總統府低空攻擊，附近地面防空火砲向飛機射擊，警報也立刻響起。

這架飛機來回俯衝炸射兩次，低空逃走。只見有一枚火箭命中總統府大樓的東北角上。當時阮文紹總統正在府內召開會議。

這次轟炸是一位南越飛行員在叛逃飛往北越前的作為。不久電台廣播說是一次「獨立事件」，要市民不要恐慌。

南越政府的空軍在美國撤軍後，仍擁有各型飛機約一千七百餘架，北越雖有俄製米格機，但空中武力薄弱，其後勤器材裝備與飛行員技術能力，皆無法和南越空軍抗衡，一直以消極綿密的防空火網，對抗空中來擊。

北越飛機主要部署在北部河內地區，這次南下作戰幾乎沒有使用空軍支援。在一九六七年的一年裡，美國在空中任務中損失二百九十架飛機，絕大多數是被地面防砲和地對空薩姆飛彈所擊落。

自峴港和百里居等地失守後，北越擄獲大量留置下來的美國飛機和裝備，便號召南越飛行員投誠。這些投誠的飛行員中，大都是因家屬都被淪陷在北面地區。

北越利用這一些投誠的飛行員，來協助訓練北越飛行員駕駛美製飛機：只經過地面簡單的講解，練習在跑道上滑行數次後，便由投誠的飛行員領隊飛向南方作戰。使用這一種兵力作戰，對地面的攻擊或可達到一些效果，若遭遇到空中的飛機攔截，稍一纏鬥，無疑的個個成為活靶，這種大膽奇特的作為在航空史上實所罕見。一般即使有經驗的飛行員，若要換飛另一型飛機，需要三到四個月時間方有能力作戰。

北越也出現過擊落美機的英雄，有一位飛米格十五機的Tran Hanh少校，曾擊落過美軍F-105D二架。

九、撤退難民，橫屍遍野

三月二十八日，我政府派出二批共四艘運輸艦從左營先後出發，駛往峴港，宣稱任務協助越南撤退難民，實際上是適機撤僑。

當首批兩艘運輸艦抵達越南海域時，峴港已在二天前的三月三十日棄守。兩艘艦便改航南下西貢，駛進河道狹窄的西貢河，停靠在新港（New Port）軍用碼頭。第二批另兩艘艦到達後停泊在西貢外海待命。

峴港棄守之前已呈一片混亂。北越不時以迫擊砲向海岸港口、機場四周射擊。當時美國雇用二艘商船前往搶救難民，但無法靠岸，只能停泊在近海上。岸上盈千累萬的難民爭奪上船，無數的人墜入海中，一片哀號，海面到處浮屍，慘不忍睹。

救難的飛機到達峴港，降落跑道上，被上萬的難民圍住。飛機不敢停留，一邊滑行，一邊由機員把難民一一拉上飛機，調頭起飛，已無救難而言。一位我國安全局派越的陳上校，由百里居逃回西貢，在大使館敘述逃亡經過時，激動得當眾哭泣。有一高姓華僑夫婦在峴港搶登最後一艘船時，慌亂中失散六歲的兒子，在大使館客廳向許大使說逃亡經過時，那位太太因悲傷過度，精神失常，在坐椅上小便失禁，情境令人同情。

我政府派運輸艦來越的事大使館一直保密，但是當地華文報紙卻已公開，台北電視新聞都已公開報導。四月初，上萬的僑胞湧入我們大使館，申請辦理華裔身份證明，以便能搭來艦去台灣。

在吳廷炎執政時代，實施「越南化」，規定凡是在越南出生的華人，便算是越南公民。禁止公民離境後，除少數知名僑領外，使館無法認定華僑身份，只得凡是會說華語的人，一律發給所謂的「紙張（華裔證明）」，有紙張證明方許可登上運輸艦。

在國內國防部服務的溫伯勳少校的家人，從華埠提岸，攜帶簡單行李來武官處，表示已放棄一切世代家產，請求幫助他們上船去台灣。

我對他們說尚未得到離越命令，請他們暫回。溫少校的父親說：「白天我們在大使館牆外面等待，晚上睡在你們辦公室裡好嗎？」他們擔心大使館一旦撤離，無法獲得通知。結果他們家人在淪陷後五年，每一人付出七兩黃金獲准離開。溫少校現在華航服務。

一日，華航駐西貢分公司舒機春經理領著十多位當地年輕女雇員來使館。他凝重的說，這些女孩子若不能離開，後果必然悲慘，要求我為她們辦一張與館員結婚的「證明」，以便可以上船。

三月二十六日提岸知用中學教師李樹恆，在校園內被兩名偽裝學生的北越女特工射殺。李樹恆是越南華僑，國內政大畢業，返回越南在僑校任教，他太太黃漱梅是嘉義人，也是一位教師。

事情發生後，因為她們在越南出生的兒子是越南公民，不得離開。許多僑社邦長（僑領）、僑校校長和文化人士都各別接到恐嚇信，要他們「配合解放，戴罪立功」，惶惶不可終日。

十、外交道義何價？

越南海軍派一位Nug少校，陪我和由台灣趕來的海軍楊榮生上校去新港碼頭，建立我們來越運輸艦與越艦之間的通訊網，以便必要時相互支援。

運輸艦抵達後我多次開車通過新港碼頭一處側門，那裡平時僅有二名越南士兵閒散的輪流看守，多次通過都和他們以簡單越語寒暄，或贈送一些煙酒，故而熟悉。

我向大使許紹昌建議，可經由這一管道，用小車以化整為零的方式，先送一部分僑領上船，等待情況變化。

大使說：「中越為反共盟邦，在這個時候若將他們的公民（指越籍華人）送出去，將來如果我們再回來，怎麼向越方交代？」

我向許大使強調目前西貢已兵臨城下，越南政府已無暇顧及，可先讓僑胞上船做必要先期行動，西貢不守，帶他們去台灣，戰況好轉，他們仍可下船回來。否則一旦情況緊急，我們即使公開撤僑在時間上就來不及。

許大使是一位資深外交官，1950年韓戰期間，他是駐韓國釜山領事館參事，應該有一定的危機意識，但是他反對我的建議。他特別指示，無命令前暫不允許任何華僑登我運輸艦。

他說的「將來如果我們再回來」的說法，無庸置疑，是以千萬僑胞的命運在作賭注。我認為西貢失陷已在眼前，越南共和國將澈底淪亡，我們還會回來？

我每日向大使報告局勢發展，而他似乎不能了解越共主力已集結在距西貢一百哩邊境上的危境，隨時都可能對西貢發動總攻擊。

越南副總統阮高基（曾任空軍總司令，訪問過台灣）在電視上信誓旦旦的呼籲，全民一律留下，堅守西貢。並說：「只有懦夫才會跟美國人走」。兩天後，淪陷的前四天，他卻從美國大使館房頂上搭上直昇機，飛到美國第七艦隊西貢外海待命的航空母艦上去。

二十餘年後的1996年，我在洛杉磯機場見到他，那天他穿著一身牛仔衣，但未如過去留著八字鬍，他那天正在機場接機。在西貢時我和他會見過幾次。

我服務於空軍作戰部隊時，執行過多次作戰任務，也曾與敵機面對面遭遇過，但從未經歷過地面作戰，和面臨這樣危急不安的局面，內心擔憂。

在大使否定僅安排部分僑領先登我運輸艦建議後，我從越海軍Nug少校處借來一輛軍車，私下將十六名年齡十餘歲的華僑男孩子（均為僑領子弟），經由那處軍港側門送到運輸艦上。

三天之後，潛伏在西貢市內的北越特工，夜間向新港內的我運輸艦發射火箭炮，迫使我兩艦緊急離港，駛往東南方的頭頓海外停泊。此後越南的僑胞未再有機會上船。

Nug少校是越南海軍艦隊通訊官，為人沉默，相處幾日後，彼此有了一份患難與共的感覺。完成艦上通訊建立後，我問他是否回艦去。他說：「我的艦已奉命出海。原想回平隆家鄉，平隆已經失守，不知道我家人現在何處？」

我問說你是南越海軍，家人會不會受到迫害？

他說：「Positive（肯定的）！」

那些天西貢報紙報導，越共在淪陷的順化和峴港兩地，已展開清查。我贈他一百元美金，一箱速食麵和一件香港衫，他黯然離去。

十一、越共火箭逼退我運輸艦

頭頓位在西貢東南一百二十公里地方，分前後灘，後灘是一個大漁村。前灘風景美麗，在法國殖民地時代是一處優美休閒勝地，有碧藍的海水和一片寬闊的細白沙灘。我們兩艘運輸艦駛往頭頓靠岸待命。後來北越照明彈警告我艦，被迫退到離海岸六浬位置待命。

由台灣赴越前往救難、撤僑的兩批四艘救難艦，依原來計劃，以每艦裝載五千人計算，應可裝載兩萬難民。而第二批後來的兩艘艦因為一直停泊海外，意外的從大海中把海上逃亡的許多小漁船、舢舨上載滿的難民救起。

難民中，除越南老百姓外，也有許多攜械逃亡的散兵軍人，份子複雜。在救起之前，我艦先放下水兵登上漁船，清繳武器後放下繩梯，讓他們攀上艦來。

一位越南空軍飛行員，在越共入城前，駕一架直昇機，帶著家眷逃向海上。他原是想尋找美國航艦降落，最後油盡降落到我們的運輸艦上。這位飛行員後來留居台灣，進入遠航公司。

　　我艦在回航台灣途中，將這架直昇機改成了我國標誌，並發電國內。但是船尚未駛抵台灣，美軍顧問團已向我政府討回這架飛機，相信美方事先就已截獲到我艦發出的電報。

　　五月八日，我運輸艦先後駛回台灣左營港。其中除了在新港先送上的十六位青少年外，計劃可接運二萬難民的四艘運輸艦，僅帶出一千七百餘人，而這些人全數是在海面外逃的漁船上救起的。

　　我們決策階層未能認識美國放棄越南的意圖，以及美國和北越簽署巴黎協訂的警訊；我們傳統僵化的外交道義考量，和長久習於越南多年戰亂的苟且心理，未能洞燭機先，當機立斷，終於導致未能依計劃及時救出一些僑胞，派船撤僑的任務是完全失敗的。越共在廣播中公開宣稱：「限帝國主義國家立刻離開越南的領土」，並揚明他們「四月三十日進入西貢」。

　　蜆港總領事陳維逃到西貢，在使館大廳裡向許大使報告離開蜆港的情形，驚心動魄。他反覆的說：「一切都來的太快！」。

　　全部駐越人員回到台灣後，未聞政府對越南的淪亡，我駐越南各單位在危機處理得失上做一檢討。

　　越南淪亡許大使豈有責任！監察院彈劾，說他帶回多輛私人新賓士車。許大使僅有的一輛TOYOTA舊轎車，因他的司機去向不明，由我駕上運輸艦帶回。而其他指控也全非重點，更非事實。

十二、富國島上槍斃特工

　　在先後不到兩個月的時間內，南越作戰節節失利，二十多個重要都市相繼失守，難民潮順著貫穿南北的一號公路湧向南方。南越

政府為了收容流離失所的難民，在最南端的富國島上設立難民區。

一九四九年國民政府從大陸撤退時，黃杰將軍率領一支三萬國軍部隊退守越南，曾寄居富國島，三年後始撤退到台灣。

從三月下旬開始，各省難民匯集到富國島上，人數已到達十萬人。島上生活條件極差，物資缺乏，僅可供一時安身。更嚴重的是越共潛伏其中茲擾騷動，製造事件。

一日我去新港碼頭，見我運輸艦應越方的要求，運送六十噸食米去富國島，另外在甲板上看見停放著十具薄木空棺材。艦長說棺材是難民區指揮官阮文善上校特別要求運往的。

船抵富國島後卸下棺材，排列在沙灘上。見由士兵押來十個男女越共特工，在難民圍觀下執行槍斃後，屍體裝入棺材，由我艦回航時投入大海。

十三、「中越」的關係是「朋友加兄弟」

北越南侵掠池奪城，勢如破竹，四月中旬，大軍主力推近到西貢一百哩防線時嘎然停止，大家疑慮不解。

美軍簡報時說：「從未有過的事」。後來知道原因；因北越政府及南解（南方人民解放集團）背後各有蘇俄和中共兩方面的支持，對於誰先進入西貢市，在國際黨的領導權力象徵上，各有意見，堅持數日，經折衷後，由北越正規軍率先揚旗進城。

北越在巴黎協訂停火簽字兩年後，能夠有充份的準備，有不虞匱乏的後勤能力來進行南侵，是得到中共和蘇俄的支援。僅在一九七三和七四兩年裡，中共給予北越的軍事援助是十七億美元，來自蘇俄的援助亦應相當。中共長久以來支持越南民族解放戰爭不遺餘力，那時候（正值文化大革命）全中國動亂，老百姓忍耐饑寒，國家卻以億萬的物資無償的援助北越河內。

胡志明大半生都在中國,從中國共產黨學習到「從鄉村包圍都市」的革命理念。周恩來曾說:中越的關係是「朋友加兄弟」。諷刺的是後來南北越統一後,中共所支持的南方人民解放集團被北越所併吞,雙方產生矛盾,兵戎相見,故有了五年後的1979年,發生中越邊境上中國式「懲罰越南」的新的一次「越戰」。

中共司令員楊得志率領連鋼盔都沒有的「小米加步槍」解放軍,跨過雲南的邊界鎮南關去「懲罰」北越,卻被河內部隊以前越戰虜獲的美式武器頑強抵抗,無功而退。

經過這一仗之後,中共才有了「國防現代化」的口號。

十四、守聽民謠,待機撤離

1973年美國撤軍後,只留下一個龐大的包括陸海空及陸戰隊顧問團(DAO),及專業技術和中央情報局(CIA)人員,為數約有三千人。美國國防部長史勒辛格在國會作證說:一旦南越遭共黨吞併,估計有百萬的南越人可能被遭到迫害。基於人道,美國政府通過十億美元人道款項,協助十萬越南人撤離計劃。

早在數月前,美國已完成了撤退越南難民計劃。安排了三個優先次序撤離。第一為美國政府工作的越南人。第二為越南安(全)寧局及情報人員。第三為越南政府高級官員及眷屬。

四月中旬,一位美使館人員私下透露,撤離行動在西貢淪陷前十四天已開始:美方將所有待撤人員編組,再分梯次由空中和海上管道進行。待撤的次序約定以美軍電台播出不同歌曲為信號,大家全日守聽。

在美使館服務的一位華裔宋先生說,當他在廣播中聽到開始連續播放屬於他這一批人員的歌曲「Yanky Do Do(一首美國南北戰爭熟悉民謠)」時,他須在一小時內趕到指定的地點集合,然後分

別前往機場，或到大使館屋頂上搭直昇機，沿著上空有海軍戰鬥機掩護的路線，撤到西貢外海的航空母艦上。宋先生走前曾來辦公室告別，帶來一箱他收集的各式名牌手槍送我，他說你們有船來，可以方便帶走。

四十架巨型空運機，日夜從新山一機場，在菲律賓和關島之間往返載運。韓國和菲律濱同時各派出一艘運輸艦，澳洲亦派有C-130運輸機兩架來越，都順利提前將他們的僑民撤出。

四月二十日副武官少校黃肇南和行政官隨眷屬撤離去曼谷，武官處只留下陸軍武官朱晉生上校、譯電官朱旂臣、女秘書越僑黎秀蘭小姐和我空軍武官四個人留守。

朱上校和我在國內原是舊識，初認識他時我還是中尉飛行員，他那時候已是一位步兵營長。朱兄做事思慮敏捷，為人爽直，在局勢緊張時，他守在辦公室，辦理電稿和國內保持密切聯繫，我則每日在外奔走越空軍總部，美顧問團或去新港碼頭和來越南的船艦聯絡。

我們運輸艦到達新港碼頭停靠，官兵一律不准下船，我每日上下午各去一次，向支艦隊司令蔣少將報告戰局發展情況。武官處隨時將情況向國內報告，投入應變。

朱譯電官日夜不停的收發電報，非常辛苦。他能一面敲著電碼鍵，一面點頭聽我說話發電。我從未見過能這樣「一心二用」的人。

十五、大使館無法降落直昇機

一九六八年越共發動一次春季突擊，以八萬六千人在同一時間，對越南順化、蜆港、邦美蜀及西貢等三十六個大都市進行瘋狂突擊。在那次突擊戰中，進入西貢市的七千名越共突擊隊全部戰

死，西貢的守軍也傷亡慘重。

我國原來的大使館在那次突擊時被摧毀，後由僑界部份捐款，另外擇在西貢現址，徵女王街一七五號重建。

這新建使館是一純中國宮殿式建築，紫色琉璃瓦頂，迴轉石雕梯階，四周有參天百年大樹，但在這輝煌的使館大院裡，呈現一股戰爭氣息。圍牆佈滿鐵絲網，左右有兩面大鐵門，平時僅保持右邊一門通行，牆外門前堆積沙袋碉堡，日夜由國內派來的憲兵排防守，在他們的身旁豎著六隻M-16自動步槍和成箱的手榴彈，防衛突襲。

有一天，許大使在使館前面的院子召我前去。他問：「這院子裡能不能降落直昇機？」我回答說這個場地四周有樹木，電線和中間的升旗台，空間不夠，直昇機無法降落。

他望著使館屋頂說：「你看，在這個時候，我們這中國宮殿式的屋頂，多麼不切實際！」我理解到，許大使想在最後緊急時刻，借用美國直昇機將最後留守使館的人員撤離。當時留守僅有大使、大使秘書、我們武官二人等共計八人。

如果用美國直昇機來最後撤館，那時機必在不可預知的時刻，隨時都可能。那時候我整天在外辦事，一旦使館突然撤離，很可能我被留置下來。我有了這樣顧慮，私下請館裡的華僑工友阿昆代買來一輛舊機車，裝滿油，放在大樓的後面。

情況瞬息變化，萬一我自外出回來，空無一人時，我可以換裝，夾在難民中去百哩外的頭頓，尋找那裡的運輸艦逃命。也曾想到，一旦被陷在西貢，僥倖不死，也將成為俘虜。

十六、救難飛機來越的計劃

四月上旬，其他各國救難船艦、飛機陸續抵達。十六日晚接到

台灣國防部電令：「我政府擬派機來越支援難民撤退，即向越方協調安排一百二十人機組人員食宿交通、安全及必要飛機修護支援。」

這一通電報的內容僅說了人員，卻未具體說明來越的機型和機數，我無法向越南空軍洽商。立刻回電請示：急需知道來越機型、架數，何等級修護支援（小自換零件，大至換發動機等）以及有無攜帶醫藥，救濟品等資料等，但未得到答覆。

四月二十二日上午十時我參加中、美、韓、菲、澳國臨時編組的國際救難協調會，由越方副總理潘光旦主持。各國分別提報來越支援救難飛機，船艦裝載容量。我僅根據國防部那份「粗糙」的電文，來員共一百二十人，以每一架飛機六員編組判斷，機數約可能為運輸機二十架。權宜的向大會做了提報。

當天的晚上，台北電視報導這一個消息。半夜裡朱譯電官送來由總長署名急電，電文是：即查明何人洩露我政府將派機二十架赴越救難事云云。

顯然我提報來越台灣派機二十架飛機的事已由媒體報導出去，觸怒台北，我犯了「洩密」之嫌。我將電文出示大使。

大使說：「各國飛機，船艦來越的事，全世界的報紙都已報導，台灣飛機來一架十架，意義都是一樣，軍方還在保密上做文章！」「國防部不說明台灣對越方能有哪些支援，卻先問人家怎樣接待他們來的人」。

他又說：「國防部知不知道越南在打仗！」

澳洲來西貢協助難民的二架C-130大型運輸機載來醫藥物品，他們向越航公司租用停機坪，自購油料，機員都睡在機上。

這時國內在屏東基地的空運部隊，已完成了二十架C-119運輸機來越的準備，人員採取全日待命，只待越方同意，隨時起程飛來新山一機場。

等待越方同意我們飛機前來的事，幾日未見答覆。一位越方國防部情報官對我說，他們認為我方飛機載運量小，無法提供台灣方面飛機停放位置，及人員食宿和交通等支援。我空軍運輸機來越的計劃就此作罷。

十七、幸運的一百二十八人

四月十九日，幾經聯繫，美方同意支援我大使館C-130運輸機一架。先載運一批僑領和忠貞文化人出境，他們都是越共黑名單上人士。我告訴秘書小姐黎秀蘭已為她安排一個機位，可搭這架飛機離越去台灣，但無法給她的家人空位，明天早上六時前必須來使館集合。

第二天清晨她並未出現，我認為她或許不願離開父母而放棄這一機會，十分鐘後她哭紅著眼睛來了。

前一天已私下通知分配機位的人，要他們當日清晨六時前必須到黎文友街十二號，方仲民參事的家中集合。方參事是陳香梅的妹婿。

我清晨到方參事家門口時，牆外不見任何人影，推開大門嚇一跳，原來全部人早在前一晚到齊，大人小孩都靜坐在室內或院子中。

每一個人都焦慮的希望儘快離開，我們僅能用三輛小轎車來載送他們到機場，誰先走呢？一時猶豫。我當即決定攜有小孩子的人家最先上車，每車擠上七個人，我開第一輛，兩位華僑工友兩輛殿後。經過市約區，「四教派」正舉行和平大會遊行，戒嚴受阻。

下車與軍警交涉一陣後，拉開拒馬方讓我們通過。三輛車來回往返，終於在下午一時半左右將全部一百二十八人送到機場，在美方約定的美航公司機務室旁邊一處隱蔽地點會合。

在運送時，華僑唐立誠先生帶著一兒一女上車，我問：「你太太呢？」他說她有一些事須處理過後再走。我問她怎麼再走？他沒有回答。唐先生是越僑中華民國軍事學校同學會會長，是早年我空軍氣象人員。

第二天一早，唐太太來使館，說要想盡快離開西貢。她用廣東腔的華語說：「不是祖國有喊（很）多飛機來了麼？」。唐太太數年後始離開越南。

一架C-130滑過來，人員匆促登上飛機，飛離西貢。先飛往菲律賓的克拉克基地，再轉由我空軍C-119機接去台灣。這是整個計畫撤僑行動的唯一一百二十八人。

十八、我們走吧！

四月二十六日上午，我去美軍顧問團參加例行簡報，簡報取消。敲開美空軍武官Wood上校的辦公室，見他辦公室內幾無一物。僅桌上放著手槍、鋼盔和一箱軍用乾糧。他指著放在地上的床墊說，在地面已睡了三天。

我問說：「你什麼時候離開？」。

他回答說：「抱歉，我們不允許說出撤離（withdrawal）」，他反問我是不是已打包（packing）了。

我說「上校，我瞭解了。」急忙回館。許大使聽我報告所見情況後，先是驚愕意外，接著說：「和我去美國大使館。」到達使館，見裡外擠滿了人潮，許大使上樓。我在院子等候。

院子裡一團紊亂忙碌，陸戰隊士兵正忙著把東西抬上屋頂，由直昇機載送去航空母艦。

見一個軍官拿著冊子，指揮兩個士兵拆開數個大紙箱，自箱裡取出成疊嶄新美金鈔票，點數登記後，丟進汽油桶裡燒燬。燒毀美

金，除非是此時此地，世界上恐怕再不會看到這樣的事。

許大使與馬丁大使面晤一會便出來了，他對我說：「我們離開吧！」

我回到辦公室，先把重要文件堆到院子地上燒毀，然後去向一位越南朋友范炳雅先生告別。

家父在1945年中日抗戰勝利那年，曾經派赴越南接受日軍投降，在北越河內認識了一位越南朋友。范炳雅是他中文名字，父親和他保持聯絡許多年。范先生在一九五四年來南越，在西貢經營照相器材生意。

我初到越南時，曾在范炳雅先生家中住過幾日。每次見面，他就拿出地圖，劃著圈說：「Today here no more（今天這裡又失守了）」。那天我去告別時，他太太放聲哭起來。

已無太多時間，決定不去住所去取回行李。冷靜的坐下，心裡想這樣一走，那些需要我幫助的朋已無能為力。有一位國內海軍軍官曾給我的電報裡面說：「請助我父母出來，我向您磕頭致謝！」內心湧上來無限的激動和歉疚。這天是1975年四月二十七日中午，已聞零星砲彈聲。

我解下腰上的手槍，將槍內撞針取出丟出窗外，將手槍丟棄桌上。又毫無意義的順手將桌上一把剪刀放進唯一的行李提箱裡，當時想是為這場噩夢留下一點的信物。

越南淪陷後台灣有一本《南海血書》，詳盡報導上萬的僑民日後搭乘漁船、舢舨逃離景況。

十九、晚報記者，困陷西貢

下午二時我提著手提箱和鋼盔離開，坐上越南安寧（全）局支援的一輛裝有窗簾的車子，直奔新山一機場。事後回想起來，當時

穿著空軍制服，頭上卻戴著陸軍鋼盔，那樣子一定十分可笑。

往新山一機場路上，沿途都是人潮，遠處可聞爆炸聲音。華航奉行政院蔣經國院長命令，派一架707來西貢作最後的接運留守人員。當時機場除美軍飛機外，所有民航機全部停航。

在機場外，遇見大華晚報駐西貢記者劉日昇，他為了兩個在越南出生的兒子不得出境，非常著急，愛莫能助。

出關檢查時，在我前面一位抱著孩子的婦人，聯檢人員從她手上暖水瓶裡發現幾塊黃金，將她攔下。她一時也不知如何是好，當憲警們正在討論如何處理時，我迅速搶過她手中的孩子，抱在手上，推著她往前急跑，直奔約有五十米距離的華航飛機，進入艙內。依國際慣例，華航的機艙內是我國領土的延伸，進入機艙便可保安全。進入艙內後也未見越方聯檢人員趕來阻止。

這位女士就是被越共槍殺的李樹恆的夫人，她是由許大使向越南外交部請求，才特准她帶孩子出境。那個我搶抱的孩子，現在應已是三十餘歲的人了。

二十、人去樓空、孤杯獨飲

飛機離地後，圍繞著機場，螺旋式爬昇，待高出炮火安全高度後，轉向東北方飛向台灣。每一個人對著窗外的越南，投下沉痛的最後一瞥。

大使館最後撤離時，我將全部鑰匙交給在使館工作多年的華裔工友阿昆，託付他看管全部使館的房產，並且告訴他：「等我們回來！」。

人去樓空後，這位年輕的工友，也許會一人在金碧輝煌的中華民國大使館的大廳裡，坐在往日留下準備宴會成堆的洋酒上，舉杯獨飲和沉思。

後記

　　四年後，一九七九年，我到舊金山領事館服務，遇見許大使來館，那時他已退休。同時知道精通英、法、越語的秘書黎秀蘭小姐在洛杉磯太平洋電話公司工作，她是透過國際紅十字會的協助，由台灣來到美國。

　　范炳雅先生一家在西貢淪陷三年後，付出二百八十兩黃金的代價，全家才得以出來，現居在法國。父親生前一直和他保持聯繫。

　　大華晚報派駐記者劉日昇拘禁越南十二年後，在一九八七年四月二十六日回到台灣。在電視上看見他抵達中正機場，擁抱親人，老淚縱橫，恍如隔世的畫面令人心酸。

　　朱武官後來又再度外派到賴比瑞亞，擔任軍事顧問團長，我電話中向他道賀新職，他說：「那裡全是野人呀！連立正稍息都不會，不過要比起我們在越南時，來的好辦多了。」

　　千萬的越南華僑，為了生存或尋求較理想的生活，遠在異邦，寄人籬下，心繫祖國，卻也逃不過覆巢之災。經歷這場戰爭的人，豈能忘情。

　　越戰，只是歷史的瞬間，不知是否還有更多不可預知的未來。

2005年於台北

於駐越大使館，與越海軍官Nug少校（戴墨鏡者）

於越南拜會國防部長，1975年

我和楊尚昆空中有緣

　　時移勢往，華航機身上飄揚全球天空的國旗標誌，已改換成梅花企業圖型的標誌了。在背負國旗標誌三十五年的歲月中，華航飛機在國際的天空裡，歷盡艱辛。

　　過去飛在天空，時而遭到莫名無理的困擾。在世界詭譎的空間裡，爭取航權的奮鬥歷程上，何其艱鉅。

　　民國八十年的二月某日，華航一架班機由安哥拉治越過北極飛往紐約。途經北極圈帶，因受天候與極地磁場的影響，當向百哩外的飛航管制報告位置時，無線電微弱，往往溝通不良。

　　那天華航班機在途中向航管做位置報告：

　　「Dynasty（華航班機代號）012班機，現在過F點，預計下站時間01:23」，重覆幾次對方仍無法聽得清楚。一般在這個情況，如果在空中有其他的飛機聽到，都會代為轉達信息（Relay Message）的。這是國際民航傳統的慣例。

　　幾番呼叫，無法溝通，航管仍是聽不清楚華航公司「Dynasty」這個代號。在微弱的聲音中航管說：「說你公司的名字」。

　　回答說「China Air Lines 012」號班機後，航管終於弄明白了。大家也鬆了一口氣。

　　突然間，耳機裡清晰的冒出另一架飛機傳來兩句帶著山東腔的中國話來：

　　「什麼『China？』，啥個『China』？」大家聽到後一時愣住。霎時間，大家幾乎立刻異口同聲的叫出：「是附近老共飛機說

話！」不由得向四週搜索，但就是看不到。

　　國際飛航空管制有嚴格的規定，在空中的飛機除必要的技術英語通話外，不得隨意講話。這架中共飛機不懂規定插話，又帶有挑釁的意味。

　　那個時期，大陸和台灣的民航機駕駛員，幾乎都是來自軍中。那兩架航機上的駕駛員也多半是當年海峽空戰中，炮火相向的對頭。如今換飛民航機本應遵守民航規矩，各飛各的航道，井水不犯河水。冒出那句話的人想必是猶未忘記當年的「八・二三」海峽空戰那場「三十比一」慘敗的餘恨吧。

　　巧的是，這班012華航機上的機長，以前曾經在台海一次空戰中，六挺機槍因為加溫不夠，子彈卡住打不出去，咬住的一架米格機就此跑掉，此後也是飲恨多年，耿耿在懷。此刻「新仇」加「舊恨」也就按奈不住了。就拿起話筒，以輕描淡寫的口氣回答說：

　　「老鄉！俺這裡是Free China，自由的中國。」大家屏息，靜待對方的反應。但未再有聲音了。

　　1993年四月三日下午，我飛華航641次班機去曼谷。

　　飛過越南的峴港，換到泰國曼谷航管波道，便聽到一架中共南方航空公司班機正在和曼谷通話。

　　「曼谷管制台，這是中國南方公司203班機，現在時間過清邁，預計曼谷準時落地時間是13:10（英語）。」

　　「知道了，203班機，雷達已看到你。你可以直接飛向曼谷機場。」曼谷管制台回答。

　　當時有多架飛機從不同方位飛向曼谷。進場落地先後次序是依據各飛機距離遠近而決定。而這架南方203號班機卻指明落地時間，不太尋常，顯然暗示要求優先準點落地。

　　依那架203號機所在的位置判斷，要比我們距離機場較遠，應約在我們飛機之後十分鐘落地。

在曼谷機場21號跑道左邊有一個大廣場，是國家迎賓的場所。

我們按塔台指示下允許降高度，減速進場。低飛到一千呎左右時，遠遠望去，已清楚的看見迎賓廣場上旌旗招展，車隊整齊，好不熱鬧，是一個迎賓大場面，許多人已列隊等待。

我們獲得塔台許可進場落地，於是放下襟翼，輪子，當下降到八百呎時，耳機裡傳來塔台的命令。

「華航641重飛（Go Around），我再說一次，華航641重飛！」

我們立刻加大油門，帶起機頭，收上輪子，手忙腳亂，迅速的做了重飛處理。

一陣錯愕，不知道發生了什麼事情，對塔台突如其來的指示大惑不解，還以為是一隻野狗或一條牛撞入跑道，有障礙不能降落。那機場曾發生過。

塔台又說：「華航641飛到本機場西北方二十哩，五千呎高度待命。本場現有VIP（專機）優先進場」。

「那專機在我們後面，為什麼趕我們走開？」大家沉不住氣的埋怨塔台。

在指定地點盤旋了一圈又一圈，等廣場上迎賓節目結束，曲終人散後，我們才降落到地上。

飛機滑進停機位後，客空服員賠著笑臉，目送抱怨飛機延遲落地的乘客下了飛機。整個事情，一團霧水。

第二天早上早餐時，看到曼谷報華文報紙頭版報導：「昨日中國副主席陽尚昆率領一個一百二十人的龐大訪問團訪泰」的新聞。大家才聯想起昨天被要求重飛的事。

我們判斷：「我們飛機昨天第一次進場的時候，那跑道旁邊的迎賓場上，必定有外交部長、中共駐泰大使和高官顯貴等早已候在禮賓場上，頻頻的向天空眺望貴賓專機來到。」

「想想看，那一時刻，見有一架飛機遠遠飛來落地，一定先就熱情的鼓起掌來。結果飛機飛近一看，不是楊尚昆的專機，卻是一架漆著青天白日『中華民國』國旗的華航飛機。那是泰方十分失禮，尷尬的場面。」

「塔台為什麼不早先告訴我們在外面等待，就我們剛在要落地時才又不許我們落地？」組員認為沒有道理。

我說：「在塔台裡面，必定有中共的先遣人員，發現我們華航飛機在他們專機前面進場時的最後一分鐘前，才要求泰國塔台管制員指示華航飛機重飛離開，讓我們難看，是外交戰啊！」組員恍然大悟。

「處處給咱們穿小鞋，打壓嘛！」我們苦笑著說。

楊尚昆是中共元老，當過國家副主席，是早年參加過兩萬五千里長征的英雄。我們能在空中相遇也算有緣吧！

2008年於洛杉磯

註：楊尚昆於1998年9月去世。

燕趙之風

　　2003年《中空月刊》九月號起，連載了三篇董師母的〈永恆的微笑〉，談「懷念亡夫啟恆的點點滴滴」，文情並茂。讀後除了對董啟恆老聯隊長有更多的了解外，也觸引了一些回憶。

　　我最早認識董老師是在1957年，當時我還是空軍官校的學生。那次是舊曆年前學校放假，我們一伙同學從岡山搭車回台北。火車上擠滿了人潮，有票無位，連站立都困難。我們望見前面行李廂內比較有空，便開門進去。乍見一位空軍上校長官和另一人在裡面。

　　那位上校親切的對我們說：「進裡面來吧！累了就坐地上。」見我們穿著制服，認出是官校學生，就和我們談起來。

　　他自我介紹說是董啟恆，是桃園基地大隊長。那是我們第一次見到作戰部隊的長官。漫長的夜車上，細聽這位大隊長談過去他參加抗日作戰的事情，也告訴我們將來到作戰部隊飛行上要注意的一些地方。

　　那時我們已進入高級飛行訓練，即將畢業，所以對這位打過仗、說著一口京片子的長官印象深刻。當時他還介紹身邊同行的弟弟，是位工程師；從董師母大文中知道，那位應該是董老師的二弟啟通先生。

　　我官校畢業後分發到台南基地一大隊。民國五十二年董啟恆老師調派來，先是任副聯隊長，後升任聯隊長，那時候我已是中隊裡的上尉隊員。

董老師初到後，有次在空勤俱樂部見到我，問我說：「我們以前見過？」我立正回答說：「是，那是五年前去台北的夜車上，在行李車廂裡面。」他用手掌往前腦門上一拍說：「對！」我說聯隊長好記性，他說：「還行！」仍然是清脆的北京話。

　　1967年四月，我們中隊到澎湖馬公基地駐防。聯隊長董老師來視察。有一天夜晚董老師去海邊釣魚，大有收穫，都是幾尺長的大魚，我們一連三天，餐餐有魚吃。他在餐桌上對我們綽號大頭的中隊長說：「我昨晚在岩石上差點被海浪捲到海裡去，以後再也不去了。告訴飛行員不許去海邊釣魚，太危險。」

　　董老師的一樁趣事：約在1953年，空軍開始由螺旋機換飛噴射機，有位美籍上尉教官飛前後雙座T-33機帶飛董老師。那洋教官有點自視頗高，董老師在空中飛任何動作時，那洋教官都在後座搬動駕駛桿，一直影響董老師的自主操作。董老師認為這是教官帶飛初學飛行學生的方法。

　　後來董老師忍無可忍，便把駕駛桿一鬆，在機內通話對洋教官說了一個字：「Landing（回去落地）」。他說完就關死油門，放出減速板，俯衝下降要回去機場。那洋教官不知怎麼回事，又立刻搶回駕駛桿。董老師又爆出一個字：「God Damn！（渾球）」那教官才鬆了手。

　　飛機提前落地，地面以為飛機故障，發生問題。翻譯官過來，只見大隊長一臉難看。董老師對他說：「你告訴他，我是成熟有經驗的飛行員」，「我有擊落過兩架日本飛機記錄。」

　　又說：「這教官不懂教學，新飛機換裝訓練，帶飛的都是部隊成熟有經驗人員，應該讓學員自由發揮，多習慣新飛機性能才是，怎麼老是在後面抓住駕駛桿不放，影響學員發揮操作，學員哪能進步，他是來陪伴我們習慣這新機種，不是來教我們初學飛行。」

　　身經百戰、經驗豐富的董老師愈說愈氣，最後對翻譯官說：

「你告訴顧問組，把這『老小子』換走，來個好樣的（北京話標準之意）。」

據說事後那位洋教官果然被顧問團調回美國去。有人後來問翻譯官「老小子」這個字他當時是怎麼翻譯的，翻譯官笑說難翻。

1963年董老師晉升聯隊長時，在中正堂召集我們飛行員講話，說：「前任聯隊長虧空公款部分，我一定會在任內填補回來。」語驚四座，前所未聞。

那時候在假日偶見董師母來基地，她在俱樂部或餐廳常和大家說話。雍容大方，親切和藹，留下很好印象。她原是燕京大學外文系畢業，在中學教英文。

董師母文章裡說她老家北京「北總布胡同」的房子，在「人間四月天」劇中的梁思成夫婦住過；梁思成的父親是梁啟超，梁思成本人是著名中國古代建築研究專家，妻子林徽音是位知名才女。他們的兒子梁從誡現在北京。

我去天津的海河邊訪過梁啟超的「飲冰室」舊址。在〈照片能說故事〉一文中曾經寫道：「梁啟超的『飲冰室』舊居，原是一義大利式高雅三層樓房，現在裡面是住著許多人家的大雜院；窗戶上糊著報紙，院子裡曬滿衣物，只剩下退色而暗淡的建築軀殼。」「這些雖都不是趣味性拍照體裁，梁啟超是近代史上的大新思想家。我拍了一些鏡頭，心情有一份感慨。」

梁從誡先生的舅舅林恆，是官校十期畢業生，後來作戰殉職。我和梁從誡有過幾次信函往來。他希望多知道一些他舅舅當年的事，曾經要我幫忙訪問他舅舅在台灣的十期同學，我約了十期的臧錫蘭將軍，遺憾的是在我約好去臧府前一週，錫蘭老師突然過世。

這已是十五年前的事。臧錫蘭將軍是抗戰時的空戰英雄，在空中機擊落日機，解救了一位美國飛虎隊飛行員，當時歐洲戰場都廣播了他的英勇事跡。

我在空軍裡期別低，與董老師階層不同，無直接關係，更沒有私交，那幾年在基地上雖然時常見到他，畢竟有一定的距離。但他給我的印象是爽直、坦誠，無官架子，有燕趙之風。

2004年於洛杉磯

空軍菲律賓颱風救災

　　近日新聞報導菲律賓遭遇颱風侵襲，損失慘重，造成數百人死亡，萬人緊急避難，台灣派運輸機運送大批物資前往援助。

　　台灣物資救援菲國颱風災難之義舉，前一次已是多年前。

　　民國六十一（1972）年台灣和菲律賓加強軍事合作，在軍事交換計畫下，我奉派前往菲律賓三軍大學受訓，為期一年，學校在馬尼拉郊外Fort Bonifacio軍區內。

　　那年六月，我搭乘華航前往，到達馬尼拉時，正逢一次大颱風剛離境，校方派行政官Madepa少校來機場接機。

　　因我是空軍初次派員去三軍大學，對學校情況不了解，在吉普車上本想問他一些校方的事，但他一路滔滔不絕暢談菲國颱風的事。他還說，葡萄牙航海家麥哲倫（Magellan）1521年某日航行經過菲律賓附近時遇上颱風，在宿霧（Cebu）上岸避風，後來卻被當地土著酋長Lu Pu殺死。Lu Pu成為歷史民族英雄。

　　Lu Pu菲律賓土語原意是石斑魚，華僑入籍考試必問Lu Pu，但不可答是石斑魚。

　　我是該校72年班，開學典禮時各國大使及武官應邀參加，我空軍武官蔣天恩亦在座。典禮由保安軍司令羅慕斯將軍主持（後於1992年出任總統），他講演時說：「我們菲律賓有兩大敵人，一是人民懶惰，二是颱風災難。」我過去不知道颱風和菲律賓的關係如此密切，孤陋寡聞。

台灣首次救濟菲律賓颱風災民，是在三十七年前的1972年。那年七月下旬，由空運聯隊長汪正中少將率領C-119運輸機隊前往，運送大批米麥糧食到馬尼拉。

　　當時華僑湧入機場歡迎，華文報紙熱烈報導。左派馬尼拉時報還說，台灣飛來的飛機上，正駕駛是美國空軍人員。

　　過去菲律賓一直是美國殖民地，一次大戰時期，麥克阿瑟將軍的父親曾是菲律賓殖民總督，總督府就設在Fort Bonifacio軍區內。二次大戰時，麥克阿瑟的遠東司令部亦設在那裡，後來的美國艾森豪總統曾經是當時的參謀長。

　　1972年我到菲律賓時，虎克黨、毛毛黨、新人民軍、回教動亂，治安惡化，九月馬可仕總統下令全國戒嚴。我每在軍區內慢跑，為安全計，校長派一年輕士官陪同，借我一把點四五手槍，夜間枕槍睡覺。

　　課堂同學裡每人都自帶手槍，據說晚間上街，帶槍的人比帶香菸的人還多。當時新人民軍揚言要破壞「帝國主義國家」大使館，我國與菲律賓互有邦交。1946年二次大戰結束，次年菲律賓獨立，中華民國率先承認。1975年和台灣斷交，中菲間短期軍事合作終止。

　　　　　　　　　　　　　2010年於洛杉磯

我在邦尼法秀堡

——憶菲律賓三軍大學

一、初到馬尼拉

我中華民國於1971年退出聯合國，當時國際環境日益艱困，為加強國際外交關係，與菲律賓促進軍事交流，雙方交換軍官深造教育。1972年空軍派我前往菲律賓三軍大學受訓。

六月二十四日搭乘華航班機飛抵達馬尼拉，已是傍晚時分，承駐菲武官張維烈上校前來接機，同時菲校方行政官Madepa上尉駕吉普車來接我去學校。

菲律賓三軍大學位於馬尼拉附近的Fort Bonifacio軍區，車程約三十分鐘，經過海邊杜威大道，一路上細高的椰子樹，盡是亞熱帶風光。轉進營區，多是參天聳立濃密的百年大樹，感覺到這座軍區是具有年代和歷史性。

來到營區大門，上尉和衛兵說了幾句話，衛兵伸頭往車內望了一下便說：「歡迎到Fort Bonifacio！」舉槍敬禮放行。Fort Bonifacio是一次世界大戰前美國殖民時的一處騎兵隊營地（Fort）。

營門前拒馬橫列，另有多名武裝槍兵站崗。上尉說近來南方蘇祿地區動亂，軍營被叛軍攻擊，全面戒備。

學員宿舍是一長棟木造平房，入內兩側是學員房間，我的住房在走廊盡頭，是一間專供外國學員獨住的房間。室內地板寬敞，傢

俱十分簡單，僅舊木桌椅及衣櫃一套，沒有第二張椅子。牆壁上有一舊型冷氣機，開啟時聲音極大，但心裡有點安慰，燠熱的天氣裡當不至太受煎熬。

上尉說，上一期住這房間的是一位美國陸軍步兵馬克少校，不久前他已在越南殉職。我望著馬克少校睡過的床位，有點悚然。

台灣和菲律賓是鄰國，雖南北僅隔著五百浬海域，但了解不多，初來這國度頗覺陌生，也充滿好奇。但是來了二個月後發生動亂，全國宣佈戒嚴。學校停課，軍事學校也不例外，整個宿舍裡僅留下我一人，始料未及。

到達第二天是星期日。清晨起來，向窗外看去，是一片起伏寬闊的丘陵地，綠草如茵，望之心曠神怡。平房的校舍，沿著一條淺坡走廊整齊連貫，右邊跨越一小徑是一個高爾夫球場。

趨步找到學校餐廳，門前掛有一Lapu Lapu的牌子。見裡面有幾位來打高爾夫的客人。經理Santiago見我表示歡迎。他告訴我因為將有大颱風來襲，南方學員無法到達，開學日延後一週。

不久一位上校軍官自外面進來。他對我說：「你一定是Ko中校。」

「我是Ko少校。」我說。

「沒關係，反正你遲早會是中校的。」這是我第一次和Manano見面，他是三軍大學行政上校處長。他經常穿著配有武裝皮帶的軍裝，日後我時常和他打交道，他待人熱心周到。

二、校區廣闊

菲律賓原是西班牙殖民地，1899年一場在北美的美西戰爭，西班牙戰敗，退讓長久在美洲開拓的疆土，連帶在亞洲的殖民地菲律賓也一併拱手讓給美國。

Fort Bonifacio營區名字取自一位菲國歷史上的英雄。美國開始接手治理菲律賓時派駐的軍隊稱作保安軍（Police Constabulary）。麥克阿瑟將軍的父親曾經是菲律賓殖民總督。二次大戰初期艾森豪曾擔任麥克阿瑟將軍參謀長，參謀本部就設在這個軍區內。目前三軍總部、保安軍軍部、國防大學、三軍大學都在這營區內。華人稱做邦尼法秀軍營。

七月二日舉行開學。典禮由參謀總長Espino上將主持。另由保安軍司令羅慕斯（Valdez Ramos）准將演講。典禮當日國防部長及軍方高級首長都到場，我國新任武官蔣天恩上校亦應邀參加。我到菲後不久，原任武官張維烈上校任滿返國。

典禮後舉行酒會，校長帶領我們中澳泰三位外籍學員介紹，認識菲方各部會長及將軍們。在場冠蓋雲集。

菲律賓除參謀總長上將外，其他四軍總司令（含保安軍）都是准將階級，唯獨未見他們有少將、中將階將軍。

菲律賓與美國歷來關係密切，美國駐防太平洋海軍第七艦隊司令，經常拜訪菲律賓軍方，主人少將參謀總長在接見美國來客上將司令拜訪時，禮儀上難以平起平坐，後經國會立法通過，參謀總長一職一跳三級，特昇上將。

依國際慣例，軍種司令官階是依軍種編制人員大小而定，菲律賓兵員編制較小，三軍總司令、保安軍在內編階都是准將。空軍編制人員僅一萬一千人，三千浬海岸線的海防司令官是一位中校，他屬下官兵僅七百餘人。

不久某日，接到我駐菲劉鍇大使宴請。事情是武官蔣天恩新近到任，劉大使為介紹與保安軍司令羅慕斯將軍認識而設宴，大使設想周到，召我這受訓少校軍官敬陪。席間羅慕斯說：「菲律賓最大問題是人民的懶惰和近年來國內發展中的非法組織。」羅慕斯後於1992年出任菲律賓總統。其父老羅慕斯亦任駐台代表多年。

1972年我國退出聯合國時，我曾在電視目睹駐聯合國劉大使悲憤離開會場鏡頭。記得我初到馬尼拉一日去大使館，在走廊遇見劉鍇大使。尚未經人介紹，他便主動和我握手，說你一定是來受訓的葛少校。我當時感覺他是一位不尋常的人。

三、寫出國歌詞

　　開學第一天，校長Manipula上校說歡迎三位外籍軍官到來，這是四個國家軍官的課堂，小型聯合國。說完後宣佈考試，要大家寫下自己國家國歌的歌詞。

　　他對我說，你寫的中文歌詞考卷，會送到你們大使館去Check up。菲國同學問，歌詞寫成英文還是菲文。英文和Tagalog兩者都是法定文字。菲國歌共五節20句，大家交頭接耳，一些菲軍官寫不完整國歌歌詞。

　　我受訓是1972年班，又稱是菲律賓三軍大學第五期。學員由少校到上校，共44員，外籍軍官三人，除我外，另有泰國步兵Sa-Ard少校，他原駐守泰越邊境多年，自我介紹時他說帶著新婚的太太同來馬尼拉，大家向他熱烈鼓掌。另位是澳洲工兵Bob Pierce少校，他是「山林地區橋樑架設」專長，曾參加越戰兩年。當時兩位都是陸軍少校營長。我是空軍中隊少校分隊長。

　　授課在大禮堂，稱做Guinaldo Hall堂，十分寬敞，名字也是取自一位民族英雄。二人共用一大書桌，皮椅寬敞舒適。與我同桌是一位保安軍Grand上校，身材高大，為人開朗友善，愛說故事。他對我說菲律賓是個複雜的國家，可以問他任何事。他常約我去他的友人聚會，說他們沒有見過台灣軍人。

　　Grand是一位南方群島指揮官，管轄的島嶼「早上是大小一百五十個」，

「下午漲潮淹沒後後剩下七十個，僅有二十餘個大島住有居民，派有駐軍。」

他統轄的海域水淺島多，水文複雜，除一般漁船和走私的小木船外，任何其他國家海軍船隻進入後，都會隨時碰上擱淺，進退兩難，他笑說是「天然國防」，沒人敢隨意侵入。他常說歡迎你去玩，那裡是美麗的海域。

三軍大學受訓課程以指揮、參謀（Command and General Staff）為主，採用美國陸軍參謀大學教材課本，內容從連級戰術到師級聯合作戰都有。菲本國的課程包括國家安全、游擊戰、法律、情報、軍紀教育、煙毒防治、交通等共計四十二餘種，學期後階段有三軍聯合演習及見學澳洲陸軍旅行等，全期十個月。

每一門課講解時間多則十二個小時，如三軍協同作戰、參謀研究及寫作等。此外國際現勢、國家現況等課題由民間大學教授擔任，多為二個小時。

課堂有一特殊慣例：教官進入課堂全體起立鼓掌，遇講授內容精彩時，熱烈鼓掌外並敲打桌子，學員可隨時起立發表己見，如講得好，一樣報以掌聲，旁桌的同學也會離座過來握手。教官微笑，不以為忤，顯示菲律賓人活潑樂觀，善於表達的特性。

每一門課前需做資料研讀，略有概念後再經由課堂講解。陸軍教官說步兵射擊敵人時，彈著點寧落在目標前方，勿飛越過去，可壓嚇阻制敵人。

美國陸軍領導指揮概念源自南北戰爭及二次大戰。步兵操典前言中說：「有效統領你的部下的士氣，勿忽略二事，一是重視他們的升遷，二是他們的福利。」

初到時，聽菲律賓的英語不習慣，一般人說話發音短促，PB和DT音難分，漸習慣後，我也常有意模仿他們音調說話，引起笑

聲。我搭乘計程車進出營區，常與司機用菲式英語寒暄，往往被認為是菲律賓軍官，當然我的膚色也較黑。

教務長說，演習討論時，發表說話對個人成績很重要，要求軍官善用語言表達思想，可有效領導部下。所以遇課業討論場合，十分熱烈。

一次我問一位海軍教官：兩棲作戰時，航行中軍艦炮先期炮轟海岸後，放下登陸艇，指揮權在海軍，什麼時候指揮權移交給登陸部隊？教官說是個好問題。他說當第一艘登陸艇上岸後，船艦上指揮權交由登陸部隊接管。他接著笑說：「我們菲律賓陸戰隊僅有三千餘人，沒有能力在台灣登陸。」我笑說，我們不用擔心，菲律賓是個愛好和平的國家。

菲律賓同學課餘後幾乎都外宿，另二位外籍同學住在他們大使館。週末或晚間，宿舍裡往往僅留下我一人。

有一日晚上大雨，住對門的一位同學回來，進不了房門。他來我房間問可知他門鎖號碼。我說：「我怎會知道你們號碼？」他說抱歉，不是這意思，我是說你們中國人對數字很高明，幫個忙試開。

平日他們四人一個房間，我在房間常聽到他們大聲互問「號碼幾號？」他們房鎖號碼似乎記得，我說願意試試看。在燈下扭轉一陣，開了鎖。

第二天進教室，大家知道前晚我開鎖的事，學員長Dado舉高那美國名牌Master鎖，引起鼓掌。

菲律賓人認為中國華人會做生意，是長於數字計算。華僑朋友說在菲律賓生意好做，遇菲律賓人到華人商店購物，不習慣討價還價，如果件數多，也很少會自己計算一下總數，看著店家播弄算盤後照付。

四、島嶼的國家

西班牙從十五世紀起，開始殖民這塊擁有七千四百個島嶼的地方。有趣的是那位聞名的西班牙航海家麥哲倫，1521年在菲律賓宿霧麥克丹的海灘上，卻被一個拿著長茅，叫做拉普拉普（Lapu Lapu）的土著酋長所殺。Lapu Lapu因而成了歷史上的民族英雄，因此學校餐廳就用了他的名字。Lapu Lapu在菲律賓土語是「石斑魚」。華人入菲籍有一考題會問：Lapu Lapu是什麼，應說是民族英雄，不能答「石斑魚」。

從歷史上看，菲美關係雖然長久密切，但早年美國殖民菲律賓時，依然遭受到如同西班牙時代的反抗，如今反抗勢力卻來自不容忽視的南方回民。

在二次大戰日本佔領的三年裡，菲律賓人組織遊擊隊，出沒山林地帶。美國也利用延綿曲折的海岸輸入大量傳統武器，支援遊擊戰，牽制日本在太平洋作戰兵力。人數到達十萬之眾。大戰結束後，槍枝氾濫，他們說，晚間街上帶槍的人比帶香煙的人還多。

當九月宣佈全國實施戒嚴開始，首先要求人民自動繳出私有武器，口徑0.22-0.45的自衛手槍仍許可持有，但必須置於居所內。在第一個月內，收繳民間步槍四十二萬枝，子彈四百萬發，另外尚有私人裝甲車、重機槍及炮型武器也不在少數，數量驚人。一些街頭設有大木箱，上面寫道「請把槍械丟進箱內，祝你生活快樂。」

1946年菲律賓宣佈獨立後，建國建軍，成立部隊，收編遊擊隊，但僅有三分之一的人納入。戰後百事蕭條，謀生不易，未納編的人帶著武器回到山區。組成毛毛黨、虎克黨、新人民軍等，各打著不同旗號，以「鄉村包圍都市」作為號召，多年裡佔據山區，時而下山「討糧」，政府軍無力討伐，僅在發生事故時做一番清剿。

1972年初，在南島一偏僻的海灣裡，發現一艘無人棄船，船上載有數萬支步槍和大量彈藥。菲方不明這艘棄船的原故，及它來自何處。曾經邀請台灣專家前往鑑定，證實那些步槍的槍柄是中國四川省的木材所製造。

　　菲律賓同學對我這來自台灣的軍官頗為友善，喜歡主動與我談話。他們一般知道台灣是一個被共產黨打敗退到台灣島的政府。但他們對當地華人並不生疏，十五世紀起就有中國人前來菲律賓，印象是中國華人生活勤勞刻苦，互助合作。過去女人裹小腳，男人吸食鴉片，習慣住在無窗的黑暗房子裡。

　　一次有位菲律賓大學年輕女教授來講「亞洲現勢」。自我介紹方自美國讀完博士。她說：「台灣已退出聯合國，台灣肯定在二年內被中國攻佔。」說完後幾位同學望望我。

　　我起立發言，請教她說：「教授是否知道中國大陸正在進行文化大革命？這場大革命的現狀如何？」

　　她說：「中國是共產黨理論實踐的國家，政治革命鬥爭，有助國家進步。」

　　我說：「國家革命不是必要手段，進步須在安定環境下進行。鬥爭運動是內部矛盾現象。過去20餘年裡中共為何未曾攻打台灣，反而發動了韓戰。？」「中共多次的政治鬥爭運動下，社會動亂，生產停止，1959-1961年三年裡饑荒餓死三千萬人，數千萬人被政治整肅（Cleaned）。」

　　我接著說：「1949年中華民國撤退到台灣時，中共口號是『血洗台灣（Bleeding wash Taiwan）』，現在1972年的政策卻改變為『解放台灣（liberate Taiwan）』。很明顯，中共攻佔台灣的能力已愈來愈小（It has the wish, but can do nothing）。」

　　我強調說：「共產黨要赤化（sovietize）全世界，當然也一定包括你們菲律賓。」

事後這件事傳到校方。而後遇民間教授來講課，校方會事先告知學員中有一位來自台灣的軍官。

有一天到教室，發現桌上有一紙條，說教務長在辦公室請我們三位外籍學員喝咖啡。教務長說：「目前菲律賓的情況混亂，今天的是由安全局局長來做報告，有些內容是我們國家內部的事，不宜外籍學官聽課」。

事後Grand上校告訴我，目前國家非常危機，政黨要發動大示威遊行，岷答那峨島上回民已大規模動亂，新人民軍（NPA）宣佈要發動重大破壞，製造國家混亂。

他說，貧困是動亂的原因之一，在馬尼拉街頭，只要付一個漢堡的錢，就有人願意把一個爆炸物放到郵局或車站去，「我們有超級富人和超級窮人。窮人走投無路時候，為人利用，鋌而走險。」

五、全國戒嚴

到菲兩個月後的九月二十一日，清晨打開收音機時發現所有電台停播，僅有一國家電台反覆播放軍樂，不時插播菲語說話，無法聽懂。

去餐廳見到經理Santiago，向他拿報紙，他雙手一攤搖頭不語，問發生何事，說不知道。他同去採購的太太說，今天早上市場全部關閉，沒有任何報紙。原來昨天午夜馬可仕總統宣佈了全國戒嚴令（Martial Law）。

來到禮堂，氣氛嚴肅。多人紛紛拿出手槍把玩，似乎有枕戈待旦意味。一旦宣佈戒嚴令後，意味軍方接管了政府所有機構。全國學校停課。當日下午國防部長召集全體學員說明政府宣佈戒嚴原因。

一位菲律賓學員Bermudez上校，提問說菲律賓的經濟上，長

久以來被中國人所壟斷，政府是否將有制裁措施。部長說：「中國人在菲律賓經濟上扮演重要角色，任何人違法都是不允許的。」這位上校曾和我有過幾次交談，談話中發現他對中國人有所偏見。

戒嚴後首次軍事審判在學校禮堂舉行。選出四位學員參加陪審團，坐審判席。

起訴書宣讀一名疑犯：Lee-Main，男，50歲，公民，十六歲，來自中國。罪名是從事非法走私、販毒，時間長達三十餘年等。經四小時審判後宣判死刑。

第二天那位Bermudez和我說話，他問道：「對昨日審判Lee-Main有何感想？」我知道他來意不善。多位同學在旁邊。

我反問他：「起訴書說他在菲律賓從事非法犯罪有多少年？」

他說：「三十餘年。」

再問：「Lee-Main他幾歲到菲律賓來？」

他說：「16歲」。

我回答說，我非常不理解「他從事非法走私，販毒三十餘年未什麼沒有抓他？」「是不是政府有戒嚴令能才抓他？」

「我非常遺憾，一個16歲的年輕人，假如沒有來菲律賓，也許他不會有這樣的結果。」

事後一位軍中牧師的同學跟我握手，對我說不傷感情（No harm）。

校長找我談話。他說戒嚴令後停課尚不知要持續多久，你一人住在學校，考慮安全，問是否願意暫回台灣。我說暫不需離開。一旁的行政處長Manano說能給我一支槍。校長要為我派一名衛兵在宿舍外晚間守夜。

當夜，一個衛兵就在我窗外附近巡邏走動。他口袋裡有一個電晶體收音機陪伴，音樂聲音干擾我睡眠。這衛兵是學校裡一位上年紀的行政士官。第二天我請他到餐廳喝咖啡，告訴他不必再為我站

崗，我不需要，也不會告訴任何人。Manano借我的一支手槍，夜間放在枕下。我沒告訴他，我未曾用過手槍。

停課後心情感到不安，報紙幾日後復刊，每日讀報打發時間。一位年輕士官陪同四處走動，介紹認識整個營區，參觀了艾森豪將軍駐用過三年的辦公舊樓等。每天去校長室打招呼，聽點消息，或去辦公室和小姐們說話，我的作業常請她們打字。

一日經一山坡地，士官指著一棟圍繞鐵絲網的小房子說：「議員阿基諾（Aguino）關在那裡面。」

議員阿基諾在戒嚴令宣佈當晚被馬可仕總統下令逮捕。他當時是一位較急進、有聲望的反對黨議員，後來不久被放逐去美國。七年後的1983年，阿基諾在美國公開揚言要返回菲律賓。他隨同一批記者，搭乘華航飛機，自美經台北飛返馬尼拉。落地待旅客下機之後，四名武裝士兵登機逮捕阿基諾。士兵帶他由飛機左側門扶梯下到停機坪。當他到地面時，被一等待中的士兵開槍斃命。當時機上一位華航空安員目睹了全程，為安全考慮，此後這位空安員未再派飛馬尼拉班機。

政治常常是諷刺的：1986年阿基諾的夫人當選飛菲律賓首任女總統，兒子諾諾·阿基諾後也當了總統。

六、訪問碧瑤

七月間位在碧瑤的軍官學校舉行畢業典禮。碧瑤距馬尼拉約四小時山路車程。是一名勝區，1949年太平洋聯盟會議在碧瑤舉行，蔣公曾應邀參加。

我們應邀前往參加畢業典禮及學生閱兵式。軍校四年制，每年畢業八十人，分發到三軍及保安軍部隊。問到畢業學生分發兵種，多人意願到保安軍。保安軍是軍隊組織，負責國家內部安全，警政

在其屬下。保安軍部隊人員編制比其他軍種為大。實施戒嚴法令期間擔任著主要角色。

七、戰爭遺跡

Corregidor島是二次世界大戰中菲律賓著名島嶼，我們一行乘海軍炮艇前往。該島位於馬尼拉西面約三浬，全島面積僅二平方公里，為馬尼拉的門戶。二次大戰時，美菲軍隊據守該島，築有許多二呎厚的堅固房舍及工事，設置二十五公尺長砲管，射程廿五浬的大砲。1942年，日軍以海空兩路圍攻，終告失陷，美軍溫萊特（Wain Wright）中將率部投降。菲律賓失陷，美軍撤退澳洲。

三年之後（1945），美軍反攻Corregidor。該島上六千日軍，除廿一人被俘外，其餘皆切腹或戰死或跳崖自殺，悲慘壯烈。目睹當年雙方激戰遺留的頹垣廢墟，不勝唏噓。紀念館中展有日軍在烈日下審問被俘的美國溫萊特將軍照片。溫萊特後被日軍解往中國瀋陽。

日本投降，在日本東京灣米蘇里艦上舉行簽字。麥克阿瑟將軍受降簽字，將那支簽字筆贈送站立身後觀禮的溫萊特將軍。美軍抗敵投降被俘，亦是英雄，不乏先例。

保安軍學員長Dado上校家住天使城的克拉克機場附近，曾邀我去他家做客。派司機和一名武裝士兵乘吉普車陪同前往。當時學校規定我離開馬尼拉需由槍兵陪護。

八、訪古達苗（Cotabato）

停課無期，我們三位外籍學員被派到南方古達苗（Cotabato）戰區做戰地觀察（Military Research）。校長笑說，看看你們外國軍官對長久以來的回教問題能否提供「高見」。

回民多聚集在南方岷答達峨島，以Cotabato（華僑稱古達苗）地區叛亂最為嚴重。回民基本組織為部落，稱Coda，數個部落為蘇丹。發生動亂時，馬可仕總統指派同學Ridad上校前往瞭解或安撫。他從南島回來不願多談，只說需要Peace and Order（和平共存）。他是政府早期培養的回民軍官，南部家族擁有七個部落，七位妻子，各掌一個部落。最年輕的妻子陪伴他同來受訓，長住馬尼拉。

我們由教務長陪同，先飛中部大城宿霧（Cebu），次日轉機到三寶顏（Zamboanga）。沿途停站聯繫十分周全，都有當地僑商宴請，經過山林地區，一路有槍隊護送。

第三天抵達Cotabato，見機場堆放許多武器彈藥。進入市區前，豎有一高大的牌子，上面寫道：「你已進入戰區，停步接受檢查」。軍方安排在一旅館下住。旅館內有許多國外通訊社記者，一位日本人說他們已來此一週，菲方不允外出採訪。動亂戒嚴，回民動亂已轟動世界。

摩洛回民是菲律賓南方龐大族群，盤居已千年以上，從未認同任何外來殖民統治，基於回教理念，認為自己是真正菲律賓的主人。他們攻擊部隊，殺戮異教徒（75%人信奉天主教），動亂不已。

次日軍方指揮所為我們簡報。回民叛軍經常夜襲兵營奪取武器彈藥，而因回教認為豬是極端的穢物，政府軍想出妙策：把運到戰地的槍枝、彈藥的防鏽油裡混以豬油，送到前線。果然宗教狂熱的摩洛叛軍攻擊兵營後，對塗有豬油的武器彈藥棄之不要。豬油「既可防鏽，又能拒敵」，這是意想不到的事。我在運來成堆的「豬油」彈藥箱前留有一影。

問到叛軍武器來源，指揮官說這裡海岸距離鄰國距離不遠，一夜之間可以來回。問到最近的國家是否是馬來西亞，指揮官未回答，顯見是一個敏感問題。

約在第十世紀，歐洲人先是貿易後而殖民，喧賓奪主，抗暴發生。當地土著的長矛和獨木舟，自是敵不過外來歐洲人的毛瑟槍和越洋巨型的大艦Galleon，數百年來長期累積的反抗心理，卻促成菲律賓善於游擊戰的民族。美國越戰使用的作戰手冊，採用了菲律賓游擊戰的經驗。

指揮官說了一趣事，在一九一〇年代，駐於南島的美軍，經常飽受回教徒的騷擾和攻擊，回教的土著民性強悍。當時的美軍使用.33或.38口徑手槍，遇上對方手掄大刀衝向陣地時，雖身中三、五槍，仍無法阻擋其蠻勇衝刺的逼近。美國便特別設計一種.45大口徑手槍。這型手槍射距雖短，但威力強，足以把一個十公尺外，迎面奔來的人打得仰身震翻，骨開肉綻。我們到達Cotabato前一日發生一公車遭受攻擊，另一個家庭六口夜間遭到殺害，因賣米給軍隊。

我走訪一所僑校，校長劉達人先生說他的學校已建立五十餘年，校舍是早先華僑集資建造。學生使用的課本一直都是由台灣國民政府提供，當地僑胞非常重視中國文化。劉校長說我是第一位來到的政府軍人。劉校長是位菲律賓多年老華僑，承他熱忱請我們全體早餐。這是四十年前事，希望劉先生尚健在。

九、畢業回國

返回馬尼拉後停課已近二個月，恢復上課，部分程課裁減，國外觀摩旅行取消，進入演習階段，演習作業開始，分組討論後撰寫計劃。

畢業論文自訂，經核准後撰寫。我以「在外來侵略時，菲律賓的中國僑民如何支援政府」為題完成。

1973年元月承蔣武官將一副領章送來學校，由校長代理授階，我晉升中校。在菲律賓一年受訓機會，經歷戒嚴、停課、訪問南方回民戰區、遊覽風光等，增進一些見識。

　　六月三十一日畢業典禮，第二日離開菲律賓飛回台灣。這項中菲軍官交流計劃，菲方未相對派軍官赴台受訓，僅前一期畢業學員，曾派一軍艦到台灣見學訪問。

　　1946年菲律賓於二次大戰大戰後獨立，我國是首先承認的國家，關係維持30年。1975年我與菲律賓斷交，是項軍官交流告終，我是我國派訓的唯一空軍軍官。

2013年於洛杉磯

勝利返鄉，北韓過客

　　中國對日抗戰八年，終止在民國三十四（1945）年八月日本宣佈無條件投降。抗戰的後期，當桂林失守後，日軍目標指向陪都重慶，對重慶轟炸達218次，炸死人民萬人以上，全民抗日益艱鉅。

　　那幾年裡我家在重慶，住學田灣附近的紅球壩小山上，那裡位高，可俯看山城。山頂上豎有一大旗竿，遇有警報，旗竿升掛大紅球，那紅球約和圓桌面一般大，遠處人可以看見，地方保甲長拿著大鑼敲打，催促大家進入防空洞躲避。一旦當敵機臨近時發佈警緊急警報，旗桿掛上三個紅球。

　　那時候無防空雷達，依靠四周百哩外山頂上觀望站，使用有線電話逐站傳遞，報告敵機飛行飛來方向。方法雖然原始、艱鉅，但網狀的傳遞方式仍然比敵機速度為快，日機到達前，有充裕時間進入山下的防空洞。

　　重慶天氣霧多，如遇到早上天空晴朗，當天日機必有轟炸，母親就不要我去學校，準備攜帶細軟逃警報。

　　重慶是個山城，鑿山為洞，挖建防空洞極多。洞內長度深邃，寬度如火車車廂，兩排有石椅，小孩子自帶小板凳坐在中道上。民眾進入洞內，緊張憂慮，安靜無聲。

　　1941年六月五日，日機連續轟炸三小時，洞內通風不良，造成兩千五百人人窒息死亡。

　　警報時，保甲長站立洞口，守聽防空電話。包括敵機到達時間，來襲架數等，如「四架！」「十分鐘！」等，聽後大聲覆頌，

讓大家聽到。

抗戰勝利，歡欣鼓舞，國民政府遷都南京。那時父親服務的航空委員會也急於遷去，當時許多外鄉人逃難在外多年，急迫返鄉。

勝利後次年一月，空軍租用九條大型木船，運送部分官兵和眷屬順長江東去南京。每船約可載百餘人。與我們同船有空軍軍樂隊官兵，他們在船前甲板上打地鋪，眷屬安置在有頂棚的後艙，共約有十餘戶人家。

船上大鍋僅提供米飯，每日清晨開船，傍晚靠岸，大家下船向江邊攤販購買食物，遇到大站會停留一日，紛紛到旅館洗衣、洗澡。

木船無動力，雖有布帆，冬季東行是逆風，全靠人力搖櫓，速度緩慢。自重慶順長江下行，經過長江三峽、宜昌、安慶等地，大家在船上過的舊年，航行約一個多月始到達南京。

記得一日抵安徽省的安慶靠岸，見一些待命遣送回國的日本兵，有一名閒散的日本兵拿著一箱文房四寶前來兜售，箱內有精緻的筆硯文物，我們船上一位軍官問他這是不是中國人的東西，日本兵答「哈，哈（是，是）」，那軍官飛起一腳踢去，那日本兵落荒而逃。

到達南京後的次一年冬天，父親又調職瀋陽，他說可以回東北老家了。我們兄弟都出生在南方。

那是嚴冬的冰雪天，我們搭機由南京飛到到北平住下，第二日下午繼續飛往瀋陽，機上共有三十餘人，都是空軍人員帶著眷屬。

那天我們搭乘的C-46運輸機，自北平起飛，預計傍晚前可到達。北方天氣寒冷，機上無暖氣，每個窗子都有與外界通氣的氣孔，冷凍得難以忍受。飛行已經多時，未見降落。天已黑暗，窗外月光下只見群山峻嶺，白雪茫茫。

由北平飛瀋陽原僅需約三個小時，當時已飛了許多時間。據父親後來說，他走進駕駛艙去了解情況，發現飛行員飛迷航了，已不知當時我們飛機身在何處。

　　父親和兩位中尉年輕飛行員（正駕駛姓魏）研究地圖，計算飛機剩餘油量。父親建議改向東飛，尋找平坦海邊迫降。父親是東北航校出身，對東北地帶了解。

　　不久後飛機漸漸下降，我在窗外看見地面有零星燈光，最後飛機黑暗中降落在一條跑道上。卻不知是什麼地方。

　　停機開門，見有兩輛卡車駛近，上面載有外國武裝士兵。

　　幾位俄國軍人上機來，一人向我們說話，但沒人聽懂。僵持一陣後，等來了一個瘦高年輕軍人。他用中國話說：「你們來做什麼的？」父親說我們是中國空軍，機上是回鄉的軍人和家眷，自北平起飛去遼寧省瀋陽，中途遇迷航降落。

　　這時候大家方知道我們降落在北韓新義州附近的一個蘇聯軍用機場。

　　蘇方先將我們送往一處軍營的大廚房取暖，然後送到一棟像似禮堂的寬大房子，室內裝有地板、暖氣，燈光明亮。

　　當我們進入時非常訝異，見地上已鋪放妥被褥、被墊、枕頭，大人孩子每人一個床墊。中間隔開，婦孺孩童一方，其餘人另一方。

　　不一會送來大鐵桶裝著的熱食菜飯，碗筷不缺。每一個小孩分給兩個蘋果，一罐煉乳。

　　第二天早上，那位年輕的軍人進來，要父親和機上兩位飛行員隨他出去。不久回來後，說蘇方已和中國方面聯繫上。

　　那年輕人說一口流利的中國北方話，態度很文雅禮貌，他說他是在中國黑龍江長大。我因為沒有見過外國人說中國話，十分好奇，一直的望著他。

蘇方並未限制我們步出門外。外界景物很新奇。軍人穿著冬季深灰綠大衣，戴長臂無指手套，但右手留有食指，我想那是用來開槍用的。

外面四周高山環繞，冰天雪地。遠處是飛機跑道，見有飛機向地面開鎗打靶。見到一些蘇聯小孩背書包從雪地走過，寒冷天他們僅穿著短袖毛衣與短褲，女孩子穿著短裙，我們感到很特別。當時我們雖然位在北韓，卻未見到一個東方面孔的韓國人。

近午時間，蘇方已為我們飛機加滿油，兩位年輕的飛行員拿著提供的地圖，我們向他們感謝告別，蘇聯軍人向我們軍官敬禮。

當時我國和蘇聯簽訂有「中蘇友好條約」，是友好國家。

降落瀋陽機場後，當時空軍駐防的中隊長臧錫蘭請我們吃飯，他說：「昨天我們估計你們已經撞山了。」他是父親學生，也是抗日名將。

那次返鄉，終於回到海城縣鄉下的耿莊老家，但不及兩年，長春，瀋陽局勢吃緊，我家又輾轉去南京，最後到了台灣。

遺憾六十餘年前返鄉降落北韓的事，當時是讀小學年紀，對事情瞭解不多，幸好有奇心，留下一些記憶。

2010年於洛杉磯

一次空軍海洋長途訓練

　　那是在民國五十四（1965）年時期，我在台南基地服務，飛行
F-86F（軍刀式）機。那時候依訓練規定，每人每六個月得實施一
次海洋長途訓練，目的地是美軍空軍琉球沖繩島基地。

　　每一次派出四架飛機，訓練科目稱做「月光演習」。實際上那
時期兩岸關係緊張，遇部隊任務繁忙時，常被取消。

　　我們那次排定是由中隊長領隊，我是飛四號機隊置，飛在最後
面，每小時時速六百浬，預計飛行五十分鐘可以到達。

　　領隊任務提示後，檢查目的地天氣預報，合於標準，但會偶有
陣雨。隊長用他的四川話說：「我們照走！」否則會改飛其他枯燥
任務。

　　終年裡，我們除做防空任務外，平日都是些炸射、儀器、夜間
飛行等例行科目，這次海洋長途應是輕鬆愉快的飛行，十分興奮。
那時候是夏季，天氣一般晴朗，但也會有突變。

　　那天早上九時起飛後，轉向東北航行，大家保持疏開隊形，過
基隆後已爬到三萬一千呎高度，航路沿途上雲量漸多。約一半航程
時，長機用無線電檢查各機油量，我應該回答：「Four，30（意是
四號機存油3000磅）」，但是我的聲音發不出去，立刻檢查，發現
是座艙壓力失效。

　　艙壓失效或降低，發話聲音振盪不夠，氧氣面罩裡的麥克風不
起作用。三號機袁行遠（後來曾任民航局長）貼近我，我用手式告
知他我的油量。

接近沖繩時，遠遠見望見機場上空有一大堆雲層罩頂，機場塔台廣播說本場即將大雨，我們雖然已接近基地，但雲層多起來，漸漸已看不到地面。

塔台又說現在大雨，跑道能見度降到落地標準，命令我們飛到機場西南方十哩上空位置待命。長機對塔台說，我們飛機接近低油量，要求繼續進場，雨中降落。

塔台說：「不同意」，又說在跑道開放前，如油盡，可在待命點跳傘，直昇機會去救助（Take care）」。我們內心開始著急。

我們在西南面一萬呎高度收小油門，慢速兜圈子，盡量省油。約十餘分鐘後，機場上空雲層漸漸移走，大雨也就停止。四架飛機在低油量下安全降落。我飛的四號機，是編隊中最耗油的飛行位置，降落到跑道上僅剩600磅，已低到飛機可能隨時熄火的油量，可見我當時很幸運。

但跟隨著壞運又來了：前面第二號機大概落地用煞車過猛，右面主輪爆胎。

飛機滑到停機坪上，一位美軍老修護士官長前來。他看後搖著頭說，基地沒有你們飛機那種輪胎可換。

他回頭突然向遠處高聲叫：「Boy, come here!」一個年輕小兵的機工長過來，士官長低聲幾句話後，小機工長就開車跑了。

我們坐車去過境室打電話，向台南基地報告情況，那邊大隊長說要我們盡可能當天飛回來。否則得等到第二天台灣空運輪胎過來。當時我們各人私下都帶有美金，原準備到PX買一些蘋果、巧克力糖等洋貨回家，那情況下，大家也都沒有心情了。

到下午三點左右，我們到飛機坪，士官長說我那架飛機艙壓故障還未修復。但是第二號機的輪胎已換上，是那小兵在廢料庫裡找到一個同型報廢輪胎，可以勉強替用。

問到艙壓力問題老士官長直說抱歉，他說他未修護過我們這型飛機。看見地上攤著的修護手冊，想來他已盡力了。

　　隊長問了天氣後，說台灣天氣良好。隊長對我說：「沒有艙壓，我們大家一路低空二萬呎回去，沒有無線電不受影響，你跟緊就行！」西陽西下時回到台南落地。

2010年於洛杉磯

註：飛機高度上升，機艙內氣壓隨高度遞減，艙壓低時空氣稀薄，無線電發話聲波不震動，話音無法傳播出去。

假如我武力用台

　　冬凜雖去，春寒未盡，2004年三月中旬的一個夜晚，一輛紅旗牌轎車急速駛往中南海的途中。前座侍從官小劉，從公事包裡拿出一份報紙，恭敬的遞給後座前往主持匯報的首長。

　　小劉說這報紙是今下午到的，「我們每天都能看到台灣當天的報紙」。

　　首長盧濤上將在昏暗的燈光下略為翻閱了一下，說：「台灣這次選舉看是愈來愈熱鬧。」小劉接著話說：「就是咱們這邊說的『紅火朝天』，照台灣人的說法是『熱滾滾』。」

　　「今天要匯報的《三辰攻臺計劃》」是什麼時候開始擬訂的？」

　　「是上次四年前台灣領導人選舉後，競選人陳水扁意外當選，現在又競選連任，兩岸原來和諧互動形勢起了變化，國務院下令參謀本部修訂了這《三辰攻臺計劃》。」小劉說。

　　「《三辰攻臺計劃》這命名是怎麼來的？」又問。

　　「是參謀本部訂定的；一個時辰是兩個小時，《三辰》兩字大概意思是指在六個小時內完成既定計劃吧！」

　　這位原來駐守福建軍區的司令員盧上將，雖然對海峽對岸台灣狀況已充分瞭解，調來主持這項計劃卻感到很意外。

　　幾年來他在福建整備部隊，指揮多次配合兩棲登陸攻防演習訓練，裝備更新，對強兵渡海的使命有高度熱忱，只是礙於國際形

式，整備多年。他想如今台灣島上正要進行公投，更明顯走向台灣獨立意味，這也本不符合美國利益，近來台美關係也起了變化。

假設解放軍以迅雷不及掩耳突襲方式，在最短時間內攻佔台灣北部，牽制全島，在美國避免引發海峽衝突的既定政策考量下，解放軍實施這方武力行動，美國措手不及，袖手旁觀可能性升高。

但是，盧濤對受命負責這椿如此重要使命，仍存在一些疑慮。

車來到古樹參天，盤結蒼松的中南海的西區，情報次長李雷鋒已迎候在清風樓大門前迎候，隨即進入室內，與會的人起立鼓掌歡迎。

這是一間寬大的會議室，四壁掛滿了圖表，前方是一面銀幕。盧濤向大家招呼後在首位坐下。

李次長站起來說話：「這是第五次臨時召開的《三辰攻臺計劃》修訂匯報，這次修訂是因是前天我們才獲得了台北總統府地下通道路線圖，也穫知府內憲兵連加強了兵力，樓頂上另外增加兩門三〇對空機關砲，所以這計劃的行動細節我們需要立刻修訂。」

盧首長一旁說：「這情報怎麼來的，正確嗎？」

「是公安部最近捕獲一個在總統府國安局工作多年的台灣間諜供出的，」次長答道。接著又說，「今天是盧首長第一次參加匯報，我們須將整體計劃做一次詳細匯報，然後再由這兩天才從台灣回來的同志，就台灣的全盤準備工作提出報告。」

一位少校情報軍官起立走向台前，在銀幕上放出簡報幻燈片。

簡報前言說明：「《三辰攻台計劃》是一次以我陸、海、空解放軍，依據國際形勢、台灣島內現況、配合有利條件，使用最少兵力，在快速、最短時間內，以武力佔控台灣，完成中國統一」。

隨後對有關台灣各港口、飛彈配置、雷達站、空軍基地、三軍作戰能力等做了分析。特別對台北地區衛戍的兵力和臺北地區交通幹道、重要機關、公共設施等位置做了詳細說明。

簡報中的攻擊發起日（D日未定）、時間實際日，由上級下達。攻擊行動以我傘兵突擊營當天為「攻擊日」，到達台北市上空的早晨07:30分，傘兵開始起跳為「攻擊時」。其他參加的海、空部隊等，皆應以基準發起日，時為作業前置及後續行動依據。

比如海軍巡洋艦四艘，分別在攻擊發起時間前四小時起航，準時在07:30分駛抵海峽中線待命，監視選舉期間美國可能派出的航空母艦。另外三艘驅逐艦提前起航，準點攻擊時到達左營、基隆、花蓮港外三浬位置，實施封港及監視台海軍艦艇。

各艦抵達位置後，依據地圖已標示的空曠山區，實施砲轟，創造先期嚇阻作用。另外一艘驅逐艦在07:25分（攻擊基準發起前5分鐘）以地對地精密飛彈炸毀苗栗、彰化、台南三處高速公路交流站路面，阻斷北中南交通。

已調查統計，台島市區重要公務機關上班時間是八點整，所以攻擊發起時間選定在早上七點三十分，該時段正是一般民眾前往辦公機關，學校，工業區等交通忙碌的半途中，有助造成混亂。

台灣領導人官邸位在重慶南路和愛國西路口，根據他過去三個月的勘查，領導人的車隊一向準時發車，走定時路線的慣例，那時刻勢必將會困陷在車陣途中。銀幕上放映出台北博愛區衛星空照圖。

簡報結束，服務員送上水果，盧濤看了一下有些好奇，次長說：「這是小張同志昨天從台北帶來的，這水果叫蓮霧，也稱為黑珍珠，台灣特產。」隨著介紹了小張同志。小張三十來歲，有一張憨厚圓胖的臉，說話帶有河南口音。

盧濤問：「小張同志你在那邊多久了，是以什麼身份去的？」小張說去台北已住了兩年多，他爺爺是以前國民黨黃埔軍校早期畢業的將領，年歲已高，他是探親，照顧名義去的過。盧濤點頭微笑，轉頭問到在那邊工作的同志安全嗎？

次長答道：「海峽兩岸開放以前，我們每年大約有六百人次工作人員，以不同身份合法進出台灣，這是台灣自己報紙上公佈的數字。兩岸開放交流後，我們的人已大量增加。」

「既然可以合法身份進到台灣，為什麼我們又派人由偷渡管道進去？」盧濤又問。

次長說：「這讓他們整天忙著抓偷渡的，也就沒時間去搞我們合法身份的同志了。」說完後引起大家一陣笑聲。

盧濤又問一位傘兵突擊營的王營長說：「你們都準備好了嗎？」營長回答：「報告首長，我們弟兄經過長期嚴格訓練，武技精良，精神飽滿，隨時行動。」

「我看過你們部隊，十分精良，個個都是身強體壯，都是一米八的個子，臉上圖上迷彩，挺嚇人的。」盧濤笑說。

「空降方式是什麼？」又問。

王營長說：「傘兵目標區上空起跳時間已訂在攻擊日的早上07:30分。我們在基地需要一小時的準備時間，目前所有的武器裝備都上了飛機；運兵機從基地起飛時間是大約是07:15分，航行時間是十五分鐘，07:30分到上空準時武裝起跳。

「我營傘兵群分為紅、藍、白三個隊，由六架運兵機，每架載運二百全武裝突擊員，飛過海峽後，各別分散去基隆、淡水河口、後龍三個點切入。傘兵降落點雖然不同，但傘兵起跳是同一時間」。

「運兵機飛近台灣一定遭受飛機、飛彈攔截，被擊落的機率高嗎？」次長聽到後回頭望望那位簡報的情報官，要他來回答這問題。

情報官報告說：「被擊落風險是肯定的。但是在運兵機起飛前，我們已有戰鬥機群先行低空飛行，避開雷達，分批對島上各個機場跑道進行有限度的破壞，另有飛機留在上空，牽制攔截島上起飛的戰機。

「情報評估我運兵機被擊落機率是六比二，估計仍有800名傘兵降落到各個目標點上。台灣的幻象式和F-16戰機雖然性能優越，但是跑道中段面炸上數個五呎寬、六吋深的坑洞，任何高速飛機都無法起飛，這是高速噴射機的弱點。」

　　他補充說：「此外我們在傘兵空降前五分鐘（07:25）派出飛機飛臨台北、台中、高雄三個地區上空進行干擾，引起島上發佈防空警報，肯定會造成全島人心慌亂。」

　　他接著又說，傘兵群紅隊分配佔據總統府前面廣場、重慶南路一段到愛國西路街口等要道，主力衝佔總統府。藍隊降落在台北大橋和中興大橋之間，用來阻擋林口地區的防衛部隊戰車過來台北市。白隊準確降落到金山街的電信局、八德路的台灣電視台和仁愛路的中廣公司、以及北區變電所附近。

　　「突擊隊進佔電信局、電視台和廣播電台後不進行破壞，僅控制停止一切國內外電話、手機通訊、媒體廣播，因為我們後續還要利用。」台北東區三張犁附近雖然有一個步營駐守，已瞭解防衛不強，警覺及應變性不高。

　　盧濤又問道：「我們傘兵力不多，能阻擋河那邊地區戰車過橋來支援嗎？」情報官說，在攻擊發起時間之前三小時，也就是早上04:30分時，我方同志開始對台北、忠孝、中興、華江四座橋樑實施爆破裝置，設定傘兵空降前3分鐘起爆，切斷戰車來路。根據長期觀察，所有橋樑附近並沒有任何部隊駐守，平日是由附近的警察看守，不產生抵抗力。

　　《三辰攻臺計劃》總結：我解放軍傘兵在07:30分起跳降落台北。

　　戰果：一、台北交通阻塞，上班上學的民眾，包括總統轎車阻塞道路中，人心驚慌混亂。二、手機、電話、電訊、電視、廣播、變電所等受到控制，有關島內及國際電訊停止。三、林口防衛台北

戰車行動、全島高速公路、空軍跑道機場起降、海軍軍艦港口等全面受阻。我們強調突擊隊堅守各個據點時，以不使用武器開火為原則，更避免差擦槍走火，不能傷及無辜。

匯報接近尾聲，會場氣氛輕鬆起來，休息時候盧濤把小劉那份報紙攤在桌子上，對著鄰座幾位老同志說：「你們看，台灣這樣亂哄哄，這就是民主？俺真不懂啊！」

休息後，盧首長說：「我還有幾個問題想再問問。」

「我看計劃細則上規定島內同志要在攻擊前一小時，開始破壞台北市交通號誌，這是幹什麼？」說完後眼睛對著小張。

「我們根據台北市警察局交通大隊在電視上報導說的，台北市區有四個重要街口的交通號誌，如僅僅一處紅綠燈壞了，就造成交通混亂，四個全部破壞，整個台北市區將造成流動堵塞，全面癱瘓。」

「你們能明目張膽的搞交通號誌破壞？」

小張說：「交通號誌那裡平日裡沒人看守，打開路口的鐵皮箱子，剪斷線路就行了，一時半會兒不會有人來修的。」「我幾次在路邊看過工人打開箱子修理。台北街上平日熙熙攘攘，忙著賺錢，沒人愛管閒事，弄壞了就走人，容易。」

「小張，我想知道，你們島內工作同志進去電視台、電信局、變電所，有那麼容易嗎？」

小張說，工作同志在台灣都住了一些時間，又是合法身份，平時也都交了一些朋友，常一起吃吃喝喝，知道我們是探親來的，都搭上了交情。像台灣電信局、自來水廠、變電所等這些地方只派有一兩名警衛，都是部隊退休轉業的，年齡大，警覺性不高，又沒有武器，我們都是年輕力壯，帶上槍，要制服不難。那時候攻擊已全面啟動，警察沒有戰力。

「你們分別到位後，我們國家主席要向全台灣同胞講話的廣播帶子都準備好了吧？」。小張說：「電視台的錄像帶、廣播公司的磁帶都已備妥。」又說他爺爺住的那棟大樓全是高階離休住戶，警察校正戶口一年才來一次。

　　「小張同志你在台灣早晚照顧你爺爺生活，也很辛苦啊！」首長安慰的說。

　　「不辛苦，沒事，家裡有佣人。」「我在家裡還攬點副業，賣餃子，全棟樓都愛吃我的餃子。」小張說著自己也笑了。

　　小張最後說：「現在台灣人已沒有過去反攻大陸，打倒共產黨口號了。兩岸交流後，通商、通婚有了十多年了，對祖國大陸已有一定瞭解。我的看法是若非必要，若使用武器攻打台灣最好不傷人，不傷和氣。一旦傘兵空降台北市，街上的人準會立刻驚慌失措。一陣慌亂後，大家的態度多半是觀望而已，不會有什麼抗拒的。反對台獨的人肯定還心裡高興。」

　　「我們國家主席在要在媒體播出三分鐘的講話說得好：『我們大家都是中國炎黃子孫……現在請大家恢復正常生活，上班，上學，做生意賺錢，一切照舊。你們的生活完全不會有干擾和改變的。對不起，驚嚇了大家……』」

　　盧濤點頭同意小張這番說話。問了他最後一個問題：「《三辰攻臺計劃》是高度機密的，上級一旦下令執行，如何能將命令準時傳達到各你們在台灣的同志？」

　　小張說：「島內各組同志，派有日夜守聽「福建人民廣播電台」廣播，一旦聽到連續不停插播〈東方紅〉這首歌曲的時候，表示大家準備聽候指示，當聽到更換播出〈解放軍進行曲〉時候大家對錶，第二天的零時，就是攻擊日，早上七點三十分是發起時間。」

　　　　　　　　　　　　　　　　　　　2004年於洛杉磯

憶一次國慶空中閱兵舊事

民國五十三年國慶日，台北舉行閱兵典禮，包括地面三軍部隊閱兵和空中分列式。當年正是兩岸對峙緊張局面，大陸要「解放台灣」，台灣要「反攻大陸」，閱兵主體充分宣示武力。

那次的空中分列式除少數運輸機參加外，以數量龐大的噴射戰鬥機群為主，共計120架。

空中機群序列由空軍官校的T-33噴射教練機隊領先，依次是F-68F，F-100，F-104等，各型飛機雖性能速度不一，即使是超音速飛機，一律以每時250海浬速度，保持前後跟蹤一定距離，順序進行。

雙十節是重要慶典日，前三日在福建沿海地區實施空中照相，掌握動靜，當天另派飛機在南北沿海地區巡邏，加強戒備。

來自各基地參演飛機雖然機型飛機數量不同，但都以四架為一分隊，由三個分隊12架編成一個品字隊形。那次我們台南基地的F-68F（軍刀式）組成四個品字隊，共48架。

總領隊由大隊長李中藩上校擔任。飛行時使用他慣用的呼號，他是Lee Flight Lead（李隊，長機），其他飛機依次編號，我是他二號僚機，呼號是Lee Flight 2（李隊2號機），飛在他的左側，隨影不離。我當時是中尉，四架飛機裡階級最低。

每四架一分隊有一小長機，其他三架稱為僚機（Wing Man），飛在長機左右兩側，緊跟著小長機行動。僚機與長機的間隔保持低於長機半個機身，約十呎高度差，兩機翼尖相距為三呎。在顛簸

氣流中當僚機的人難做到標準位置，隨時調整，手腳不停的操縱飛機。這種編隊稱做密集編隊（Close Formatiom），在夜間或雲霧中跟隊是必要的。

密集編隊須保持完整，不可疏散或落後，跟隊的僚機緊盯住長機的上下升降，左右轉彎，動作一致，間隔過遠則隊形疏散，過近會造成機翼擦撞。

由於噴射機的推力極大，發動機尾管噴出的氣流在地面上足以把一輛卡車吹翻。空中跟隊時，後方飛機須避開前面機隊的強烈尾流，必須降低位置避開。因此後面機隊為避開，須依次降低高度。大編隊飛機在天空中就像似一條長龍，形成龍頭高，龍尾低態勢。

那天穿音速的F-104機隊排在百架飛機的末尾上，是整個大編隊飛位置最低的。

雙十節前一日下午，我們分批由台南飛到新竹基地先行進駐，降落後停放在44中隊機坪，地勤人員加油，妥善檢查飛機。

因為機關槍的發射電門在駕駛桿上，飛行時手緊握駕駛桿，為避免誤觸電門走火，當下將機上六挺機槍彈艙內的3600發子彈全部卸下。政戰人員前來檢查子彈艙卸空後，貼上封條，那是安全措施。

台北總統府慶典大會開始時間是上午十點整。那天早上於講解室集合，由大隊長做任務提示。他強調預報天氣情況並不理想，大編隊會增加困難。他說：「我在前面動作盡量柔和，方便你們後面跟隊」。準時發動飛機起飛，飛向台北淡水海域，向分列式大編隊集合。

分列式演習前，已事先在基隆海邊選定一個進入點（位置檢查點），進入點正南對著台北總統府方向，距離大約30浬，須精確時間計算，準時通過總統府上空。

十點整稍前，總統蔣公步出大樓。司儀高唱「總統到！」待蔣公蒞臨主席台後，司儀繼續唱「中華民國五十三年國慶典禮開

始！」一分鐘內，首批T-33飛機以1500呎高度到達後通過。我隊F-68F機跟隨在他們後面。

回憶那天到達基隆海邊附近時雲量漸多，雲底高度約僅2000呎左右，我們切入進入點上空，越過山頂和低雲之間，在顛簸的亂流中直飛總統府。

當通過總統府廣場時，我僅擺頭往下望了一眼，瞬間越過，只看到廣場上一片人海。

順利通過閱兵場後飛向新竹降落，待飛機補油後飛返台南基地。

就在越過總統府不久，耳機無線電中突然聽到有聲音喊叫「跳傘！跳傘！」似有飛機發生意外。

總領隊李中簿懷疑是我隊飛機發生事故，他立刻叫道：「Lee Flight Check in（李隊無線電中點名）」我是二號機，報出「Lee 2」，其他機依次報出Lee 3、Lee 4……Lee 48，全隊回應完整。

匆忙在新竹落地後方知道台北發生事故。

當時飛在最後一架的F-104因高度過低，擦撞到廣場左前方中廣公司的發射台。擦撞的那架飛機翼前緣受損，副油箱撞掉，但依然勉強以高度技術飛回到清泉崗機場安全迫降。

當那架飛機發生與中廣發射台擦撞擊時，他同編隊的另外兩架飛機一時隊形混亂，由於是密集隊形，造成相互貼撞，墜毀在土橋附近，二位飛行員未及跳傘，不幸殉職。

近年國慶依舊隆重舉行，但龐大機群不再。回憶參加五十年前那天空中閱兵景況，歷歷猶新。

當年殉職之一的林鶴聲少校是位優秀飛行員，出身屏東望族，後來屏東市將一小學改名鶴聲國小紀念他。

2011年於洛杉磯

飛行風雲難測

四月裡，陸軍一架價值十億台幣的阿帕契直昇機墜毀。當時飛機正在低空練習滯留飛行。

新聞中飛行員說「起飛後發現座艙起霧」、「突然機窗外毫無能見度，飛機發生偏向,什麼都看不見」、「決定降落，穿出雲時卻發現正衝向民宅」。調查結果為天氣突變，飛行員操作時發生錯覺，不辨飛機飛行姿態，發現時高度過低，已不及改正。

猶記民國六十三年桃園地區一次軍事演習，因天氣因素亦發生直昇機墜毀，造成陸軍總司令于豪章在內及同機十餘位將官受傷折損。

同時間那日，總長賴銘湯亦前往該地區視導演習，本來計劃搭空軍直昇機前往。起飛前飛行員向他報告，演習地區天候低雲多霧，能見度不佳，總長當即決定捨機，改乘車前往。

筆者當時服務台南基地，事件發生後，曾奉命就近赴陸軍航空隊講解有關飛行天氣。那時候陸軍航空隊尚在建軍初期階段。

過去空軍作戰中隊多配備雙座T-33飛機一架，供壞天氣儀器飛行，練習雲霧中一旦發生生理錯覺，該如何改正。

氣象學原是一門枯燥的學科。回憶初入空軍時，教授氣象學的那位教官十分風趣，大概古書讀過不少，說話時常喜歡咬文嚼字。他到課第一天，仰著天說了句成語：「天有不測風雲也！」

他問大家：「為何要學氣象學？」同學笑答：「瞭解天氣也！」教官答：「正是。爾等未來要靠天吃飯也！」哄堂大笑。

他又問，何者是雲，何者是霧？大家說雲是白色，霧是灰色，七嘴八舌。教官說非也。

他說，在氣象學上雲和霧各有定義：自地面起，高度一百呎以下稱為霧，一百呎以上稱為雲。雲霧兩者水氣分子成份相同，只因陽光照射程度不同，你在高山霧中，山下人說你在雲裡。

他又問，什麼條件會產生霧？無人回答。他說，凡遇地面空氣濕度飽和，氣溫上升，霧便產生。

飛行中如果發現座艙玻璃上產生霜或霧，速打開座艙窗子，減低內外溫度及濕度落差，霜霧會迅即消失。一般螺旋槳飛機都這麼做。另外有飛機有除霧裝置，多霧天氣時，發動飛機時須預先啟用除霧器。戰鬥機座艙是密封式，無法起開座艙，但有自動沖壓驅霧裝置。

教官提醒說，飛行中遇到高積雲、積雨雲可以躲避，但是要降落，得「見縫插針」，在雲霧縫中尋找機場跑道。許多飛行失事都是因雲霧造成。

台灣地區每遇春季，霧天最多，且霧狀特濃，移動速度快，轉眼間會罩蓋跑道。美國飛行員常說那霧濃得像湯一樣。飛航中遇天氣突變，若油量較少，看不到跑道，是急煞人的事。

記得民國五十年三月裡遇到一回險事。那天清早我們四架飛機執行大陸沿海偵巡任務，由中隊作戰長石遠耀領隊。

晨間拂曉時分離地後西飛，約四十分鐘後天氣轉壞，基地呼叫迅速返航台南。四架飛機回來，以1500呎編隊通過時尚可看到跑道面，各機間隔二秒鐘解散，前後跟蹤，依次進場落地。

長機石遠耀第一架於低空轉向跑道進場時，發現低霧團已移到跑道面上。他在無線電中大叫：「看不到跑道！」就馬上當機立斷說：「我們去屏東。」任務中我剩油比他機為少，內心著急。

四機各自奔向距離最近的屏東機場，已不成隊形。幸虧那裡天氣尚可。不時看著油量錶，小速度省著油，遠遠對準跑道，安全一次落地，如未降落，已無油重飛再落一次。

　　四人下機後，大家驚魂未定，都不說話，相互苦笑。領隊石遠耀低聲對我說：「我想到你可能會空中油盡熄火，棄機跳傘」。

2014年於洛杉磯

附註：F-86F軍刀式機油量低至700磅時，警告燈閃亮，僅可持續飛行時間約五分鐘。

我在空軍的軍服

　　我自空軍官校畢業後，於部隊服務近三十年，直到退役方「解甲歸田」脫下軍服。

　　我們入伍訓練是新兵，開始穿上軍裝。第一天到東港大鵬空軍預備學校，編隊、剃光頭髮後，發給黃色卡其布料的軍常服、操作服、軍便服。另有大盤帽、船形帽及黑皮鞋。

　　操作服是棉紡布料，未經熨燙，皺得像鹹菜葉子，不掛領章名牌，胸前雖沒有名字，但不出兩天，各位部隊長已認得出每個人，他會突然叫道「張××，李××，隊伍中不許嬉皮笑臉！」。

　　此後每晨六時起床後穿著操作服，二十分鐘內洗漱後，打綁腿，攜帶三八式步槍奔向操場。在口令下，做立正敬禮、轉彎看齊等反覆基本動作，然後是仆倒地面、匍匐前進。這滿地打滾的訓練，每天六個小時。二個月後減為四個小時，下午坐教室上課，輕鬆許多。

　　每天汗流浹背，睡前雖有二十分鐘洗澡時間，但制服卻是三日一換。早晚一次集合精神訓話，一律是「軍人就是吃苦耐勞」。

　　約一個月後開始星期日放假，可以外出去東港鎮。換穿外出服：胸前有兩個口袋，左右領口掛有「空預校」、「飛行生」銅牌，右胸前有名牌。

　　軍服遇脫線和掉扣子是影響軍容的事。國軍被服廠製做的各式軍服「保證衣服穿破了也絕不脫線掉扣」。當時學校有不同兵科學生約四百餘人，洗衣房每週三送來燙洗整齊的大量制服，從無差

錯，是一件了不起的工作。

那一年我們適逢空軍改變制服，加發冬季深藍色扎腰式學生服，習慣稱做「艾森豪式」，遇慶典或外出時穿著。

入伍完成，到岡山官校接受飛行訓練，一般制服沒有改變。飛螺旋槳飛機時穿著棉料淺黃色棉布飛行衣帽，冬季另有較厚的棉質藍夾克。高級飛噴射機飛行時，改穿有防火作用灰色尼龍飛行衣和夾克，都是美援用品。

畢業前夕即將成為空軍軍官，改發四口袋的黃、藍色二季正式軍官的軍常服。那時候軍方規定每年四月換季，台灣因南北氣候溫度不一，四月裡制服穿著冬夏服不受規定。

到部隊後，除特殊典禮況外，平日均穿著灰色飛行衣。記得一次院長經國先生來時，我們著飛行衣列隊歡迎。後來考慮遇落難海上跳傘容易被發現獲救，飛行衣一律改為橘紅色，延用至今。

飛噴射機需在飛行衣外加穿抗G衣。因飛行急切拉升動作，身體血液湧向下身，頭部缺血，會發生瞬間盲視，眼睛完全看不見。

抗G衣於腿及腹部有氣囊，遇G力產生時自動充氣，壓制血液流動。早期抗G衣為緊身厚布料全身式，穿著不便，熱天時極不舒服。後來改為下身半截式，穿脫方便。

自古軍人穿著制服，目的是軍容威武劃一，鎧甲是作戰時用來防護身體的，五顏六色，金光輝煌，有嚇阻敵人用意。

十三世紀蒙古西征，先滅匈奴、突厥，打敗俄羅斯後奔向歐洲。當時歐洲軍隊以騎兵最強，人馬金屬護甲周全，只露出兩個眼睛，刀械難入，古書上說歐洲那時軍人盔甲重量約有十二斤重。老電影「圓桌武士」中可見一斑。

當時蒙古兵盔甲以兩層曬乾馬皮製成，行動輕便、快速。行軍時大量馬匹同行，隨時替換騎座，而且兵士習慣寒食，以食馬肉為主，可不必埋鍋造飯，減低後勤糧秣負擔。

蒙古兵攻打歐洲時，捨去長槍，使用短劍，多帶強弓重箭頭，接敵時先射馬匹，一旦倒地，護身盔甲過重就爬不起來。歐洲人敗給輕裝護甲，運動神速的蒙古兵，因是盔甲太重。

1866年諾貝爾發明黃色炸藥，殺傷力增強，軍人傳統貼身肉搏戰機會不再，鎧甲軍服已不適用，轉向輕便為主。

二次大戰英國部隊在中越緬熱帶戰區打仗，改穿長襪短褲，鋼盔改成淺盆式。戰爭中個人身體防衛，已轉變為群體安全方式。

過去我們基地駐有顧問團，我空軍制服沿襲美國式。美軍尉官藍色船形帽邊條為銀色，而我空軍尉官卻與美軍士官戴的同為黑色，為什麼，至今不解。

2014年於洛杉磯

化龍橋樹下

——為紀念家兄殉職四十年作

光遼大哥，1954年

　　歲月悠悠，時光飛逝，華髮稀散，已遠離竹馬揚鞭兒時，如今已是仰天看山的歲月。想到往事，未必盡是密樹濃蔭，遠山含翠的歡悅。

　　民國二十九（1940）年中日抗戰正酣的時期，我家住在雲南的昆明，先是住在城中，後因躲避日本飛機轟炸，遷往鄉下。

　　鄉間沒有小學，我大哥光遼就去靠近巫家壩機場邊的粹剛小學（空軍子弟小學前身），因路途較遠，平時住在學校，週末須步行一段山路才回到家裡。

假日裡他常帶我騎著父親給他買的一輛紅色自行車，在村子裡或田間小道上漫遊。有時和村裡孩子一同騎牛到後山堆土窯烤紅薯；我們度過了很多歡樂時光，那時我尚未讀書。

　　他小學畢業後，就遠去了四川灌縣的空軍幼年學校，那是1941年。

一、手足童年，舊憶如昨

　　1944年對日抗戰勝利的前一年，我們家自昆明遷到四川重慶，住在一處叫做紅球壩的山頂上，每次日本飛機轟炸過後，遠處燃燒的熊熊烈火看得很清楚，我那時七歲。

　　有一天父親帶我下山去化龍橋去接大哥。

　　那是個盛熱的夏日，雖然要走過一段山路，但我心裡充滿興奮。大哥給父親的信上說，那天清晨由灌縣蒲陽場的學校先到成都城裡，再搭長途汽車來重慶，預計午後可到。

　　那日是大哥離家三年後首次回家。當時他在成都幼校，到昆明的家路途遙遠，幾乎要走過半個中國，父親顧慮他年紀小，兩次暑假都不讓他回過家。

　　我和父親在化龍橋邊樹下等待了許久，大約已近黃昏時才看見一個人穿著灰色童子軍服，曬得黑黑的，騎著一頭脖上掛著一圈響鈴的小毛驢走近，他高聲叫道：「爸！」原來他提前一站下錯了車，只好雇騎毛驢過來。

　　父親摟抱著他，他也笑著撫摸我的頭，我望著他有些生分。回到家裡他用四川話叫了母親，母親笑說你這孩子怎麼變成四川娃了。又說：「這三年裡也怎麼沒見你長高些？」我大哥是後來才見長的。

　　大哥在家那些日子很安靜，他手裡常拿著一本叫《新生活運

動》的書在讀。有天他向父親示範打壘球的動作，我感覺很新奇。多年後在台灣我看到他早年在幼校的「征宇」壘球隊合照。照片裡的一些同學在台灣都是我們家裡的常客。他們多數的父母沒有到台灣來。

另一令我印象深刻的事是他的制服：右肩佩戴著「空軍幼年學校」彩帶和左胸前「中國童子軍」的標誌，我戴上他的童軍帽和領巾時，內心羨慕不已。

暑期結束，他回到學校繼續讀高中。

父親當時在重慶的航空委員會（空軍總司令部前身）服務。那時候越南雖然尚屬法國殖民地，但二次大戰盟軍聯合抗日，越南劃分為中國戰區。父親留學法國，懂得法文。1945年八月抗戰勝利日本投降後，他派去越南河內，代表空軍接受日軍投降。

那一年冬天，母親帶著我和兩個弟弟搭上木船，沿長江下行到達南京。次年父親來南京會合，我們去了東北瀋陽，後又再返回南京，最後在1948年冬舉家到台灣。

大哥在四川幼校完成高中學業後，到杭州筧橋的空軍官校，他是第二十九期學生。1949年大陸局勢逆轉，隨官校撤到台灣岡山，繼續學習飛行。

二、獨往岡山，會見大哥

那年我在台北國語實驗小學畢業，知道他已來到台灣。暑假考過初中後的一個早上，我獨自由台北搭火車南下岡山。坐了一整天的火車，拿著地址，找到父親的一位同學家住下，第二天一早，在官校營門前見到四年未見的光遼大哥。

那時官校由杭州遷到岡山基地不久，機場和校區在二戰中遭受過美國飛機轟炸，破壞嚴重，一些房舍半毀，牆壁上留下許多美機

掃射過的彈痕，隨處可見，百廢待舉。他們學生也尚未開始飛行訓練，每日上午上課，下午勞動服務，清理瓦礫，整理校區。

那天是週末。大哥向廚房伙夫班長借來一輛自行車，帶我走遍了校區，也到海邊游泳。在跑道邊有一架被擊落的美軍轟炸機殘骸，大哥說那是B-25轟炸機，我好奇爬上，還拍了一張照片。

在一間棚廠裡，有一架黃色雙翼PT-17教練機，我爬進座艙扳動駕駛桿，大哥指著機外說：「你看，翅膀上的副翼會上下動。」他告訴我座艙內的儀表、油門、駕駛桿的作用，又簡單說明飛機如何上升，如何下降等，我聽了非常有興趣。這事深深影響了我幾年後投考空軍的決心（我原讀淡江英語專科學校）。

大哥尚在官校時，空軍在東港大鵬灣初辦至公中學（子弟中學），我離開台北去南部讀書。

在東港讀書三年，大哥常在假日從岡山坐火車來東港看我，平日也給我寫信。每次來，都要先查看我的功課。他說課外書也要讀些，可增進知識。

後來我進官校時，在學校圖書館中多張的借書卡片上，見到他借書的紀錄。在一本《馬可波羅東遊記》書的內頁上，他寫了「此義大利偉大的探險家，讓歐洲人對我們東方有許多的瞭解！」幾個字。想是他對那本書特別有興趣，寫下片語，知道他是愛讀書的人。

大哥個性樂觀，語出幽默。他在中國的空軍月刊上寫過一篇名叫〈不亦快哉！〉的文章，裡面列舉十條有關飛行令人高興的事。其中有一條寫道：「某日飛專機送陸軍大員急務南下屏東，降落前遇濃霧密雲，傾盆大雨，無法降下，大員座上急促頻催。盤旋多時，意欲返航台北。突見一雲洞，可目視地面，乃急放下輪子，安全降落。大員下機後舉大拇指稱讚：『要得，空軍好漢硬是要得！』不亦快哉。」

左：光遼大哥空官校畢業照，1951年攝於岡山
右：光遼大哥榮選國軍戰鬥英雄，1965年黑蝙蝠隊

　　1951年他官校畢業，先分發去嘉義基地飛F-51野馬式戰鬥機，後來調到台北松山基地專機中隊，服務多年。婚後住在台北正義東村眷區家中。

　　我自東港讀完初中回到台北，那是和他相處較長的一段時間。他為我在家院子裡加蓋一間小竹屋，供我靜心讀書報考大學。

　　春去秋來，幾年後我也進了空軍官校，畢業後分發到台南基地，住在台南飛燕新村眷區。

　　民國五十二（1963）年四月間，他因專機任務飛到台南，特地來眷區看我方滿月的長女。那次他略表示，厭倦了多年刻板不變的運輸工作，要去新竹執行大陸偵察任務的第三十四隊（蝙蝠中隊）。他想去有挑戰性的偵察中隊是可以理解的。此後和大哥見面的機會較少，僅在台北全家重要聚會的時候得見。

三、星夜潛行，孤軍奮鬥

　　我在台南一大隊時，每年冬季都會到北部新竹基地駐防一個月，那裡經常是細雨連綿，低雲滿蓋的天氣，我們去那邊專做壞天

氣的儀器飛行訓練。

三十四隊在新竹機場。有一年我到新竹駐防，大哥問我能不能帶他飛一次噴射機。大哥以前飛過F-51野馬和F-47雷霆式飛機，曾是一位飛螺旋槳式戰鬥機的飛行員，對噴射機自然是嚮往的。

當時我的中隊飛的是F-86F軍刀式單座戰鬥機，但是另配有一架T-33雙座噴射機戰鬥教練機。某日我請作戰官派飛T-33機，另派一位和我交情要好的學弟同飛。

那天早上我們約好到停放飛機的機堡，我大哥已穿著飛行衣在機堡等待，他把那位學弟的保險傘、頭盔、救生背心換穿上之後，進入飛機後座。我們做了一次兩兄弟同飛一架噴射機的飛行。那是一次不合規定的飛行，卻是難忘的一件事。

蝙蝠中隊因執行機密任務，為了保密，他改了名字，叫「葛一」。他是我家兄弟中排行老大，改這個名字雖然是有點土俗，但也帶幾分他的幽默感。他說，有次在大陸上空飛行時，中共雷達站在無線電中呼叫他這個名字，還要他立刻降落，「起義歸來，戴罪立功」。

三十四隊部隊在新竹機場跑道西側，遠望去僅有幾棟平頂房舍，外人不得靠近。我們每次上場飛行經過時，都會好奇的望一眼，總會說：「老大哥們又在那裡面做航行計劃，反攻大陸啊！」

我粗略知道他們每次大陸任務下達後，全組人員三日前在一特定房子裡開始作業，不得離開，更不許對外通話。全組飛行、領航、電子通訊人員集體做航行計畫；熟記航路、設定起飛時間、位置檢查點、以及如何迴避米格機攻擊的動作，萬一遭遇迫降後逃亡時，奔向何處「據點」。這些據點，都可能是他們當時飛行位置的千百里之外的某些深山裡，對他們逃生幾乎沒有意義。

飛大陸任務時他們不穿飛行衣，而換穿當地農村人民服裝，帶

著人民幣和許多金戒子，做為一旦迫降後逃亡之用，這也說明他們黑夜裡一旦進入大陸，注定是孤軍無助，命運無法預料。

再保密的事也會外洩。有次我問起他們的P-2V偵察機也裝上了M-19響尾蛇飛彈的事，我說那是戰鬥機的武器，對你們不靈活的大型飛機沒有效吧。他說每次任務中都會遭到中共米格機由後方尾追，在黑暗中米格機往往因速度過大而會超前他們，一旦超越，可以看見米格機尾管火焰，可立即拉起機頭向它們發射飛彈。我說米格機一旦超前，飛機必定急轉回頭再來攻擊，轉彎中飛彈也難以射擊到它們，他笑說：「那就用來壯膽吧！」

三十四隊P-2V機嚴格執行航行計劃，每一個選定的參考點、航段等都精確分秒無誤。起飛地點有時在台灣，有時在泰國隱密機場，機身灰色，無任何標誌。起飛時間選在夕陽西下時分，天色黑暗時進入大陸，一路上保持100到500呎低空飛行。中共地面雷達難以發現他們，即使發現，起飛攔截機卻無法目視看到，雷達引導也只能提供概略的方位、角度和距離。

四、尋找下落，遠奔山東

民國五十三（1964）年六月十二日，那天是端午節，也是母親生日，全家人約定聚齊台北家中。大哥事前說他會當天傍晚回來，但他沒有。

第二天早晨，我在室內見有一人在門外向家裡探望，開門一看是大哥同事楊美安，心裡頓時一驚。他低聲說：「你哥昨晚去大陸做任務，今天還沒回來。」我擔心的事果然發生了。

那日台北當天報紙轉載一則外電報導：「一架中華民國空軍P-2V型巡邏機在山東半島平度附近失事，該型機為噴氣雙螺旋槳式，航程可達三千浬，據悉該機上編組機員多人。」證實了飛機失事。

我安撫母親說：「大哥可能跳傘被俘，人還在。」過去黑夜裡低空偵察大陸的任務一旦失事，幾無存活，這次豈會例外。

　　母親念兒心切，此後日夜收聽大陸廣播，希望得到一點信息，期盼了三十年，直到老人家過世。

　　光遼大哥殉職二十五年之後，兩岸開放。1989年，我得到北京人民電台記者柳燕和北京航空聯誼會一位湯先生的幫助，尋找大哥殉職地點。

　　湯先生信中說：「我非常遺憾帶給您來的消息是噩耗。」「令兄確切出事地點是山東棲霞縣，姜村南面一哩處。」接到信後內心泛起無限激動，立刻前往大陸。

　　1989年九月底到北京，見到柳燕小姐，經由她的聯繫，趕去山東。

　　搭乘十三個小時的火車到達煙台，抵達時有台辦王先生來接，當晚在一賓館住下。第二天由棲霞縣政府二位人員陪同前往姜村。這時候已是北方的深秋，朔風撲面，已是寒意蕭瑟。

　　開車約兩小時到達棲霞縣的姜村，由一位老農領著，走過一片遼闊的高梁地，來到一條大乾河溝堤邊。

　　老農指著一方碎石堆起的土丘說：「就是這！那飛機上人的屍體全葬在這下面。」那機上共有13人。

　　我細觀看後對他說：「這地上土是新的，怎麼不像有二十多年的樣子」。

　　他說：「你們來之前，上級通知要我把這地方找出來，我前些日來先把雜草處（清）理了一下」。

　　我問：「你是這村子的人嗎？」

　　一臉皺紋的老農說：「俺是這村土生土長的。當年這坑是我們村裡人一塊挖的，有六尺來深。飛機上的人屍體也不齊全，拾到了就放在坑裡埋了」。

光遼大哥墜機現場，1989年攝於山東

　　他又說：「那天晚上想是（大概）十點來鐘，村裡正在開會，突然聽到老（很）大的爆炸聲，大家嚇得像什麼似的，往外邊看是一片大火，大夥跑過來才知道有飛機掉下來。沒多久部隊開來，封鎖現場。」

　　我問這附近還有沒有飛機的碎片？他說第二天部隊用大卡車都載走了。

　　目睹這方高起的土堆，細聽老農的說明後，望著這位一臉憨厚、滿臉風霜的老農，信了他的話。

　　仰望蒼天，白雲逍移，這黃土平原上就是我大哥葬身的地方，他在這塊荒涼淒冷的地下已經二十五年了。我捧撫黃土，怨大地無情，無限悲悽。當年他三十三歲，正是英年。

五、米格跟上，一炮擊中

那位擊落我大哥飛機的米格機飛行中隊長、已離休的陳根發回憶說，那架台灣來的偵察機，是在六月十一日晚上低空飛來大陸，事先早已被防空雷達發現，判斷這架飛機飛向山東半島。過去台灣P2-V飛過來有百來次，我們對他們的飛行航路已看出一個模式來。

又說那架飛機飛進山東半島的時候，已近半夜，當時上級並未像過去一樣，立即下令起飛攔截，但已準備採取使用夜間照明的圍堵戰術，伺機而動。

當P2-V機接近山東棲霞縣上空時，我們三架戰機奉令緊急起飛。石振山同志駕駛的照明機先抄近路飛到P2-V機前方三哩位置，高度三千公尺高度待命。我領著另一架僚機由從後方加速接近，那時黑夜裡我們看不見目標，完全聽由地面雷達提供目標機概略的飛行方位。

當三架飛機位置相互調整妥當後，照明機上的十二枚照明彈突然一次放出，整個下方霎時照亮得有如白晝。我看見那架P2-V機在我右下方出現，保持大概是低空五百呎高度飛行。

我在它後方加速接近，來到大約五千呎距離時連續發射三炮，第一發炮彈就命中飛機，立即起火爆炸。

他說：「我射擊後飛機衝過目標，拉起高升後回頭看時，上空延續十二秒時間的照明彈群已全部熄滅，黑暗中僅看見地面煙火四散，確定飛機已被擊落。時間是午夜的十一時三十六分」。

我最後問道：「那P2-V機事前有沒有發現已經被你們跟上？」

「肯定有。他們不斷的改變方向，愈飛愈低，往山窩裡飛，雷達站報告說看不見目標了，但是我在高處看得很清楚。」「他們一

直堅持往前飛，並沒有回頭往回飛的樣子，他們沒想到我們在他們前方放了照明彈。」

六、隆重公祭，遺骸未歸

1996（民國八十五）年三月二十九日台北青年節，空軍在碧潭公墓正式公祭了光遼大哥，旌表追贈上校烈士。遺憾的是這公祭表揚竟是他殉職三十二年後的事。這遲來的公祭畢竟晚了，那時候我們的父母都已先後謝世。

幾十年來的國共鬥爭，表面上是百萬大軍的對抗，卻是全體中國人的參與。在中國這塊富饒的土地上，埋下多少白骨，破碎多少的家庭，我們同文同種，共食神州五穀的中國人，鬥爭何時罷休止。

2008年於洛杉磯

民國85年青年節，公祭光遼大哥

附：大陸記者筆下的黑蝙蝠中隊（2010-06-14南都日報）

清明放假的第二天，台灣前空軍上校電子官李崇善，早早來到黑蝙蝠中隊文史陳列館。這是一間為冷戰期間，執行對大陸秘密電子偵察任務的台空軍黑蝙蝠中隊而設立的紀念館，坐落在台灣新竹市內當年黑蝙蝠的宿舍，而李崇善便是倖存的黑蝙蝠之一。

這一天，在眼淚和擁抱中度過——李遇見了四、五家黑蝙蝠的遺眷。50年過去，黑蝙蝠隊員們的孫輩，差不多也快到當年祖父的年紀。滿目皆是遺孀、兒孫輩，戀戀地盯著當年的照片啜泣；而那些當年一起在暗夜中歷險的同袍們，大多已經定格為照片中永遠盛年的模樣。

82歲的李崇善，被館員們稱為鎮館之寶——他是上校電子官，對黑蝙蝠當年的核心任務最了解；陳列館許多史料和圖示，都出自他的規劃。他習慣把黑蝙蝠後代稱為孩子們，仔細地跟大家解釋當年那段歷史的每一個細節。

替美國賣命

1940年底，前黑蝙蝠中隊領航員鄒立徐8歲，成都遭遇日軍最慘烈的轟炸，鄒家住的蜀華街周邊死傷枕籍。他那時聽著爆炸聲，就想長大以後當空軍，把日本人趕出國門。

1939年，國民政府在四川都江堰蒲陽鎮，成立了空軍幼年學校，校長由蔣介石兼任，招收小學畢業或初中肄業的學生，為抗戰培養空軍預備人才。

鄒立徐進入空軍幼校時，日軍已經投降；他的同學中，就有後來台灣的空軍總司令和國防部長唐飛。1949年，17歲的他隻身隨著軍隊撤退到台灣。戰火中遷徙是常態，他並不知道自己要在40年

後，才能再次回到蜀華街。

等到鄒從空軍官校畢業已經是1954年。他參加了一江山島戰役——這次戰役過後，解放軍攻戰了除金門、馬祖之外的所有海峽沿岸島嶼。

1958年，鄒進入剛剛使用空軍第34中隊番號的「空軍技術研究組」，隊友有相當一部分是幼校同學。這個項目的台方代表是蔣經國，而直屬長官是空軍情報署署長、蔣介石夫婦前座機長、第一個開飛機橫渡大西洋的中國飛行員衣復恩。

隊員們全部經過美方培訓，相當一部分去過美國，習慣用英文術語。進入黑蝙蝠中隊，意味著技術、人品、思想、體格全部是最精銳的，是高尚的榮譽。在海峽東岸的記憶中，黑蝙蝠的時代，台灣被世界拋棄。如果不是黑蝙蝠和黑貓中隊，我們就不會有美國的經援和軍援。幾乎所有受訪者都提到這一句。

1953年，朝鮮戰爭結束，美國將中國當作蘇聯陣營的假想敵，希望蒐集大陸的防空電子情報，但又怕犧牲美軍，並擔上侵略別國的罪名；於是，美方找到一個替代方案：利用國民黨急需美國援助和支持的心態，讓台灣來做對大陸的偵察。這是國民黨的最後機會，之前，美國總統杜魯門曾發表白皮書，指國民黨無可救藥。

於是，當時的國家安全委員會副秘書長蔣經國，出面和美國中央情報局（CIA）的Bill Dougan簽約（蔣宋美齡也曾參與協調），以西方公司為掩護，使用美方提供的最先進飛機和電子設備，成立國民黨空軍特種部隊第34和35中隊，隊徽為黑蝙蝠和黑貓，分別承擔低空電子偵測和高空照相的任務，赴大陸蒐集情報。

CIA化身西方公司，坐落於新竹市東大路的灰白色洋房，住著很多外國人，黑色雪佛蘭的轎車進出，如同一部間諜電影般神秘。白天黑貓高空照相，晚上黑蝙蝠蒐集低空電子情報。情報比對分析就知道解放軍何處有雷達、高炮和導彈。

衣復恩過世前曾表示，台灣沒有反攻大陸的能力，這些情報對台灣沒有任何意義，但對美幫助很大。黑蝙蝠完成任務返航時，美機C-124已在新竹基地守候，飛機落地，美方人員立即登機，把蒐集的資料帶回夏威夷、關島等基地分析，直接送白宮，只酌量與台灣分享。

隊員柳克鑠表示，美軍B-52、B-66轟炸機所用的防禦雷達，主要是依據當年黑蝙蝠偵察的成果：這是他們最經濟、成本最低的方式……我們成了他們的籌碼。

李崇善召集幾位隊友設計了隊徽。他們晝伏夜出的工作節奏以及雷達的原理，都與蝙蝠特性相同，因此命名蝙蝠中隊，偵察機都漆成黑色，於是隊徽是展翅的黑蝙蝠，在有指引方向含義的北斗七星上，飛翔於深藍夜空，翅膀穿透外圍的紅圈——那時候我們說蘇聯是鐵幕，大陸是赤幕。李告訴記者。

窺探老家

日落後24分鐘，黑蝙蝠伺機進入大陸，而當他們飛出大陸時，一定在日出之前。

最早，他們使用二戰中廣泛使用的B-17轟炸機，飛機上的武器全部拆除，沒有任何自衛能力。鄒立徐回憶說：我們就像跑到人家家裡偷東西的小偷，被發現了沒辦法打，只能跑。

黑蝙蝠在離地100~200米（500英尺）的低空飛行，大陸的雷達設施就會開啟，偵察機上的那十幾條形狀各異的天線，就會測錄到雷達的電子信息，下次再進去便可作電子干擾，使大陸雷達形同虛設。

每次任務都是由西方公司直接下達，包括航線、任務重點。黑蝙蝠還有自己的任務——投下數百磅反共宣傳的心戰文告、傳單、號召起義來歸證、日用品、食物包、米袋、救災口糧、流動糧票、

收音機、玩具和報紙，以及給邊遠地區的反共游擊隊的武器給養，甚至——人。

這些穿著列寧裝的特務，在飛機即將起飛時才在跑道上出現，只坐後艙不跟任何人交流。鄒立徐還記得自己載過的一名特務，到了目的地他先將武器空投，在跳傘前回頭一揮手：南京見！

赤幕之內，是這些年輕人朝思暮想的老家。

作為機頭領航員，鄒立徐總是坐在飛機透明的前端。經過東北三省時，俯視蒼莽大地，鄒哼起〈松花江上〉。有一次，為了閃避解放軍的探照燈，他們幾乎貼地飛行，把某公社的群眾大會驚散。航線也會在成都平原邊上掃過，此時他離地只有一、兩百米。想家，那時候，想——有什麼用？

一次任務中，輪休的飛行員李德風，戴耳機聽大陸廣播，不留神，突然響起正在工作的飛行員戴樹清父親的聲音，讓樹清我兒不要做背叛祖國的事。李趕緊接替了戴的工作，讓他聽著策反廣播，聊解思親之苦。而更常見的是，每次飛機經過廣東外海，都會聽見這樣的廣播：蔣軍兄弟們……廣州白雲機場的跑道燈還亮著，歡迎你們歸來！毛主席也在北京等著接見你們……。

大陸的情報工作細緻入微。隊員朱震在大陸的父母宣稱他已經死亡，可他剛做爸爸就聽到大陸廣播中祝賀他喜誕麟兒。黑蝙蝠中間流傳著真實的笑話：空投武器和特務到大陸，一般投得非常準——正好投在早有準備的解放軍包圍圈。

夜空秘密戰

當時大陸防空能力還很差。李崇善清晰地記得，黑蝙蝠和黑貓的潛入如何激起兩岸的空中較量，導致大陸的空防能力節節升高。1954年前，台灣每年飛往大陸的飛機約100架次，但未受任何打擊。

1956年是一個里程碑，解放軍能夜間作戰的飛行員成倍增加，並在各種保衛目標和作戰基地的附近，增加了23座蘇製IL-20（伊留申）三座標厘米波引導雷達。這種雷達可以探測高空飛行目標達300公里，有一定抗干擾能力。

　　這年6月22日月圓之夜，一架台方B-17G型機潛入大陸，解放軍米格-17夕在IL-20雷達引導下，在江西廣豐將其擊落。李崇善的老搭檔羅璞就在飛機上；黑蝙蝠機組通常是13到15人，一架飛機失事，意味著十幾人一同赴死。

　　自從1956年幾架飛機被打下來，我們就只在全暗夜進大陸了，李崇善說。這些暗夜進入大陸領空的飛機，改裝和加強後的偵察設備，可以偵察到地面雷達的部署及性能，並能竊聽大陸戰鬥機上的指揮通話。這一戰術變化讓解放軍一度難以應對。

　　前解放軍空軍副司令員林虎的自傳細緻地記錄了兩岸空中情報戰的全程。1957年11月的一個暗夜，一架B-17G低空飛越大陸九省，長達九個多小時的航程，投下傳單、衣服、玩具，解放軍為了截擊曾起飛18架次的飛機，但未能成功打擊。

　　次日凌晨兩點半，聽到總參匯報的總理周恩來指出：蔣機未進入北京上空是不幸中的幸事。上午11點，周總理又指出：蔣機在我境活動十個鐘頭未被擊落，實在有點不太光彩。李崇善就在這個機組，這樣的飛行飛了3次，前兩次完全沒事。李崇善和戰友因此被蔣介石召見數次，蔣詳細地向他詢問了大陸的情況。

　　在數次未能成功截擊黑蝙蝠之後，當年12月18日，毛澤東批示：彭德懷同志，非常必要空軍全力以赴，務殲入侵之敵。解放軍的新一輪技術改造開始。米格機上的機載雷達P-II5性能被改進，抗干擾加強，既適合低空又兼顧中高空作戰。

　　1959年5月29日，解放軍空軍航空兵第18師夜航大隊中隊長蔣哲倫，駕著米格-17II夕，結合地面指揮和機載雷達，前後消耗了足

足177發砲彈，終於擊落了一架B-17G，墜落在廣東恩平。這一提振解放軍士氣的戰功，讓蔣哲倫獲得毛澤東接見，並登上國慶觀禮台。

在這之後，黑蝙蝠較多地改用P2V-7U電子偵察機。這個型號本來是二戰中美國研製的海軍反潛巡邏機，後來拆除了全部機載武器，加裝了電子偵察設備。必要時可以發動加裝的噴射式引擎緊急加速。機上有非常靈敏的偵察系統，半自動化的安全航行系統，對大陸雷達的干擾反制更加有力。於是在長達一年時間內，大陸方面又沒有戰果。

經總參謀部批准，解放軍使用了陸軍和空軍108個砲兵營，18個探照燈連，組成16個炮群，配置在P2V-7U電子偵察機進出口（進出大陸的地點），和主要航路檢查點（向基地報告的地點），長期不斷訓練配合。

憑藉美軍技術，黑蝙蝠已經掌握了大陸主要的雷達位置，經常在薄弱地帶金蟬脫殼而去。然而，台灣優勢正在靜悄悄地失去。終於，瀋陽軍區設伏在大連東北城的高炮群，於1961年11月6日，首次擊落了一架P2V飛機。從探照燈照中飛機到飛機墜地，間隔僅30秒。這一次，總參謀長羅瑞卿親自到現場慰問部隊，並指示就近立碑埋葬P2V的葉霖等機組成員，以便於以後親屬認領。

1963年，空軍殲擊航空兵第24師獨立大隊副大隊長王文禮，單獨駕駛米格-17發炮，在江西臨川縣擊落周以栗P-2V機組。周是鄒立徐的同學，此後，台灣空軍的學校有一所以他命名。

鄒告訴南都記者，他們那一代人，生於戰難，對死亡並不覺得難以接受：軍人便是如此服從命令前赴後繼，我們的幾個隊長都不到40歲。

海軍航空兵組建夜間照明攻擊大隊專為打擊P-2V。群眾獻計獻策，發射照明彈將台方飛機照亮，再以殲擊機對其進行攻擊。

1964年，海航4師飛行員陳根發在山東萊陽城北成功擊落一架海王星（P-2V外號）。這架飛機的任務，據說跟偵測大陸核武發展有關。陳和王因此晉升為少校，並獲得周恩來總理親自接見。

一群中國人拿著蘇製武器，一群中國人拿著美製武器……黑蝙蝠陳列館的志工講解員謝寶緯，如此解釋這一段空中秘戰的歷史。在兩岸的史料照片上，當年那些在黑暗中追擊和躲避、分屬敵對陣營的軍人，都有著相似的英挺面容。

寂寞身後事

海峽夜空激戰之時，新竹和台北的眷村無知無覺。黑蝙蝠們的妻子和家人只知道出秘密任務，卻從不知道親人在哪裡。

在新竹，黑蝙蝠們平時的休閒相當豐富，按照美方的習慣，西方節日都有晚會，還會一起開音樂會、出遊。聚會的時候，蔣經國經常會帶著俄國太太方良來參加，正當盛年的蔣經國玩得很瘋，酒量也不錯。

孩子們記憶中的軍人，更多是他們生活的一面。聯合報系顧問傅依萍，記得父親傅定昌愛聽黑膠唱片，她平生第一支英文歌，就是從那裡學會的。黑蝙蝠的家人們並不知道，正是因為他們任務極端危險，一定要徹底放鬆，必須有娛樂。傅依萍說。

1964年6月13日，黑蝙蝠飛行官葛光遼26歲的妻子，接獲台灣軍方消息：丈夫機組未返航。次日是端午節，葛光遼的兒子葛寧佳當年10歲，還記得那天是奶奶的生日，奶奶原本笑容應客，突然大放悲聲：光遼回不來了！

葛家是空軍世家。父親葛世昌，是中國第一代飛行員，與鄧小平同期赴法留學，早年參與籌建張學良的東北航校。葛光遼去世的時候，三個弟弟還在中小學，而父親已經退休。

不管男人被當成英雄抑或炮灰，妻子們的命運都是一樣的。葛

光達妻子從此沒有再婚，她在孤獨中生活了42年，將兩個孩子撫養大，也陪伴婆婆終老。她不准兒子上空軍子弟小學，她怕我從軍。葛寧佳說，母親從此睡覺從未關過燈。

至1974年12月黑蝙蝠中隊裁撤為止，先後有15架飛機被擊落或意外墜毀，殉職人員達148名，佔全隊2/3。出於保密，沒有追悼、沒有表彰，至今有關資料美國和中國台灣皆未解密。

很多家屬是在陳列館2009年開放之後，發現丈夫、父親曾經也有黑蝙蝠徽章才趕來打聽，謝寶緯說。軍方規定只有直系親屬才能領取撫卹金，有些人單身來台，殉職後不僅大陸家人在政治運動中被牽連，還無法得到撫卹。

沉重的人員損耗之下，34中隊的大陸偵測任務暫告一段落。隨著越戰的升級，美軍不便前往的北越，黑蝙蝠以類似僱傭軍的形式，用民航身份掩護為美軍執行空降、空投以及運輸任務。那時候，中華航空公司剛建立不久，也需要美國援助。一位前台軍軍官告訴南都記者。

20世紀60年代，美國對中國大陸的原子彈實驗很感興趣，不僅黑蝙蝠機身裝置空氣取樣設備監測原子塵，還因此啟動奇龍計劃。

準備了兩年只飛了一次。李崇善說，1969年，他們從泰國起飛，經緬甸、雲南、青海，到甘肅雙城子一帶，空投下自動發射感應器，上面還寫著：中國科學院設備不准移動。但第二年美國已經可以通過衛星作更精確偵測，奇龍計劃不再執行。1971年9月13日，黑蝙蝠突然發現整個大陸沿海的無線電信號一齊靜默——那一天，林彪出逃。

技術發展，局勢變化，黑蝙蝠逐漸走出歷史。

1973年2月，34中隊解除編制。在這一年半以前，恢復中華人民共和國在聯合國的一切合法權利，蔣介石的代表被驅逐；接著美

國總統尼克森訪問中國大陸，毛澤東跟他見面的第一句話是：我們共同的老朋友蔣介石委員長可不贊成我們見面啊。

越海迎亡靈

大陸這邊，文革進入尾聲、撥亂反正、改革開放，中美建交。台灣這邊，蔣經國推出十大建設，全球能源危機之際，台灣的經濟仍然保持增長。

1986年10月7日，蔣經國會見美國《華盛頓郵報》及《新聞周刊》記者一行。會見中，蔣經國告訴訪客：我們準備在制訂國家安全法後解除戒嚴，開放組黨。在場的翻譯、後來的台灣地區領導人馬英九，曾無數次回憶那個時刻，我們正在改寫台灣歷史。而現場記錄的是蔣經國的貼身侍從武官葛光越——葛光遼的六弟，後來的空軍副總司令和現任國安會副秘書長。

1987年，台灣開放赴大陸探親，而大陸方面對此表示歡迎，並保證來去自由，盡力提供方便。而黑蝙蝠的遺屬們，開始尋找親人埋骨之處。

傅依萍是最早尋回父親遺骨的幸運者。1959年，她父親傅定昌所在機組墜落廣東恩平，她才6歲，此後33年再無父親任何消息。

1992年，她在一本軍事雜誌上得知父親機組的下落，並以自己任主流媒體副總編輯的優勢以專題報導，找齊了全機組在台家屬。這年年底，14家家屬一同奔赴恩平。

在大陸較高層級的指示下，恩平政協聯誼會會長關中人全力協助，尋找、挖掘和火化，我覺得溫暖，一切都很順利。傅依萍念念不忘關的幫助。關中人後來撰文，解釋自己細緻協助家屬的動機：我的興趣並不在於為個人積陰德，而是為從根本上消除產生這種歷史悲劇的根源創造條件。

這是兩岸展開交流以來，台灣空軍人員由大陸集體歸葬的先

例。現在，機組成員合葬在台北近郊碧潭空軍公墓一個全長4.8米的大墓穴。

1989年，葛光遼三弟、前戰鬥機飛行員葛光豫已經退伍，他迫不及待地前往大陸，尋找大哥的下落。他甚至請朋友訪問當年打下葛光遼機組的陳根發，打聽戰鬥細節和大致墜機地點。

我在空軍，有十餘年時間常飛在東山和泉州沿海之間，每次都希望有機會打下米格機。我們這一代對大陸的認識是——三反五反、紅衛兵、文化大革命等等，有太多遺憾的事實。葛光豫跟南都記者坦言。

然而，當他回到大陸，冷戰心態已然變化：大陸今天已有太多走向現代化的改革，是我願意見到的。（因此）兩岸開放後，我想向陳根發打聽信息時，心裡已沒有任何敵意。

終於，那年9月30日，秋意已濃，葛光豫來到山東棲霞市官道鄉姜家村。一位老農領著他走過一片高粱地，來到一條河溝邊。老農指著一方隆起的土丘說：就是這！

葛光豫捧撫黃土，想著大哥已經葬身荒郊25年了。但因為無法聯繫其他家屬，他不能遷靈只能照相錄影，與妻子祭拜而去。直到2006年去世時，葛光遼妻子從不相信三叔（葛光豫）說的是真的。

葛光遼失事後，台灣軍方來收集過葛光遼的生前筆跡，說要拿去對比——有人在加拿大航展看見葛光遼在中共代表團中。葛母此後夜夜收聽大陸廣播直到過世。

兒時父親面容遙遠，但葛寧佳仍希望親自迎回父親的靈骨：我只想知道，他摔下來的時候，死前一刻中是在什麼樣的一個場景裡，我想看到。

2007年，台灣公務人員赴陸規定鬆綁，葛寧佳決定趁著奧運年親自去找父親的埋骨之地。2008年早春，國民黨贏回大選，兩岸交流可望回復正常。軍方找到他簽署同意尋回父親遺骨的文件，並告

訴他很快能做到。

合作尋遺骸

2010年3月，台灣立法委員林郁方在立法院總質詢時建議，台灣當局應該通過兩岸兩會機制，尋找1949年後陣亡在大陸的黑蝙蝠遺骸。林郁方表示，因為軍方不方便與大陸接觸，因此請託他來敦促完成。

他指出，可以藉鑑美國與大陸簽訂合作備忘錄，尋找朝鮮戰爭期間墜落大陸的美軍遺骸的方式，大陸提供檔案資料與人力支援、台方出資。

他希望利用兩會模式進行類似合作。而台灣軍方也正式書面提出，要通過兩岸機制，讓冷戰期間的犧牲者歸葬入祠（台北忠烈祠）。

這件事要有公家力量才能做得比較好。林郁方告訴南都記者，2009年底，他寫信向海基會董事長江丙坤請託。可是結果不甚樂觀。

江丙坤的回信提到，大陸海協會協查後表示，掉在遼東的碧流河以東、永寧屯以北300米處的葉霖機組，已因地貌變化無從尋覓；而被掩埋在棲霞市官道鎮駝山村和姜家莊村交界處的葛光遼所在機組，因年代久遠失去蹤跡。當地政府為安慰家屬，在附近修築了一座墓，但沒有遺骨、遺物。

葛光豫不能接受這個回覆。他請南都刊登當年與老農的合影，希望能找到那位應已年邁的知情者。

林郁方表示，在現在的兩岸情勢下，面對這段歷史，大家還是回歸人道主義比較好；人道應該是高於政治。

戰爭，已經是太遙遠的記憶了。

黑蝙蝠的老長官衣復恩退役後辦實業，並回到大陸各地投資並捐資興學。衣復恩為倖存的黑蝙蝠、黑貓弟兄們，帶回20本林虎的回憶錄。陳列館籌備時，李崇善根據台灣軍方的記錄，對照林虎回憶錄，仔細整理兩岸每一次暗夜交鋒的戰術過程。他的書，真實、正直、有道理，我要向他致意。

林虎回憶錄有一段落，描述大陸尚德贊烈士在追擊黑蝙蝠的P-2V時，因P-2V突然在嵩山躍升峰頂逃逸而去，導致尚德贊機組撞擊山峰壯烈捐軀。在書中犧牲機組人員的名字下面，那架P-2V的正駕駛戴樹清畫上了橫線，並寫上三個字：對不起。

走出對抗，兩岸有了共同的記憶。

父親的同窗好友高志航，在1937年抗日殉國，是國民黨的空軍之神。2002年，高志航烈士紀念館在中國人民解放軍空軍等單位主持下開幕。一位台灣前軍方人士說：大陸有了自信，才會正視這段歷史。

從台灣中科院退休後的李崇善，任職民間核能科技協進會的董事，他們定期組織兩岸的大學生，舉辦關於核能民用化的交流營。

傅依萍的兒子胡又天，來到北大攻讀中國近現代史碩士。這個年輕的歷史學人，對黑蝙蝠歷史做過一番研究，他在郵件中對南都記者說：

> 從民族主義的角度來看，黑蝙蝠、黑貓與西方公司是在配合外人對付自己同族的同胞，並不光彩；但從意識形態來看，這是自由世界與共產世界之爭……
>
> 這群烈士是對得起國家民族，以及自由世界大旗的，只

是那些旗子本身有問題。這就是所謂歷史的局限，現在也一樣……所以我對自己和同胞的期望是，如果大環境、主流思想什麼的有問題的話，能看透它，盡量不被它綁住；慎思明辨，再去選擇你要從事的理想或事業。

也有人在台灣報刊上撰文說，這些大陸籍台方軍人，台灣和大陸，哪個是家？對這個問題，葛光豫對本報記者說：如果能在我哥他們的殉職地點，立一個永久紀念碑，比移往台灣較有意義。我10歲自大陸去台灣，對大陸有記憶和感情；我雖然住美國20年，但是在台灣成長的，我愛台灣。我相信無論何種形式，中國人終究會走到一塊。

那風雨飄搖的新竹風城迴盪著前一夜的隆隆機聲，那歷盡風霜的空軍眷村，哭訴著再不回的失事良人。嘆只嘆那風雲的變化，把多少生靈悉付戰爭。泣別以往乘風的容顏，孤兒寡母旁徨離去另覓生存。那高空的風流，總無情莫測翻覆著下界的雲雨微塵。那鐵血勳章的風光背後是斑駁不可睹的民族傷痕。為只為那鋒面的膠著，讓多少生命作了犧牲。何等悲謬！隨風的忠貞菁英隊伍繼續無悔賣命外人，黑夜蝙蝠出沒在冷戰的年代，前仆又後繼維繫中美的依賴。

赤空碧血，豈只是徵人與妻兒。
忠烈的英魂，你們是歷史的悲哀。
那滄桑的風景，他總在變更幻化著多少人事恩怨浮沉。
那歸葬異鄉的風骨灰塵，又當得幾首輓歌多少銘文。
問只問那風中的蒼生，有多少能夠超越此身。
像那幾度臨風的側影，將起飛時那蕭瑟而又堅忍。

也談何容老師

　　日前拜讀陳定閣先生大文〈我與何容老師〉，也想說點我與何容老師也有一點緣分。我不是何容的學生，未曾追隨他工作過，更沒有和他談過話，對我他是老師長輩級。雖然見過他無數次，卻僅僅是向他鞠躬而已。

　　民國三十七年（1948）初，我隨父母自南京到台北，進台北南海路的國語實驗小學，讀六年級，第三屆。

　　那年前一班畢業典禮在大禮堂舉行時，一人上台講話。印象那人約四十餘歲，矮胖，穿著灰色西裝，說一口北平話。他一開始說：「各位小朋友，各位老朋友，大家好！」親切溫馨的語調，別開生面的開場白，引起大家轟然大笑。我班級任老師張書玲對我們說他是「國語推行委員會」主任何容。

　　推行委員會就在我們學校馬路對面的植物園裡面。我們中午常帶著便當去植物園裡吃飯，委員會的房舍十分熟悉，但未進去過。

　　學校是推行國語教學實驗場地，推行委員會和學校關係自然密切，就常見何容主任來學校。每見他來都是跨越操場，走去校長室，我們見到他都向他鞠躬，他微笑說：「孩子們好！」或「你們好！」他那幾句簡單親切特殊的話雖然過去六十餘年了，卻一直記得。

　　台灣光復後加強推行國語，我進校雖是高年級，也得先分到第四組，從注音符號學起，經幾番考試，升到第一組時便算學成了。

我不是北京人，幼年住過北京。後來雖然是注音班「科班出身」，但永遠學不到京片子那捲舌撥簧的音調，用詞微妙貼切，罵人但又不傷人的俚語。我喜歡聽北京人說話。

　　幾十年後電腦問世，我仍然能用電腦小鍵盤，以注音符號打字，為文時行雲流水，一氣呵成，讓許多不會注音的人羨慕煞，受人讚揚時我總是愛說「我是國語實驗小學畢業的」。

2009年於洛杉磯

讀才女林徽因想起一些瑣事

　　近日讀到文情並茂的〈才女林徽因與與空軍的軼事〉一文，引起我回憶認識梁從誡的事。

　　梁從誡是梁思成、林徽因夫婦的兒子。他母親林徽因是民國早期著名才女，外交官林長民的女兒。父親梁思成是清末戊戌政變領袖之一梁啟超的兒子，家世不凡。

　　1913年諾貝爾文學得主、印度詩人泰戈爾訪問中國時，林徽因陪伴並擔任翻譯。她的詩文很多，高雅別緻。有一首寫道：「你是一樹一樹的花開，你是燕在樑間呢喃，你是愛，是暖，你是人間四月天」。中國人間四月天電視劇寫他們故事。

　　林徽因戀愛過三個人，徐志摩，金岳霖，梁思成。最後和梁思成留學美國時結婚。後來徐志摩墜機。金岳霖則終身未婚，但仍是他們家多年摯友。當時有人寫道：「情人當若金岳霖，女子當若林徽因，心中裝滿千般愛，灑向人間都是真」。那時代的才子佳人多是絕清明潔，開明自持。冰心說「林徽因俏，陸小曼不俏」。

　　林徽因也是位建築學家，她和梁思成1924年同時赴美，先學美術，後在後賓州大學同讀建築。

　　林思成是中國古建築學家，為調查中國古建築物，他們同跑過中國十五省，二百多個縣城，探尋廟宇建築並繪製圖式，細緻深透，麻省理工學院尚存有一套完整他描繪的中國古建築結構的檔案。

　　民國七十七年八月十四日，台灣聯合報副刊出一篇〈長空

祭〉，驚動許多讀者，作者是在北京的梁從誠先生。

　　林徽因夫婦抗戰時和空軍飛行員有一段患難過往，林徽因的弟弟林恆也是昆明時空軍官校畢業。當時兩岸開放初始，作者梁從誠自大陸投稿台灣，而刊登之日，正是中華民國空軍抗日勝利紀念日的空軍節，別具意義。

　　從誠先生文中說，抗戰中期隨父母避難逃到昆明，在雲南晃縣一所小旅館中遇見一批大約二十人，由杭州筧橋撤退去昆明的空軍官校第七期飛行學生。

　　當時林徽因得病發燒，學生熱心騰出房間供她休養。為等待車輛，在小旅館中他們同住了兩個星期，林家和這些離鄉背景的年輕飛行學生在半途荒街認識，建立了溫暖的感情。其中有七位與他們日後保持來往，如同家人。這些人裡有林耀、陳桂民、葉鵬飛等。後來七位在昆明官校畢業後的學生，參加了作戰，都先後都在空中壯烈犧牲。

　　抗戰時，空軍原在杭州筧橋的中央行航空學校，後來遷移到昆明巫家壩機場，改校名為空軍軍官學校，延用至今。第七期以後多期的學生都是在那裡畢業，離校後飛向戰場殺敵。

　　那時我家也由洛陽遷到昆明，住在土橋村，座落巫家壩機場附近，每日看見黃色翅膀PT-17教練機起降。家父當時是飛行教官，我每日下午坐在土牆窗台上，等待他騎著腳踏車由田間小路回來。

　　從誠先生談到在昆明一些和空軍交往的事，他說官校十期學生畢業典禮時，因無一學生家屬能前來參加，他父親梁思成代表了家屬在典禮上講話。我記得那天亦隨父親去參加了那次盛況。

　　因讀到〈長空祭〉，我和從誠先生通過幾次書信，一次他來信說想知道一些有關他舅舅林恆的事，尤其是他是如何犧牲的；林恆是一次空戰中被日機擊落殉職。他請我打聽在台灣空軍圈裡的人。我找到住台北他舅舅十期同學的臧錫蘭將軍。

臧將軍是我在官校時高級（T-33）組長，我畢業後到台南聯隊，他是聯隊長。將軍約我一週後的一個星期天去他府上。意想不到，三日後將軍突然過世。

臧將軍在部隊時對我們飛行員非常親切，遇到時都會停步和我們談話。傳說他以前作戰受過傷，每在陰雨天時牙根會發痛，往往情緒不佳，遇事會對周邊的部屬發脾氣。抗戰時他擊落一架咬住一位美國飛虎隊飛行員的日本飛機，解救了那飛行員，當時在歐洲戰場的無線電廣播了這件佳話。臧將軍有擊落七架日本飛機的紀錄。

1989年兩岸開放後次年，我前往大陸探親，信告從誠先生將去北京拜訪他。

我先到天津，碰巧讀見到當地報上刊登「梁從誠接受審查」的新聞，他當時是在一基金會任職。我初到大陸，心理存在一些敏感，認為「審查」是不尋常的事，經親戚的勸阻，我放棄拜訪。

梁從誠母親林徽因肺病去世，年僅五十一歲。梁思成文革時以反革命權威罪名被鬥，下放死在鄉間。連同母親墓地都遭到破壞鏟除。他說，我父母親的屍骨從未找到。

梁思成先生已於2010年過世。我對他的爽約，因而未曾見過面，引為遺憾。

2012年於洛杉磯

又是空軍子弟小學年會

　　在洛杉磯每年八月裡空軍節前後，空軍子弟小學必有盛大聚會，行之有年。

　　同學來自各地，除各州外，也有來自台灣。一位自紐西蘭來的同學說她刻意排八月來美，想著要和分別多年同學會面。

　　記得2007年那次年會，參加的人數達七百人。座談會上，同學見面高興，各人自由發表感想。一位同學起立正在說話時，後排一人突然插話。

　　「對不起，我很興奮。請問你是不是民國三十六年時讀過南京，位在八府塘的子小？」

　　回答說是，又問：「你的小名是不是叫胖狗？」回答也說是。問的人的說：「我們同班啊，我記得你。」

　　一位老太太站起來，從大陸來，是朋友帶她來參加年會。

　　她丈夫以前在大陸時是空運飛機上的機械士，她隨丈夫孩子住過瀋陽、北京等許多地方。後來母親生病，她就帶回兩個孩子去河南洛陽老家。丈夫每一兩個月都會來洛陽，工作忙時也有信來。後來聽說丈夫飛機失事，人不在了，60來年無任何消息，無從打聽。她說很想知道他丈夫是哪年哪月，在什麼地方殉職逝世的。大家聽後為之動容。在場有人說空軍資料完整，容易查到。

　　空軍是天馬行空軍種。大陸時期，人員工作南南北北調離，移動頻繁。搬家遷居，飛機雖然方便，但子女讀書成一問題。

對日抗戰後期，空軍主要基地是重慶、成都、昆明等地，最南到海南島等地，在各地成立子弟小學。

首先是民國三十七年，在昆明巫家壩機場附近的五里多村莊，創立了粹剛小學，由抗日劉粹剛烈士夫人任校長，我在那裡開始讀書上小學一年級。此後各地紛紛成立學校，定名「空軍子弟小學」。在成都一地就設有六所小學，包括幼稚園。空軍當時口號是凡駐地人員子女數量夠三十六人，便設立學校，由空軍支援經費。

來台灣後，南北各地都有子弟小學，並在東港創立至公中學，空軍重視子女教育，令人感恩。

空軍是一溫馨的大家庭。洛杉磯的王太太說她的故事：民國三十八年大陸局勢逆轉，在濟南機場，當時駐防的中隊長午餐時，一名衛兵帶一媽媽和三個孩子前來。隊長問那媽媽，先生是何單位，有何事。她說我先生是十七期某某人，已殉職，我是遺眷，火車擠不上，我要帶孩子去廣州會我公婆。

話聲未了，隊長站起來高聲問道：「在座有沒有十七期的同學？」一飛行員說沒有，一人說我是是十八期。中隊長又問，今天有沒有飛機去廣州？另一人說我明天飛廣州。中隊長說，你負責照顧他們母子吃住，對另一人說你安排他們明天去廣州。

可見空軍之溫情。

2013年於洛杉磯

我認識的王錫爵

　　十九年前，民國七十五年五月三日，華航機長王錫爵由曼谷起飛，經香港落地後，再起飛返台北時，將沒有載客的747貨機飛到大陸廣州白雲機降落，成為世界新聞，在台灣造成轟動。

　　在空軍圈裡引起莫大疑慮。王錫爵叛逃，無人相信；被劫機，那飛機上僅有三個人，況且副機長又是同學，更不可能。

　　事件發生第二日清晨，我早班派飛新加坡。離開前尚未見到當天報紙，想急於知道真相，便和台北航管朋友約定發電報給我們。電文中「A」表示王錫爵被劫持，「B」表示是投誠過去。數小時後接獲電報說：「請按B計劃飛行」。全機組員驚愕。

　　我認識王錫爵較早，是在民國四十一年左右。他和家兄光遼在成都空軍幼年學校、杭州空軍校官、遷到台灣，後在岡山空軍校官先後同學十餘年，民國四十年在岡山校官雖不是同一期，但兩期同日畢業（二十九期與三十期）。

　　他畢業初曾經來過我台北家中多次，和我家人相識。他父母沒有來台灣。我當時是高中學生，和他認識（請見下文〈我認識的王兆湘烈士〉一文）。再度和他見面，是多年後的民國六十一年。

　　那次我是在空軍，被派到馬尼拉的菲律賓三軍大學受訓。十二月聖誕節前學校放假回台灣。那一天駐菲律賓空軍武官蔣天恩上校送我到機場，機場遇見飛台北華航機長王錫爵。

　　蔣天恩上校當面介紹我說：「這是葛光遼弟弟葛光豫，他在馬尼拉三軍大學，放假回台北。」

這位老大哥我是早已認識的。尤其我那時候在空軍部隊已十餘年，他曾經是空軍飛U-2的英雄，更是知道的。那天我穿空軍中校軍服，胸前配戴飛鷹，都是同行。景仰、禮貌的向他舉手敬禮。

　　原預期他會和我握手，或禮貌寒喧幾句。但是他除了望我一眼外，完全沒有任何表示，使我一時尷尬。他那孤傲的態度令我印象深刻。

　　這世界太小，多年後我自空軍退役轉業華航，再度和王錫爵相遇。那時候他是資深機長，我們不屬同機隊，不同航班飛行，無機會交流。

　　華航每日任務之前，由小巴士到各班組員住家接送到松山航務室集合。我和王錫爵同住台北民生社區，常有機會同車。

　　印象中這位老大哥每上車就直往前排，坐在為資深機長保留的位子，從未曾見他和同事主動打過招呼。

　　王錫爵原在空軍飛高空U-2偵察機，多次完成飛大陸艱鉅任務，曾經被蔣公先後召見過三次，是知名英雄人物。後來不知道他在空軍做到什麼官銜職務退役，但是他在華航似不如意。

　　我初入華航聽航行課時，課上知道他一次飛夏威夷中途飛行迷航，在汪洋大海中不知身在何處，油量幾乎耗盡，幸虧夏威夷美國防空雷達上發現疑是不明機，戰鬥機起飛攔截後，引導到夏威夷機場安全降落。在台協會還給了台灣備忘錄。

　　把載有數百名乘客的民航飛機飛成迷航是極嚴重的事件，但他並未因此被停飛，也未取消機長資格，大概他是特殊人物的關係。可是後來他服務年資已達升任教師級資格時，但卻未被提升。

　　華航習慣組員飛行外站，用餐多是各人自行料理。據說在他飛去大陸廣州的前幾日，他飛曼谷航班，落地後，王機長要全體組員，含二十餘位空服，同到一海鮮店晚餐。

有空姐們回憶說，那天吃飯時王機長情緒不佳，談到未讓他晉升教師級的事生氣，還摔了筷子。這是他飛去大陸後傳出來的故事。

　　今（民103）年四月有記者在北京訪問他的報導，說他當年飛去大陸，是因為「懷念大陸的父親」。

　　民國三十八年有兩百萬人由大陸撤離到了台灣，其中不知有多少人的父母家人留在大陸。王錫爵會捨棄家人、同袍長官、更否定自己對台灣的過去，在那時候兩岸尚在敵對局面下投奔大陸，是為了回大陸跟父親團聚，堪稱「大孝」。

2014年於洛杉磯

我認識的王兆湘烈士

近拜讀中空月刊八八七期〈殉國57周年的王兆湘烈士〉大文，了解王烈士更多的事跡。我和烈士認識較早，雖事隔近六十年，記憶猶新。

王兆湘和我家大哥光遼在抗戰後期，同時進入四川成都的空軍幼年學校，同是第三期，六年後升學到杭州筧橋的空軍官校學習飛行。民國三十八年三月遷校到台灣岡山，在四十年九月一日校慶日那天畢業。

他們畢業時年紀都約在二十一歲左右，隨校來台後不到一年，大陸淪陷，許多人父母沒有到台灣來，王兆湘是其中一位。

那些年我家住台北，在北部桃園、新竹基地幼校同學常來我家，也有遠自台南、屏東來的。他們那時年輕尚無社會關係，也沒有女朋友。當時空軍規定結婚年齡是二十六歲。

每遇服務在嘉義的大哥休假回來，同學來聚的人較多。他們自幼年學校十二歲年紀建立起的情感，十分深厚。我那時在讀高中，和這些同學們熟悉。他們叫我老三，我是家中排行第三。

每遇有同學來，我母親特別高興。記憶中王兆湘個子不算高，文靜有禮，說的四川話清脆，遇母親包餃子或做麵食招待他們時，他常會在一旁和她談話。母親常喜歡問他們「來台灣時候你父母在大陸那裡？」或「家裡有哥幾個？」哥幾個是我家鄉話，是問家中有幾個兄弟。母親常說這些孩子可憐，自幼都不在父母身邊，當他們有如子女。

母親對飛行人危險的事業，感觸體會深刻，血淚故事經歷很多。記得民國三十年在昆明，一位官校六期飛行員楊明標常來我家，他是印尼回國投效空軍的華僑青年，也是父親帶飛過的學生，後來他娶了父親同鄉的女兒，所以與我家稔熟。

　　一天楊明標突然飛行失事，母親聽到時，手中盤子鬆掉掉到地上，痛哭。王兆湘在民國四十六年在韓國迫降殉職時，母親傷心可以想像。

　　另一位二十九期同學郎韻瑞，河南人。曾於民國四十二年首先選派赴美國接受飛噴射機訓練，非常優秀。他父親為保定軍校畢業，在大陸洛陽時是父親好友，後來早故。郎韻瑞在台灣每次到我家見到我父母時必定鞠躬，喊說：「爸媽好！」

　　郎韻瑞美國回來後在台南基地服務。台南機場位於岡山機場北面，僅距離三哩，是飛行頻繁地區。

　　民國四十七年，一次郎韻瑞駕F-84機，在台南機場南邊，反翻身轉向北面預備降落。同時間，另一架岡山官校四十期學生劉豫飛的T-33教練機，也正向南面轉彎降落。不幸二機在同位置，同高度，同時間相反方轉彎，未互相看見，發生相撞失事。

　　我那時在岡山官校，不久即將畢業，因發生郎韻瑞失事，母親曾託人來學校面告說：「能不飛就不要飛了吧。」

　　過去曾見過王兆湘身穿一件舊大衣，站在一處鄉村房子前的一張照片。不解這張照片由來。細看畫面中他那身打扮不像似在成都幼校，也非在杭州官校，想不出是何時拍攝的，一直狐疑。今讀高興華先生大文，方知道那是王兆湘一次在後龍海邊迫降由水中被救起，換穿一件陸軍兄弟臨時借用的禦寒大衣時拍的。

2014年於洛杉磯

我迫降落那小跑道上

　　一般噴射機跑道長度為一萬二千英呎，我一次意外迫降在澎湖一條僅三千英呎，叫做武德機場的舊跑道上。

　　民國五十四年三月裡一次午後，我們依列四架軍刀機（F-86F）飛去大陸沿海做偵巡任務。台南起飛到東山右轉，沿海岸到廈門稍北的泉州回航。我是中尉資淺隊員，飛四號機，當時領隊長機是隊長。

　　一般隊形有密集、疏開和戰鬥隊形三種。但是四號機是飛在編隊最後面，為保持隊形，四號機須不停的加減油門調整速度，所以編隊中耗油最多。任務完成回航台南基地途中，長機照例要求各機依次報出剩餘油量。我報的油量數字過少，長機懷疑，說再報一次，我再報出，他無線電中說「怎麼這樣少！」

　　他命三號機飛近我機旁檢查，發現飛機右側減速板張開一半。造成我一直在使用大油門跟隊，消耗較多油量，我一直沒有發覺。

　　距離台南約六十浬時，我飛機已是較低油量情況，剩餘油量雖然勉夠回航，但不安全，心理感到不安。在飛經澎湖附近時見下方一條跑道，那不是一條噴射機用的長跑道。這時候我飛機低油量亮燈警告。

　　我不願低油量不安全情況下飛回台南，我向領隊報告說我迫降下面跑道，他也了解我情況，同意後我立刻離開編隊下降，他們繼續飛往台南。

　　我要降落的跑道是叫武德機場，位於澎湖西南方一個較大的離

島上，島上有一條日本人二次大戰時留下的一條三千英呎螺旋槳飛機使用的短跑道。我當時飛機油量雖然很少，重量低，觸地後仍幾乎衝到跑道盡頭才把飛機煞住。

落地後立刻就地關閉發動機。那跑道雖是水泥道面，但面上佈滿碎石外物。噴射機運轉時吸力極強，進氣道容易進入外物（Foreign Object Danage），擊損發動機。

一位華航分公司經理騎摩托車過來，我向他說明情況，須要幫忙。當年尚無手機，他騎車回去，不久一輛卡車載來十多位阿兵哥，把我飛機由跑道北面推到塔台停機坪前面。

以當時對岸雷達對台灣搜索能力，是得看見我降落那機場的，很可能來飛機破壞，那時候我不認為機場有足夠防空武力。以前有我空軍A-6飛機叛逃降落大陸海邊，被我空軍派機飛去擊毀的事。

機場找來的許多備用風向袋的布料，把飛機偽裝遮蓋起來，並請陸軍武裝士兵看守。這些都是那位華航駐地經理處理的。他原是空軍退役的老大哥。

天色已傍晚。經理開車送我到馬公鎮，請我晚餐後又為我購買洗漱用品，安排旅館，並代付了費用。

第二天清晨回到機場，想到飛回去的油料須由台南機基地運來。但是難題是跑道面有許多石塊、石子，發動機不可起動，而且起飛時必須要加大油門，發動機吸引力更強，極不妥當。

經那華航經理聯絡後，一位陸軍駐軍連長率領一伙多位阿兵哥來到。那些年輕小兵雖受過嚴格打仗訓練，卻未做過揀石頭任務。我向他們說明一粒彈珠大的石子吸入進氣道，會擊壞發動機渦輪葉片的危害，他們感到好奇。

在連長指揮下，他們分做前後二排，並著肩，由南端向北步行，在一百二十碼寬的跑道上，展開撿拾碎石雜物的任務，約二個小時後完成。

幾位提著裝有許多石子鐵桶的小兵說：「報告飛機（行）官，全部石頭都清掃了！」那是一個奇特的經驗，令人難忘。

　　約中午，一架空運機飛來。我中隊的作戰長下機來，他笑說：「你真行啊！把飛機落到這個荒郊野地來。」

　　現在的馬公機場，那時候尚未修建。

　　修護人員卸下油料、氣源車。作戰長說由他把我飛機飛回去，他不放心我做短跑道起飛。

　　台南部隊經過重量計算，F-86F機如僅載裝五分之一油量，把機前六挺機槍子彈全部卸下，減低重量，二千五百英呎跑道距離飛機便可以起飛離地。

　　望著作戰長F-86F起飛後，我向陸軍連長、經理老大哥致謝，搭乘飛來的空運機飛離開。

　　四十多年了，當年降落武德機場承那位老大哥的熱心照應，陸軍兄弟們的幫助，解決了一椿意外的困境，終身難忘。

　　有許多事可以記憶很久。遺憾的是那位曾助我的那位身材高大的華航老大哥的大名，現在執筆時卻已記不起來了。僅猶記那位老大哥的夫人，於民國四十年間台灣話劇盛行時，曾經是話劇明星，我也看過她的戲，抱歉也忘記她的芳名。

2014年於洛杉磯

從黃植誠想回台灣說起

　　過去自台灣飛去大陸的飛行員中，徐廷澤、黃天明、黃植誠三人是我較熟悉的。

　　徐廷澤於大陸撤退時期，原是一位陸軍中尉軍官，曾經被中共俘虜，逃脫後歸隊。來台後考進空軍官校畢業，是新竹基地上尉資深飛行官。

　　他在新竹23中隊隊員裡年紀較長，近三十左右，未結婚，被戲稱老光棍，在台無其他親屬，飛行技術良好，一切順利。也許是年齡稍大，平日喜歡獨來獨往，有點個性，不似一些年輕飛行員那樣活躍。

　　1963年三月，我一次去左營參加海空聯合講習班，有來自各基地十多位的飛行軍官，同住海軍招待所，四海一家，徐廷澤是其中一人。

　　課餘後大家常外出去左營遊覽，徐廷澤從未參加。我邀他去看電影，他未去。見他帶有一支氣槍，常獨自出去。

　　不意三個月後的6月2日，他飛F-86F機自新竹飛去大陸。

　　那天上午，他帶一位官校新畢業的隊員做Chease飛行（陪伴新人首次單飛），各人一架，他飛在後面指導。

　　起飛不久，徐廷澤用無線電告訴前面隊員說他飛機故障，需要回航落地。

　　他考慮新隊員初次飛新機，沒經驗，便陪伴飛回機場下降，見他安全降落後，自己拉起機頭轉向西方，飛去大陸。

徐廷澤在飛行中隊不很愉快。他的隊長平時常在集合時當眾批評他，不太給他留面子，明顯隊長是對他這老光棍有成見，這是飛行部隊上少有的情況。

戰鬥機飛行員在空中雖是獨駕飛機，卻是共同作戰，相互支援，憑藉的是「精誠合作」精神，傳統上隊友上下融洽，情感不容有任何瑕疵。

有一次徐廷澤在新竹城裡買皮鞋，因店家無理，羞辱軍人沒錢，引起糾紛，同隊飛行官開卡車前往支援，驚動憲兵隊，事情鬧大。結果隊長非但未安撫，更藉機責難。當時其他隊員多認為處理不妥。

徐廷澤過去曾在大陸被中共俘虜，後逃回國軍部隊，應是一位忠貞份子，結果他捨棄黨國，放棄台灣飛行員的工作與生活環境，相信他個人內心存在某種壓抑和怨恨，應是造成他叛逃的關鍵，促使他奔向當年困苦的大陸。

叛逃事件發生後，那位綽號「門板」的隊長由中校被降為少校，停飛並調差，那是空軍飛行圈子裡的創舉。那位隊長後來離開空軍，轉入華航服務。

1983年我自空軍退役，轉業華航，初到時已是資深飛行人員，但是換飛民航飛機的新進學員。

記得我第一次飛行747訓練由他帶飛，那是一次台北到舊金山的中美航班。

那日飛行見面時我禮貌向他問好，他略為點頭，沒寒暄，面上無表情。途中越過日本轉航美國後，有一長段飛航時間，習慣是組員在座艙裡看報，輕鬆聊天談話時段。

他是教師，我是新進學員，我有意專注檢查做飛行的事，閱讀資料，非必要外不說話，兢兢業業，我的心境是謹慎、緊張的。

他看完報紙後，突然對我說：「聽說你英文很好，在空軍時派

你去過好幾個國家。」我一時不知如何回答。

他拿起飛行航圖，指著一個英文單字「Check」問我是什麼意思。我立刻感覺他是戲弄，或有意羞辱我。我停頓一下回說：「不認識這個字。」他不再說話。當時我心裡說：「當年徐廷澤有你這種長官不叛逃才怪。」

說到黃天明。1998年我到廣東韶關探親。那裡的親戚說認識廣州當地空軍朋友，我一時心血來潮，想打聽對方可認識黃天明。

那空軍回答說黃天明是他長官，也在廣州。我就請能否轉告和黃天明見個面，我說是他台灣老同事，並說已退休，用意是身份不至敏感。

後來那邊回話。黃天明原話說：「好像記得葛光豫這個名字。」「明天上班後再說。」我一週後離開，沒得回應。

黃天明當年官校畢業後調來台南基地與我在九中隊，我們二人住過同一間寢室，同事約有七年時間。他婚後也與我同住在台南飛燕新村眷區。他太太是我東北同鄉，大家較熟。

後來他被調去岡山官校當飛行教官。官校每天僅半日帶飛學生，閒時間多。他喜歡籃球運動和麻將。

黃天明是1969年5月26日自岡山官校，帶著學生朱京蓉飛雙座教練機T-33飛去大陸。

記得他飛去大陸的前一天下午，那是個星期日，他週末回來台南眷區。因為家中臨時斷水，他抱著兒子，提一個水桶到我家院子裡接水，我們一起說笑談事。

如今黃天明說好像記得我名字，是言不由衷，不想和我見面可以理解。見面談些什麼？況且那時他大陸的身份是兩廣後勤少將副司令，又是人大代表。

但是我個人認為他降落大陸是誤飛過去的。

T-33型飛機可機攜帶油量813加侖，可飛行約三小時以上，帶飛學生規定飛行時間一次為一小時左右。那天朱京蓉飛在前座主飛，教官黃天明在後座陪伴指導。

　　黃天明大概是疲倦而睡著了，醒來時發現超過時間，無經驗的學生在雲霧中已誤飛到了大陸廣東地區，回航台灣油量不足，結果迫降在一小河沙灘上。

　　他若有意飛去大陸，起飛後向西，飛20分鐘就可到達大陸海岸，而且有多個機場可以選擇，豈會造成沒油迫降沙灘上？

　　林毅夫是政治大學畢業從軍，為個人理想，在金門前線游泳叛逃過去。林毅夫個人資質優秀，經過大陸培養，現在是世界級聞名的經濟學人。近年來台灣新聞多次報導在大陸的林毅夫想回台灣掃墓。

　　然而在1981年飛過去大陸的飛行員黃植誠，近來也公開表態說，林毅夫可回台灣，他也就可以。

　　黃植誠1981年飛去大陸時，賭債纏身，前行政院長報紙上說他欠債二百五十萬。飛去時還強迫一位同機的中尉飛行官許秋麟過去。幸許秋麟那日於接近大陸沿海時自前座跳傘逃離，被我方漁船救回。

　　身為軍人，叛逃時駕著一架國家價值千萬的飛機「帶槍投靠」，叛意深邃。尤其還脅迫一位有父母家人的隊友前往，喪失武德至極。

　　事隔三十餘年後，黃植誠未甘寂寞，網路上穿著軍服頻頻出現。新聞說他已少將階級退役，要搞民航學校，吸收兩岸青年飛行。

　　黃植誠還大動作把台灣舊識的退役將校改稱為「中國台灣人士」，自聘為航空事業的民航學校顧問，來促進祖國的文化認同。近日又表示對「馬習會」很有期待，兩岸領導人會面越快越好。

基於尊重兩岸政治理念，促進和諧，政府可以接受林毅夫等人返鄉掃墓。但是若黃植誠回台恐有困難：當年因他叛逃大陸後使得多人被停飛丟差，脅迫同機人叛逃，跳傘幾乎喪命，是刑法犯罪。再說虧欠賭債，道上兄弟能罷手嗎？

　　黃植誠大概自以為是能「手拿著饅頭，白糖、紅糖隨意蘸啊！」。

2014年於洛杉磯

和台南基地有緣

一、五號營房

　　五十餘年前，我們空官校四十四位同學畢業後，分發到台南基地第一戰轟機大隊。所謂戰轟機是指戰鬥機除空中作戰外，可以攜帶炸彈，有轟炸能力。

　　空軍過去擁有多型二戰螺旋槳式轟炸機，至民國五十三年新竹34隊還保持最後一架B-25輕轟炸機，當作交通機來使用，其他B-24及英國蚊式機等都在換裝後汰除。

　　民國四十八年到台南。六個月F-86F（軍刀機）戰備訓練後，又再分派到其他基地。我和其他五位同學留在台南。初到隊時是准尉見習官，半年後掛上一條槓，晉升少尉。我時年二十一歲。

　　我們第三、九兩隊同住在五號營房。那是一棟以前日本飛行員住過的紅磚瓦房，十分堅固，共有約四十餘個房間。部隊長住在左側邊，少尉到上尉隊員二人合住一間，住右邊，房內空間寬敞。

　　房門外面掛有名牌，方便值日官清晨到床邊喚醒任務人員起床時，不至弄錯。因同室的人早晚任務不同，為不干擾他人，寢室非常安靜。

　　五號營房前面是一個籃球場，跨越球場對面是一號營房區。那邊房舍較高級。前面是俱樂部和餐廳，後段是寢室，聯隊部的長官及第一中隊人員住在那裡。

　　球場是我們休閒活動區，最初僅有一個球場，十分簡陋，周邊

沒有看台坐位，運動後大家圍坐在營房前水泥階梯上。後來修建了游泳池和網球場，運動的人漸漸多了起來。

第一大隊共有一、三、九三個中隊。三個中隊的隊部都在機場停坪旁邊。那是一長排木築房屋，合乎當年的「克難運動」，沒有天花板，夏季很炎熱。每中隊有三個房間：隊長室，作戰室和保險傘室。作戰室較寬大，任務或訓練時按班表時間來作戰室報到，做飛行前提示。如果有多批人員同時提示就容納不了，得在室外面路邊上來講解。

通常每隔十分鐘起飛一批，一般為兩架或四架一組，全天機聲不停。飛行（每中隊飛行員為二十四員）及修護（維護、油料、掛彈等）人員無例假，僅輪流休假，中隊一個月有四、五天，遇有情況時停休。

中隊配有小吉普及中吉普車各一輛。當值日官的人當天不飛行，專門做一些中隊飛行勤務，如全日開車接送任務人員上飛機、落地後接回等。值日官由資淺隊員輪流擔任。

有一次清晨黑夜，值日官送我們去跑道頭防空警戒，半途中突然一個衛兵跳到車前大叫「口令！」車上沒人知道當天的口令。

那個衛兵端著步槍又吼叫一聲。車上分隊長突然大聲回說：「打回大陸！」衛兵聽後立刻收回手上步槍，比手喊說：「通過！」。

分隊長說，小兵們的口令雖然每天不同，但都是早晚常喊，容易記的四個字口號。那天他猜對了。防空警戒任務每日自清晨拂曉開始到終昏，終年如此。

每日口令，是由值日官前一晚去聯隊領取次日任務命令同時帶回，但常忽略。衛兵一向從不攔我們的老型中吉普車，全機場僅有三輛，他們認得。後來有一批日本製的中型車到隊。日本個子雖矮小，但造的那車卻很高，背降落傘帶著裝備上下車極不方便。據說

那些車是日本戰後賠償的車輛。二戰美製中吉普車身寬矮，跨腿上下，不須爬梯。印象中那種車從未發生故障。

二、選去飛U-2

當年張立義是我們的上尉分隊長，喜歡籃球。因為身材高大，兩肩魁偉，打球時滿帶笑容，常常戲弄個子比他矮的人。他講一口四川話，偶而會說幾句南京腔調的普通話，我們笑他。

後來他去飛U-2。記得他離開前幾天打完球休息時，問他什麼時候去，他回答說：「下個星期一去桃園報到。」

他後來在民國五十二年飛大陸任務遭飛彈擊落，跳傘被俘，二十八年後被釋放到香港，開始時台灣不接受他。駐香港美國領事館買了機票送他飛去美國，到達時已為他安排妥了工作。

我再見到他已經是三十多年之後。記得那天自中正機場搭巴士回來，路經民權路時，見一人擺手搭車，一般華航組員巴士不載外人，但是司機卻停了車，開門讓那人上來。

我大叫一聲「張分（隊長）！」他立刻也認出我來，我們緊握著手，非常激動。他那天仍穿著一身大陸農村樣子的衣服，正要去松山華航航務處去會見高義清，他們過去在九中隊時是好友。

張立義約兩年後輾轉回到台灣，經過十分曲折，報導很多。我認為他是一位悲壯、辛酸的英雄。

猶記當年球場上常出現的一位吳載熙，他從不打球，卻是一位常站在球架下看球的觀眾。他有一特點，就是手上常握著一本英文書。問他是看書還是看球，他笑說「眼睛運動啦！」。

吳載熙在一中隊，為人謙和有禮，非常好學。我曾約他去台南市的美國新聞處參觀，他借到喜歡的書常來告訴我。民國五十三年他被選去U-2中隊。

當時U-2是極機密飛機。U-2飛行員不是個人申請，而是徵召，從作戰部隊裡挑選；須有戰鬥機飛行2000架次，或飛行時間至少2000小時，階級少校以上，年齡在二十八歲左右等，吳載熙合乎條件。

他說，在最後才正式告訴他將要成為U-2飛行員，慎重的問他是否願意。同意後去美國阿利桑那州再次接受體檢，然後接受U-2機飛行訓練。稱做「黑貓」是近年的事，過去習慣上都說U-2隊。

吳載熙不幸於民國五十五年U-2飛機故障失事而殉職，痛失英才。這是當年兩位原在台南基地去飛U-2的故事。

三、雷虎小組

台南基地雷虎小組譽滿世界，大家共知。雷虎組員是由三個中隊裡選出。平日照舊負擔部隊各種任務，表演是業餘性質。小組常在下午四點後時段，選空域中飛機少的時候練習編隊。

民國四十八年九月十日下午，我們在球場打球。看見雷虎九機在上空進行上升下降編隊練習，轟隆機聲響亮引人注意。當一次上升轉變換隊形時，最後一架飛機左翼撞擊另外一架右翼，剎時二機分開後翻滾下墜，未見跳傘。

兩位殉職的飛行員都是同期同學，一在一隊，一在九隊。其中黎國華尚未結婚，當時正和岡山一位校長的女兒戀愛中。

四、台南出來一位部長

台南基地後來走出一位國防部長。

李天羽是民國五十五年飛行學校畢業，後到新竹接受F-86F戰備訓練。當時我和其他五位同事前往支援帶飛教官。半年完訓之

後，他分發台南，隨我返九中隊。他由少尉飛行官開始，我們共事數年。之後他調派去清泉崗基地。

他是山東人，但個子不高。記得他在台南過年節時常來眷區我家，和上幼稚園的小女們玩得很好。此後離開四十餘年中未聯繫，亦沒見過面，媒體上卻常睹風采。印象中他儀容端正，禮貌周到，說話時喜歡說Yes sir。

後來他被派去立法院做軍方聯絡員，深獲陳水扁賞識。陳水扁做完總統又連任後，李天羽官運亨通。先後當到空軍總司令、參謀總長、官至國防部長。陳水扁最後還頒贈了他一座青天白日勳章（青天白日勳章於中華民國十八年立法）。如此，李天羽便和曾榮獲青天白日勳章的蔣中正、何應欽、張學良、郝柏村等齊名，天縱英明。惜當年眼拙，未識荊州。

五、再遇嚴師

有一趣味事。民國六十二年七月我自菲律賓三軍大學學習，一年結束回來報到。原出國命令上說歸國後派遣職務是「三軍大學教育職」。

台北空總部那位講四川話的人事官搖著頭說：「現在沒有空缺啊！」要我等。我用四川話和他套交情，說希望調回台南原單位，並告訴他我家住台南。他也說「沒得缺。」

我靈機一動說：「我去岡山官校當飛行教官如何，那裡缺多。」

他想一想後說：「是啊，飛行教官也是教育職！」岡山離台南近，問題解決，皆大歡喜。

那年八月我到岡山空官校T-33高級組報到。到學校那天巧遇我以前的飛行杜教官。他知我要去高級組報到，便熱心陪我同去。

沒料到，高級組長是我們學生時代有名的教官「王老虎」，我

才明白杜教官要陪我的原因。

　　王組長說，來當教官要經過學科和飛行「教官訓練」，需要兩個月時間。他又說：「我看你不會在我這裡長久留下的，你會浪費我們時間」，不太同意接受我。杜教官在一旁幫我說了些好話。

　　上了一週學科後，開始T-33飛行訓練。我在部隊已有四百小時T-33飛行經驗，期待順利完成。官校飛行教官每週帶飛學生五個半天，沒有其他任務，工作輕鬆。

　　記得那天業李容教官帶我飛完第一課落地。有人來機旁說王組長找我去。我心裡納悶。組長辦公室就在停機坪邊上，很明顯組長等著我。

　　王組長給我一張由總部轉來台南聯隊徵調的公函。我看後無地自容，沒說話，也無話可說。組長低聲說：「你去吧。」

　　第二天我去組長辦公室辦理離差。組長自抽屜中取出我的圖章，高高舉起，用了他全力把那圖章丟出門外，說我再也不願看到你。我在停機坪拾起圖章離開。

　　王組長是我學生時飛行AT-6分組的教官之一，但我未曾被他帶飛過。當時他是知名超嚴格、停飛淘汰學生最多的。記得他曾經處罰一位魏同學站立一台壓路機上，並說：「要你永遠記住，再犯這種錯就會沒有命的！」王教官的老虎綽號是前期學長傳遞給我們的。

　　那魏同學後來在一次海空演習攻擊巡洋艦時高度過低，未拉起來。

　　雖然那次回到台南，但也感到愧對老虎教官王組長。杜教官現居加拿大，仍有聯繫。

　　回到台南三年後，我派去駐越南西貢大使館服務，未久越南淪陷亡國，回來後又幸運派回到台南基地，但未再住五號營房。

2013年於洛杉磯

讀〈獨子楊逸民烈士〉一文

　　讀〈郁文綺阿姨與其獨子楊逸民烈士〉一文，不由想起這件不幸的舊事，感慨萬千。

　　逸民是我的同期同學，他原來是空軍通訊學校學生，後來轉入官校飛行。我期同學雖分三批先後入校，都是經過三個階段嚴格訓練後共計四十四人同時畢業。

　　我們是民國四十八年五月自岡山官校畢業。放畢業休假一週後派到台南基地一大隊報到。接受F-86F軍刀機戰備訓練，為期約六個月，完成訓練後加入作戰行列，當時是空軍最低階的准尉見習官，六個月後晉升少尉。

　　一大隊有三個中隊，逸民和我同時分在第九中隊，同住在五號營房。

　　開始訓練飛行前，有一個月的地面學科教育，包括飛機結構及飛行操作等課程。F-86F是單座戰鬥機，初飛時二機一組，由教官飛另一架飛機隨伴指導。

　　記得逸民失事是民國四十八年八月四日的上午。那天課目是穿音速飛行練習，由教官唐毓勤少校帶飛。穿音速飛行是在三萬呎以上高度實施，練習高速轉彎，佔位等交叉動作。

　　飛行中教官發現逸民保持一直線飛行，久不見有轉彎及升降動作，後來機頭漸漸向下，加速俯衝。便趨前趕到他飛機右旁邊貼近，見他俯身低頭。便用無線電呼叫他「楊逸民拉起來！」多次，未見反應，飛機便以高速衝向山區地面。

剛到部隊，因為初次飛單座戰鬥機，操作程序較為複雜，大家心理上難免緊張。進入駕駛艙後有許多檢查及預備項目要做，其中座椅右後方有一氧氣「快卸接頭」，必須和氧氣面罩接上後，方可供給氧氣。

快卸接頭上有四枚滑動鋼珠，對接時極容易，卸下接頭時需用些手力，一般拉扯不會自動脫離。除非遇彈射跳傘離機，有一磅拉力就可扯開。

據當時推測，逸民起飛前可能未接上那氧氣接頭。面罩僅有說話的麥克風，但未提供氧氣。氧氣無味無色，那是難發覺到的。

高空空氣稀薄，座艙內原有氧氣隨之遞減到無。飛行到三萬呎左右若無氧氣供應，飛行員會在一分鐘內昏厥，逸民當時由低空飛到三萬呎那幾分鐘爬升時間裡，呼吸時是依靠地面座艙內少量剩餘的氧氣。一般人正常呼吸約在四千呎以下高度，不需機上供應。

當年美援裝備器材充實，氧氣面罩軟管和接頭品質很結實，不是定期必須更換的器材。至於懷疑說「卻是軍方為撙節經費，未及時更換老舊氧氣面罩軟管」說法並不確實。

我共有十一位同學先後飛行殉職，都是年華正茂未過三十歲。遺憾的是其中有三位是家中獨子。逸民是其中一位。

2013年於洛杉磯

原文照刊如下：

六歲那年，家父病故。連續好幾年的三二九，隨家母遠自雲林縣北港鎮鄉下前往新店碧潭空軍公墓參加春祭。看著山坡上數不清的土饅頭，我從小就立志，有生之年一定要發掘這些土饅頭的故事。

其後進了教養院，漸漸明白少了父親的軍人家庭不在少數，而這些遺孤多屬陸軍官兵眷屬，空軍和海軍極少。多年後因緣際會，意外得悉：一口浙江口音的保母郁文綺阿姨，身世和院生差不多，其先夫立志從軍參加對日抗戰，民國廿六年底即於上海殉難；獨子自空官畢業不久，即於民國四十八年八月四日成了空軍烈士。

　　與郁阿姨談起傷心往事，是在離院很多年之後的事。民國八十年初，得悉郁阿姨住在台北世貿中心基隆路對面的那片眷村後，立即以電話約好前往拜會。彼時，郁阿姨除縐紋加深了些，音容笑貌都停格在年少的記憶中。

　　談起獨子楊逸民駕駛F-86戰機（編號106）失事的往事，老太太的眼角依舊泛著淚光。軍方記載的失事原因，只有「練習飛行，機械故障」等數行文字。但郁阿姨自己打聽出來的，卻是軍方為撙節經費未及時更換老舊氧氣面罩軟管，才造成空官四十一期畢業的獨子楊逸民少尉，於台南縣安定鄉上空昏厥墜毀。

　　近三十年來，在下為追索空軍烈士各自不同的失事原因，碧潭烈士公墓乃成常去「試試手氣」之處，遇上祭掃的遺屬或袍澤故舊，若肯出說出難忘往事就成了當天最大收穫。

　　楊逸民烈士墓位編號為305。殉職之年，距前一年的「金門八二三戰役」爆發還不到一年，空軍部隊密集整訓任務之繁重，可想而知。

　　多年後，與楊烈士同屆的優秀飛官有好幾位都躍居軍中重要骨幹，例如：李伯偉、胡世霖、曹吉祥、黃慶嵩、葛光豫、李作復等。如果，楊烈士能幸運逃過廿四歲的劫數，相信郁阿姨原可母以子貴，安享餘年，不必到教養院忍受咱們這一缸子小毛頭的氣。

　　訪問結束前，隨手為郁阿姨拍了幾張照片。昏黃的孤燈下，但見滿臉風霜的她，悲悽地拿著幾張愛子遺照，欲言又止。

近年，只要去碧潭走走，都會繞到楊烈士的墓位致敬。郁阿姨的悲苦人生，正是頗多老一輩來台外省人的縮影。

依據空軍總司令部印行之《空軍忠烈錄》第二輯所刊內容，楊烈士生前事蹟如下：

> 楊烈士逸民，上海市人，生於中華民國廿四年五月廿日。父湧憲先生，原為建築師，廿六年因滬戰爆發，乃從軍報國，加入駐滬陸軍第七十八師學生教導總隊，從事抗日工作，不久隨營開赴前方作戰，至松江時，遭遇敵機空襲，不幸被炸殉職。
>
> 是時，烈士甫及三歲，成為無父孤兒，隨母郁氏依外祖為生，幼時就讀於英租界小學，迨抗戰勝利，隨外祖遷居南京。三十七年冬共匪擴大叛亂，京滬人心惶惶，乃與母隨同舅氏遷至台灣，僦居嘉義。於四十三年完成高中學業，翌年考入空軍軍官學校第四十一期，至四十八年春畢業。任空軍第一大隊第九中隊少尉三級飛行官。
>
> 烈士性情謙和，敦品勵行，勤學好問，不斷求知，誠一個良好青年。四十八年八月四日，烈士在台灣台南基地，駕機練習飛行，因發動機故障，墜於台南縣屬安定鄉殉職。遺有老母。

飛燕新村舊事

　　台南飛燕新村是空軍機場聯隊最後遲建的眷區。它規模小，距機場遠，居住使用時間短，知道的人少。

　　住飛燕，上下班必須直接穿越市區，沒有其他近路可選。到台南市區北邊界時右轉，爬上一條山坡小路到達一個小山頂，飛燕新村就建在那裡。民國五十二年間聯隊因須增建空勤眷屬住房，覓得這個地方。

　　像一個莊園小山地，以前那舊圍牆內僅有幾處舊磚瓦平房，一座豎立多年的廣播天線鐵架。那裡原是日據台時候軍事廣播營地；二戰時南太平洋地區打擊士氣，令美軍銷魂的「東京玫瑰」的聞名的廣播由那裡發出。

　　多年裡看管那營區的一位羅姓士官長，在民國三十八年隨空軍部隊自大陸撤退到台南時，就被派到那裡，當時方二十多歲。他說這裡雖然是個電台，他到的時候已沒有任何通訊裝備，日本人將所有機器破壞無遺，房舍後來從沒有再使用過。

　　那地方離公路較遠，無市囂車輛經過，附近僅有幾戶農家。是一個很安靜的地方。

　　士官長早些年前不會說閩南話，偶而和附近農民見面時得比手畫腳，但是後來卻娶到一位近村裡的太太。

　　他在營區圍牆外邊，由村民朋友幫助動手搭建簡陋房子成家，生兒育女，一住多年。

　　他笑說：「每月去機場可領到薪餉，眷糧，上面沒有忘記

我」，在這多年像似「蘇武牧羊」。新飛燕眷村完工時，他熱心幫助整理環境。我們遷去後，有了鄰居，他很高興。

當年兩岸關係緊張時，空勤人員擔負任務，同住一起，彼此朝夕相處，這百十餘人的小眷區，如同一個大家庭。

飛燕範圍寬廣，小山頂面積約有二千平方公呎，住那裡的孩子們尤其高興，有高樹可爬，許多野生果樹，芒果、蓮霧等，見樹打一竿，果落滿地。大家喜歡這個眷區，紛紛種植花草，美化環境，經營庭園。

一開始築房僅有兩排，共二十八戶，另外有幾家獨立散戶。當時進住的多是年輕中階級的小家庭，許多孩子都在那裡出生。

基地派一巴士停放待命，供人員緊急集合時使用；週末時送眷屬去城裡採購，暑假常送孩子們去機場游泳。

孩子在那裡出生、成長、就學，但讀到初中時，台南都市計劃，一條省交流道攔腰穿過。民國六十九年眷區拆除，眷屬遷離，飛燕在地面消失。飛燕自初建到拆除，僅約十六年。

飛燕也是一個「地傑人靈」的寶地，除環境美好，居民中人才不少。

有三個在那裡出生的孩子，如今成為民航公司的機長，當時眷屬中還有一位漂亮的台語大明星。多位當年雖都是中上尉低階級小官兒，後來有數位榮昇將軍及駐外武官等，身居要職。

人事滄桑，際遇難料，飛燕村也有遺憾的事。

我的一位同學在一次聖誕節前一天，低空飛行誤撞高壓線，另一位住對門的鄰居，訓練射擊地面靶標時，飛行高度過低失事，都先後不幸殉職。

一個星期日，一位同隊學弟，因家中停水，他抱著兒子，攜帶水桶來我家院子接水，我們喜笑談話。沒料到他第二天飛行迷航，

油盡飛不回來，迫降到大陸海岸一小河沙灘上（請參閱〈從黃植誠想回台灣說起〉一文）。

　　最難忘同村的是一位優秀的學長林將軍。多年後一次率領多位將官專機飛赴嘉義時，意外天氣突變，不幸墜機殉職。林將軍官校畢業時名列前茅，個性開朗，受人敬重。過去空軍部隊裡流行講四川話，他是台南麻豆鄉人，卻能講地道的川話。記得每年中秋時節，他帶領著孩子到每家分送麻豆鄉的柚子。

2014年於洛杉磯

訪筧橋航校到巫家壩機場

　　對日抗戰中，由筧橋航校蘊育訓練的飛行員，以弱抗敵，壯烈犧牲的飛行員有九百三十位，平均年齡未過二十四歲。

　　去年同學會上，提議明年去筧橋舊空軍中央航校一遊。有人懷疑說六十餘年後還能看到些什麼。但仍是拖家帶眷，由兩個兒輩沿途照應下，我們還是去了。

　　今年是我們官校41期畢業五十三週年慶，九月出發大陸旅行。行程雖是北京、蘇州等地，訪問杭州的筧橋航校是主要目的地。

　　現在筧橋航校原址，仍是一個軍區，為能進入參訪，行前曾託人和筧橋方面打過招呼。十日上午一行人到達杭州轉車前往。

　　中國早年軍閥割據，東北、廣東、廣西、雲南各省自有航空學校，都是草創。在抵禦外侮侵略大義下，全國統一，整合武力，政府於民國二十一年十二月在杭州筧橋，以原來航空班為基礎，擴建發展空軍，築大飛行場、建棚廠、房舍、聘請外國顧問及接納國外飛行華僑等，首先成立具有規模的中央航空航學校。

　　筧橋原為一小鎮，始於宋代。民國二十六年七七事變，日本侵華，八月十四日我空軍創六比零擊落日機輝煌戰績，舉國歡騰，這無名的小鎮從此名滿全國，「發揚筧橋精神」也以此由來。

　　我們行前有些疑慮，是可以理解，估計航校經過抗戰、日機多次轟炸、政府遷離歷等，經過六十餘年，原有的舊建築房舍，標誌等應該已不再存在。

　　我幼時住過筧橋，幾乎全無記憶，僅留下一張與父親筧橋的合

影照片，及誌雜上少許不甚清楚的照片。但我認為若能看到一點殘留蹤跡，也可以帶來嚮往的釋念。

到達筧橋軍區航校舊址時，迎面見一組服裝整齊，俊貌體面的年輕軍官，由一位年輕上校主任率領歡迎等候。

先是看到整齊遼闊的四周環境，樹叢高蔭，一片綠意盎然。

參觀當年舊房舍，看到幾處外型獨特建築。首先放眼是在民國二十年建築的二樓房，是當時供軍官及顧問眷屬居住的醒村大樓，原來有四棟，後來因遭受日機炸毀，僅存一棟。現經過修築，維護良好。原地前立有一塊大石，上刻有「醒村」二字。當年取名「醒村」想是喚醒民族之意。在台灣岡山也有眷區名醒村，後改建稱為勵志村。

航校的行政大樓依然還在，外牆呈土黃色，外表修護如新。內部當年原蔣委員長的會客室，內有鑲木地板，花色窗簾及深色沙發，右側有一小吧檯，配放低背高腿椅子二張，是為接待外國顧問時用。另外一間為會議室，設有會議大桌及中式座椅六張，都為木製棗紅深色。

蔣夫人當時是學校的秘書長，她使用單獨會客室。室內佈置西式白色沙發，其他桌椅、檯燈均為古典舊式，鋪有地毯。室內格局雖不寬大，但極精緻高雅。

牆面掛有夫人油畫像一幅，下有西式簽名，畫人認不出來，想定是當年名家手筆。民國建校初期，音樂家劉雪庵為空軍譜有西子姑娘一曲，詞有「柳線搖風曉氣清，頻瀕吹送幾聲，千萬里一朝際會風雲，至高無上是飛行」。蔣夫人對空軍建軍以及對日抗戰貢獻極大。

整體房子經過修飾，據說內部所有色調、擺設都保持原來舊有。這些民國時期修建的房舍保持良好，有重大意義。

軍方在一大廳宴請我們。大廳進口處有歡迎「空軍官校41期校

友蒞臨筧橋」看板。大廳寬大，可容百人以上。主餐桌背景牆面，為一放大「富村山居」國畫，註明該古畫僅為原畫之半幅畫面，另一半真品現存於台灣博物館。具有期望全畫整合完整之意。

主餐桌大可約坐二十餘人。我們客人含眷共計二十一人，分坐二桌。依名牌安排，我等六人被安排坐落在主桌，由航空聯誼會理事長陪同。理事長致歡迎並介紹同他們來自北京飛來的航空聯誼會、台辦、及新聞人員等，我們當場並未介紹來訪退休每位同學，場面略感遺憾。

席間談話，相互以茶代酒互敬。我們以官校41期紀念牌一座致贈。入席不久，一人過來送我照片兩張，原來是官校50期同學會，前於2007年來訪時，有我六弟光越在內的照片。迎客工作準備細膩周到，印象深刻。

告別這次多年想往的筧橋之行，充滿愉快，感受熱情款待，不虛此行。我們於九月十一日返台。

由於抗戰局勢邅轉，筧橋的航校在民國二十七年遷移到雲南昆明巫家壩，改名為空軍軍官學校。當時服務空軍的家父亦隨舉家前往。

我幼年住過昆明五年，有許多回憶。於是在返台北之後，又在十五日由子女陪同前往昆明，試著去看看巫家壩機場和就讀過的空軍粹剛小學。

巫家壩原來四周多是廣大農田，村落散居。機場大門前有一條筆直的公路，直通昆明城裡。民國二十九年空軍為紀念劉粹剛烈士，在公路旁一個「五里多」的小村，一座古老寺廟裡，成立粹剛小學，由劉粹剛夫人許希麟任校長。是我空軍興辦的第一所子弟學校。

空軍因駐地遷移性大，為解決子女教育問題，抗戰末期連續在成都辦有六所子弟小學，來台灣後另增辦中學。

抗戰中隨家遷動，讀書學期多不完整，抗戰勝利後，我到南京，子小校長陳鴻韜未問讀幾年級，只問我年齡幾歲，插班上學。

在昆明時，最早我家原住機場附近，可清楚看到飛機起降。後來為躲避日機轟炸，又遷居到遠處涼亭。因路途較遠，須住在學校。周末我們兄弟二人步行約一個多小時回到家中。記得那時候周日下午返校時，母親常給我們帶上半隻宣威火腿。

當時住在學校除我兄弟二人，另有高友良、高耀漢姐弟。他們是空軍高志航烈士在昆明的子女。那時友良讀四年級，耀漢與我同班讀一年級。我們的教室是廟院主堂，全班共約三十個人，人數最多。我座位右側，是由草席檔著的一排怒目兇像的十八個羅漢。

友良姐弟由高志航四弟高銘奎照顧。印象中他脾氣很大，每來時耀漢都會挨打。友良是俄國母親嘉莉亞所生，那俄國母親也常來學校探望他們，耀漢雖非同母，管他很嚴。曾見嘉莉亞來時用乒乓球板打他手心。耀漢幼時聰明頑皮，大陸撤退時，尚在小學的他，獨自一人由東北家鄉來到台灣，並找到我家。家父和高志航是東北航校留法同學。耀漢在台灣來往多年，他文章寫得很好，後來由新生報記者退休。

這回由友人陪同前往探望昆明舊貌。巫家壩機場已停用多年，四面高樓疊起，已非昔日鄉村模樣。從機場圍牆外往裡探望，已不見任何房舍建築，僅見到一條荒廢跑道。

打聽問粹剛小學那座寺廟，無人知道，問到五里多村莊，分局長說有這個村名，都市改建後已沒有了。

當時巫家壩機場是抗戰後方最大空軍基地，日本切斷滇緬公路後，外來物資全靠駝峰航線運到昆明巫家壩。當時運到昆明每一加侖汽油，運輸機航程需消耗掉四加侖，任務艱鉅。自印度阿啥姆薩邦往返昆明，飛經喜瑪拉雅山險惡航路線。那三年裡運作空運，美國損失飛機1500架，犧牲人員3300人，可稱浩瀚壯烈。

民國三十年飛虎隊自印度飛來進駐昆明，首戰擊落日機九架，扭轉了中國作戰低潮，人心振奮。當時中美空軍混合作戰，官校十期的臧錫蘭將軍擊落七架日機，九期的王光復擊落八架半（半架是與美機合擊）。

　　2005年在北京，胡錦濤親頒抗戰勝利勛章給王光復將軍。王光復是劉少奇夫人王光美之兄。

　　過去在昆明時飛虎隊人員來往機場，都會經過我們粹剛小學前公路，老百姓每遇見老美都會舉出姆指叫頂好。

　　記得一次放學，我們在路上，一位飛行員叫我們爬上吉普車，帶到機場。大家喜笑，語言不通，只互說「頂好」。他們請我們孩子喝牛奶、吃糖，讓我們看畫報、美國郵票。一次那飛行員來學校，帶來許多貼有郵票的舊信封送給我們。

　　後來我們去過機場找那「頂好飛行員」，他的同伴攤開雙手搖頭。經校長打聽，「頂好」已作戰陣亡，年二十二歲。

　　這次在昆明，與當地朋友談飛虎隊，幾乎都熟知一些事。當時他們祖輩有許多人都參加過巫家壩加緊擴建機場工作。紀念這中國二次大戰重大工程，有一個數噸重、建機場使用壓跑道的石滾子，現仍展放在紐約航空博物館。

　　朋友帶我到城裡春城路，有一家叫做飛虎樓餐廳，那餐廳以前是飛虎隊的行政大樓。當時所有飛行員及修護人員宿舍都在機場附近，保持機動。

　　餐廳是棟兩層木築大樓房，陳列飛虎隊舊時軍服裝、手搖電話、望遠鏡、打字機及作戰地圖等文物。

　　樓上正面有三間房，中間是陳納德將軍當時辦公地方。樓下左右側共有八間個房間，現在各房都改為餐館客間。

　　四周掛滿放許多歷年我未見過的黑白飛虎隊舊照，美不勝收。一位美國老人指著照片說：「我應該是在某一張照片裡，我那時二

十四歲」。

　　值得回憶的一件事：當年在昆明為避免日機轟炸，父親帶領幾位清華、燕京大學畢業的美、法、俄外文人才，搬到涼亭。為建壯空軍，積極編譯各國空軍書籍。我空軍「戰略、戰術、戰鬥」思想始由那時引進。

　　民國八十一年空軍自法國引進幻象機交機典禮，法方代表和父親法語交談愉快。法方代表現場贈送父親紙袋裝著的禮物，打開看，是父親當年在法國巴黎Codron飛行學校的學生資料卡，包括一張他二十一歲時的照片。

　　那時父親是在台灣唯一碩果僅存留法飛行員，多年來，他一直用法文寫日記，未棄法文。

2013年於洛杉磯

耀漢和我七十年

　　抗日戰爭的中期，耀漢和我同在雲南讀小學。我們是同年同鄉，父輩是東北航校同學，多重緣份。

　　耀漢的父親高志航，是我國以弱勢空軍抗日作戰中，第一位擊落日本飛機的飛行員。先後擊落三架，打響後來中國八一四空戰的勝利，被譽為「空軍戰魂」。

　　高志航後來不幸為日機轟炸殉職，他的埋葬地一直為國家機密。據說密葬在湖北宜昌一所天主教堂墓地。當時日本人得知後，曾在該地轟炸過七次。高志航留學法國學習飛行時候入天主教，選擇葬在天主教堂墓地有其道理。

　　民國三十（1941）年我們在昆明巫家壩的空軍官校，為紀念劉粹剛烈士而命名的粹剛小學讀書，校址位在機場前面叫做五里多小村子的路旁。當年校舍是租用民間的一座百年舊廟，廟裡面有多個院落，用來做教室的房間裡都供有怒目眾煞，詳和觀音的大小菩薩，都用草蓆遮掩住。

　　耀漢和我讀一年級時，他混血的姐姐友良讀四年級。當時住學校的學生只有耀漢姐弟倆，和我家兄弟共四人，朝夕相處約有三年時間。

　　高志航是東北吉林人，娶了白俄羅斯人嘉莉亞，生有麗良和友良姐妹。後來因規定軍官不得與外籍人結婚，離婚後再娶葉蓉然，是耀漢的親母。民國二十六年高志航殉職，耀漢和友良二人由高志航四弟高銘魁照顧，住昆明時送來粹剛讀書。

據家父說，高志航殉職身後的事全由高銘魁掌管。當時他們同學都知道高志航的撫恤金和各界的捐助，嘉莉亞和葉蓉然未分到一文。

　　記憶中高銘魁很嚴肅，個子矮，說話聲音大，他每來學校耀漢都會挨打，幾乎都是幾巴掌，是我親見。當時耀漢非常頑皮，時常逃學。

　　那時候友良的白俄生母嘉莉亞常來學校探視他們，耀漢雖非她所生，但對他很關切。有次來時聽到司徒老師（或是二任校長）說到耀漢讀書情況後，她用乒乓球板打他手心，諄諄告誡。

　　印象中嘉莉亞是遠道前來學校，她身材不高，外國人面孔說中國話，疼愛友良。嘉莉亞曾經要把友良姐帶走，但未被高家允許。

　　那時候抗戰時局多變，空軍的人居住不定，子女求學常換地就讀，時有耽誤，同班的學生年齡相差也很大。記得耀漢那時候常被兩個插班來的高齡女生追打，雖是女孩，但都會用拳頭。那兩姐妹的父親，多年後在台灣做過空軍司令，耀漢多次提起那趣事。

　　若干年之後在台灣，耀漢談他在昆明逃學的事。我問那時在人煙稀少的鄉下，他逃學都去哪裡玩。他說他喜歡去聽附近鄉下孩子的私塾老師上課講書，說故事。昆明鄉下人水稻田裡同時養魚，魚大時，老師下午不上課，叫孩子去抓魚給他，他對同學說去抓魚非常有趣。他經常在下午逃離學校不知去向，有一次很晚回來，在廚房裡找東西吃，被老師抓到問他去了那裡，不肯說。

　　抗戰勝利後，耀漢被帶回吉林通化老家，那時候年紀不到十一，二歲。由於他自幼在外省長大，見識廣，懂事較多，不願留在鄉下，再度「逃學」。他自通化老家搭火車，沒買車票，千百哩路到了遼寧瀋陽，找到北陵飛機場。他對機場營門衛兵說，他是站長（機場指揮官）的兒子。那站長出來，他對站長又說「我是高志航的兒子。」他這番話由北到南，通行無阻。他先後到過北平、南

京、廣州等地。他每到一處，都留在機場，被安排住飛行員宿舍，也和飛行員同桌吃飯，備受照顧。

　　那時候內戰已經風煙四起，常聽大家談論長春被困，錦州失守打仗的事，他也意識到局勢不好。他說有一天在廣州，一位王隊長對他說你祖母已由老家到了北平，王隊長要送他前去，他不願意。動亂中空軍消息傳播很迅速，他說我的二叔（服務空軍地勤）已去了台灣，問王隊長說能不能送他去台灣。當時他並不知道台灣在哪裡。

　　我後來離開昆明到四川重慶。民國三十四年八月抗戰勝利後又輾轉到南京、瀋陽等地，於民國三十七（1948）年轉去了台灣，那是政府宣布撤退台灣的前一年。

　　記得有一年暑假裡，耀漢突然來台北廣州街我家，我們訝異。父親問他這些年都在哪裡，怎麼到台灣來的。我們廣州街住家是陸軍醫院的房子，後門就是台北市植物園。我每天通過植物園，到南海路的國語實小讀書。耀漢在我家住下。我有同學來時同約他出去玩，他不參加。他獨自一人住在一間塌塌米房內，每日睡到午間方才起來。母親說這孩子從小沒安穩的家，隨他去睡。

　　我父親那時打聽到他祖母已由空軍接到台灣，住嘉義。暑期開學後耀漢遲滯不走，父親給他些錢，叫他回嘉義，勉勵他上學讀書。

　　不久後一個星期天，我在台北南昌街上遇見他，我意外高聲說「你怎麼沒回家！」他低聲說他不願回嘉義去。他留在台北，不知道他是住在哪裡。

　　民國三十九年，空軍在東港大鵬創辦至公初級（子弟）中學（見「飛機跑道上的那所私塾」一文）。耀漢和我又同在一班，那時候不管你上一學期讀何班，是按年紀插班就讀。

　　那時候耀漢漸漸顯出他的特長。他是籃球隊隊長，曾榮獲屏東

市學生比賽冠軍。作文寫得好，老師說他的論說不是一般年齡學生特有的，他寫壁報，也曾代表學校參加屏東市論文比賽得獎。這和他後來在報社工作多年不無關係。

在至公三年，有一天早上，是例行國父紀念週會，週會將要結束時，耀漢因貪睡遲到，卻大大方方慢步走來插隊。訓導主任陳老師生氣。大聲說「高耀漢，高耀漢，我今天叫你高耀漢，明天叫你忘×蛋。」事後我對他說，你既然睡遲了，何不乾脆不要來操場集合，他回說「既然睡醒了，當然要來！」

這糗事，多年後同學會上成為傳統笑料，他哈哈大笑，不以為忤。當年空軍曾指示對烈士遺族子弟教養要求嚴格。

耀漢的隨興，大膽的行徑有時候近乎荒唐，他曾對同學說「有誰能坐火車不買票，幾天不吃東西。有誰能在大陸十一歲時候獨自能走南闖北，一個人到台灣來！」

大概民國四十四年前後，友良姐曾經來台北我家探望我父母親，那是我自離開昆明十餘年後再次見到她。近年裡看到一張她們姐弟在台北拍的照片，無限感慨。

民國六十五年于斌主教自美國來到台灣。于斌原是羅馬梵蒂岡教宗特任的中國南京區總主教，大陸內亂，政府撤退，避居美國。于斌和高志航過去在瀋陽是中法中學的同學。

于斌主教晉見蔣夫人時，特別問到高志航遺眷是否來到台灣。因此，耀漢後來進入政大就讀，也在天主堂領取生活費。

後來我家住台北仁愛路眷村多年，耀漢的戶籍設在我家。他政大畢業後預備軍官服役外島。某次外島駐軍一位政戰官來我台北家，要找尋高耀漢，說他自外島回台灣休假久未回營，他戶籍在你們這裡。當時我家人想到問題嚴重，但已幾年未見耀漢。家兄問那軍官說，你知不知道高志航是什麼人，他說不知道。又問于斌主教

你知不知道，答說報上見過。後來那位政戰官失望離開。耀漢後來說他在外島僅三個月。

　　我後來入空軍官校，畢業後在南部服務多年，已和耀漢十餘年未見。兩岸交流前一年，本事大的耀漢找到我住台南家裡，他是來南部空軍單位推銷訂報。當時他出示一張他親母葉蓉然年輕時一吋大的小照片。黑白照片上葉蓉然顏容非常漂亮。我母親說以前見過她親母，說她當年是復旦大學校花，是一位大美人。後來據說她曾經來台灣住過約兩年時間。

　　民國八十一年我一次返台北探望父母。父親說耀漢一次來信義路家，把他一些舊文件，文憑「借去」。我聽後為之一驚。那些文件文憑中，包括父親過去留學法國飛行學校畢業證書，和所謂「東北軍閥」張作霖的飛鷹航空隊，為聯合抗日，慷慨舉旗合併中央政府，所頒發的任官令等，共計取走七件。

　　記得父親那張任官令長寬約三呎，四周有雕龍畫鳳圖案，用絲料製造，壯碩隆重。我幼時喜歡細看把玩。父親十數年後過世，那些東西至今未見耀漢送回。

　　東北航校當年留法國高志航的同學共二十一人，來台灣僅張華威、王星垣和家父三位，耀漢僅和我家有來往。

　　我和耀漢自幼共同走過那些難忘歲月。他是位充滿活力，絕對聰明不甘寂寞的人。我對他懷念的心情是複雜的。

2014年於洛杉磯

我的空軍入伍

民國四十五年，我們考取空軍官校四十一期的學生，到在雲林虎尾初級訓練班，做試飛測驗。一個月後，通過甄選的人，到空軍預備學校接受入伍訓練。入伍就是現在說的新兵訓練。

空軍預備學校在東港西岸的大鵬灣，是日本投降台灣光復後人留下的一處水上飛機場，有跑道、停機坪、房舍、運動場等，地方遼闊，依著藍天碧水，環境極佳。空軍招收的各飛行、機械、通訊、氣象等兵科的學生都在那裡經六個月訓練後，再分送到專業學校。

那年十一月中旬我們到達後，編入第三中隊，組成三個班，九個排，當時一共七十六人。部隊長都是陸軍軍校畢業的年輕軍官，我的班長是周福田上尉。

編隊後分配床位，發放軍服寢具，最後是理髮——剃光頭；由鎮上請來的幾位中年媽媽型女理髮師，在集合場把我們的長髮剃光，邊剃邊笑，剃光後我們個個摸著光頭苦笑，她們的笑聲更大。一位「油頭粉面」的國外僑生說他從未有過光頂的感覺。

寢室原是一棟停放飛機的寬大棚場，棚頂鋼架交錯，構造堅固，水泥地面光亮，都是過去的學生趴在地上，用擦槍油打磨的結果。

第二天清晨哨聲中集合，隊長嚴肅說話。他說：「入伍訓練是軍人基本養成教育，在這裡要把你們這一群平日生活散漫，站坐隨便，沒有規矩，不懂禮貌，也不會應對說話的『活老百姓』轉變成為一個標準的革命軍人。」

訓練開始是上午四個小時基本教練出操，下午兩小時的學科教學。先由徒手立正、稍息、敬禮、齊步走開始。立正要做到兩眼平視，收下巴，緊小腹。持槍匍匐前進時要低頭，身子緊貼地面，班長說：「要想著前面有子彈飛來」。

　　周班長在一旁不時吼叫，他會走到面前叫著名字說：「你是英國來的？怎麼敬禮手掌朝天？」「你連連犯錯，左右不分，禮拜天放假日我會給你特別任務（勞動服務）。」他的口頭禪是你們萎靡不振的時候，就是要倒楣了（遭處罰）。

　　各式動作反覆做，日日做，旨在養成習慣。之後進入排教練和野外作戰的連教練。每日六時起床，漱洗，著裝，打上綁腿，整理內務，限定二十分鐘內完成後，帶著三八式步槍奔向集合場。半天下來，累得人人精疲力盡。這「革命軍人」的訓練一直持續五個月。

　　下午兩小時的學科教育，僅包括政治、軍事、軍法、兵法、國文、英文等學科，都是一般性，無專業課程。中午一小時休息整理內務；每人將被子疊成豆腐塊，有稜有角，班長每日打分數公佈，九十分以上者放特別假，假日早餐後即可自行外出，有特別假的同學未必願意外出，那時候未聽說有人外出會女朋友的事。評九十分是種榮譽，有一位同學晚上睡覺寧受凍不想動亂平整的被子，得一綽號凍豆腐。八十分者要待集合訓示，服裝檢查後才得離開外出，七十分以下者禁足不得外出，或罰勞動服務。班長說整理內務是磨練個性。

　　我們的階級是二兵（二等兵），薪水三十六元。因為都是二十歲上下的人，操練消耗過多體力，飯量較大。校方對我們飛行兵科學生，每日供給雞蛋一枚，但仍是杯水車薪。有次午餐時一同學隨意說了：「今天好像飯不夠吃啊！」許多人聽後反而就多吃一碗，果真造成飯量不夠。大家聽因信謠言引起飯不夠。隊長訓示

說，無論軍中，團體萬不可隨便說話，影響群眾心理。大家學到一事。

遇假日時去距學校不遠的大鵬站，搭小火車到東港鎮。這段約十分鐘的路程，大家喜歡吊在車門外，迎著強風，吃著煤炭灰，有享受刺激的喜悅。相信是因受訓生活的緊張壓抑，得到一份自由的舒解。這段火車支線已在民國八十二年拆除停駛。

當時東港鎮上僅有一家戲院，演些美國電影，但都沒有中文字幕。開演時有一位說劇情的人，手提茶壺，拉一個高竹凳子坐在銀幕旁邊說明劇情。有次上演《魂斷藍橋》，當費雯麗和羅勃泰勒在倫敦橋上款款細語時，那位說劇情的人向觀眾解說：「他們兩人在談情說愛啊！」大家看得津津有味。

那時候花一塊錢，可以買一綑紅皮甘蔗帶回來與留校同學到海邊共享。海邊是我們晚餐後散步的地方，尤其是吸煙同學的樂園，他們把煙放在岩石夾縫中，但最怕下雨打濕，那時候還沒有塑膠袋。

次年二月舉辦運動會，各中隊好手熱烈參加。我們組成七人酋長啦啦隊助陣，由同學范煥榮為大家塗彩化妝，很有創意，運動場上人人鼓掌大笑，校長劉為成將軍特別稱讚。

范煥榮個頭高大，待人溫雅，飛行技術優良。官校畢業後派到清泉崗基地飛行F-104。他遭遇二次飛機空中熄火，第一次安全降落，幾個月後不幸又發生第二次，失敗殉職。

入伍訓練最後一個月是「反共鬥爭教育」，我們坐在禮堂聽課，是幾個月來最輕鬆的時光。由專家講課，記得當時曾延請知名政論家任卓宣（葉青）前來演講。任卓宣原是中共方面元老，他兩度被處死，但都又活過來。

四十六年的四月，春暖花開，我們完成入伍訓練，再回去虎尾，開始官校初級飛行訓練。約十餘年之後，我在新竹機場巧遇老

班長周福田，他是傘兵中校大隊長，正帶領傘兵實施跳傘訓練，我說從未見過傘兵，他說要反攻大陸了。大家熱情見面，愉快敘舊。

2013年於洛杉磯

跳傘的小插曲

　　噴射戰鬥機在空中遭遇故障而棄機跳傘，多發生在較大飛行速度緊迫情況下，跳傘雖可逃過一命，危險仍性高，非不得已沒有人會輕意嘗試。噴射機飛行員離開駕駛艙跳傘，開傘下降完全自動。若降落海上，入水前須得用手拉開動救生衣充氣。

　　陸軍傘兵空降速度較快，武裝士兵降落傘下降率約為每秒四十英呎，是為求盡速著路，展開作戰。他們跳下若遇開傘發生故障，胸前另有一副傘備用。而飛行員所用的降落傘衣較大，下降速度雖然較緩慢，但安全性高，但無備用副傘。

　　快速棄機跳傘事故多發生在瞬間，尤其在較低高度遇發動機熄火，或飛機無法操作情況下，須即刻決定棄機跳傘。跳傘程序簡易：收攏雙腿，挺直坐姿，手動解鎖使座艙罩飛脫，扣壓座椅扶手邊上彈射扳機，起爆座椅後面的火箭，人和座椅就會一同彈離飛機。

　　人在座椅上彈出後，連續翻滾一、二圈次，座椅後有一寬帶裝置會自動將人身體推前，使與座椅分離，此時人就成為一單獨落體。在那彈出旋轉的時刻感覺是令人無奈、驚慌的。自由下墜到一萬四千呎高度，降落傘上氣壓器自行起動開傘。

　　當彈離飛機時，座椅下有一坐墊式壓縮式救生艇同時帶出座艙。如果降落海上，下降到一萬呎高度時，須自己手用拉開救生艇鎖帶，使救生艇先離開下墜，十秒鐘內可完成充氣。有條一千呎長帶子連繫在傘衣上，求生人落水後可拉近氣艇爬上待救。

救生艇內有一求生包，內有自動求救信號機、製作淡水用具、防鯊粉末、蔗糖糖果、高營養餅乾等。早期曾有一位江學長跳傘落在基隆外海非船隻來往水域，飄流二日後方才獲救。

有一關鍵程序。飛機地面起飛離地之前，須要將一「零秒掛勾」掛到到傘帶上，用在遭遇高速度未離地前，或起飛後尚在低高度時可迅速開傘。當飛機上升越過一萬呎後，須將「零秒掛勾」取下離開傘帶，避免造成高空立即開傘在高空凍傷。大氣溫度每升高一千英呎溫度將降低一度，若地面溫度十度，三萬呎高度時外界溫度則是零下二十度。

自台北搭機去美國的航線高度，外界溫度約是零下四十度。

同學中有幾位遭遇過棄機跳傘的事。一位是彈出座艙後氧氣面罩彈性氧氣管接頭發生拉扯，撞擊鼻樑受傷。

記得民國五十四年，一位徐同學在台南基地，一次擔任空中F-86F拖靶飛機，射擊完成後飛回機場丟下靶標後，飛到海上準備再回場降落，但是他在距離台南西面約三浬處海面失蹤。

當時曾有一架運輸機飛過，見他跳傘在空中下降，運輸機飛行員說飛過一些散雲後，回頭便失去他的蹤影。判斷他可能是飛機故障跳傘，一千五百呎低空彈出飛機後未及時啟動救生艇充氣，落水後被頂上數十根傘繩纏住了身體，無法脫身。

當時為冬天三月，海域風浪大，能見度差，直昇機連續三日搜救未果，即使救生艇也未發見。這是我們一直不解的事。

不久後，另一位海南島山地黎族人，綽號黎民的同學又發生跳傘。他是飛F-100在嘉義附近，因飛機操作系統失效，在六千呎高度跳傘。這位黎民彈出飛機，自動開傘降落在嘉義山麓邊一處叫做番陸鄉的農田上，他著陸後躺在田裡，昏厥過去。

鄉人紛紛趕到，但不知怎麼辦。一位老人說不要動他身體，叫一年輕人靠近鼻孔看看有沒有呼吸。靠近後年輕人大叫說：「有氣

啦！」這時，警察局已打電話給空軍基地。一輛救護車來到。航空醫官走近翻他眼皮，聽呼吸，檢查四肢並無外傷。由醫療箱取出一個小瓶子，打開瓶蓋湊近他鼻子，他慢慢甦醒過來。黎民張眼第一句話說：「王醫官你做什麼？」醫官說我來救你。圍觀人見他說話，高聲呼叫：「沒死！沒死！」

大家幫忙把他抬上擔架，送到救護車上。往醫院途中他突然對王醫官說：「王醫官，我飛行衣上的金星牌鋼筆不見了，我要回去找！」王醫官笑說你在高空跳傘，在三四百浬時速裡表演翻筋斗，那鋼筆早就飛到幾十哩外去了。

基地飛行部隊有醫療隊，其中設有一位航空醫官，處理一般醫療，遇情況特殊要送當地空軍醫院。跳傘人員依規定須專機轉往台北檢查。他有多處內傷，休養了兩年。

若干年後遇同學會時，總有人問他：「黎民，你那名牌鋼筆找到沒有啊？」金星牌是早年名牌德製墨水鋼筆。

2014洛杉磯

王董搭機轉降

　　退休前我原在航空公司服務。一次休假搭機由洛杉磯飛回台北。

　　那次座旁是一位做生意的王董事長，身材胖嘟嘟的。他因為業務需要，經常搭機飛往各地。登機後我們就愉快談話，像舊朋友。

　　飛行約十餘小時後，當飛臨近日本的海外時，突然飛機一聲輕微震動，右邊一具發動機起火，立刻引起客艙一陣騷動。

　　我放下手中閱讀的書本，抬頭望著窗外說：「麻煩了！」王董的手不覺的緊抓著我手臂，十分緊張。他問說：「你說的麻煩，是不是有危險？」

　　我說：「是麻煩，不是危險。」我說麻煩是今晚我們得在東京過夜了。約一分鐘後那右邊發動機的火熄滅了，發動機停止運轉。我告訴他說每一個發動機都有兩組高壓滅火器。我們剩下三個發動機在飛行。

　　王董問說：「少了一個發動機馬力，飛機會不會掉下去？」

　　我安慰他說：「多發動機的飛機壞掉兩個也一樣安全照飛，就是速度慢些」。那天我們坐的是四個引擎飛機。飛機只要有兩個發動機正常良好，就能維持繼續飛行，但必須立刻在附近機場降落。

　　當時我們最近的是東京機場。我又告訴他：「空中四個引擎飛機要連續壞掉兩個，機率極低，航空史上還沒發生有過」。

　　續飛約兩小時後，我們降在東京，被安排在旅社住下。經向機場借換發動機。第二天續飛台北。

　　回到機上，我對王董說：「昨天我們遇上麻煩，但沒危險是

不？」他笑了。

經過這次驚嚇，在飛台北途中王董有了話題。

他說：「如果搭乘兩個發動機的飛機，空中壞掉一個，一個是否也能飛？」我說仍然可以。因為設飛機計時，就要求具備有這個條件。我說我們現在坐的飛機有四個發動機，每一個發動機的動力約有四十餘輛汽車的馬力（推力）。

王董好像對搭乘飛機好像疑慮很多，也有興趣知道。好在我們是長途旅行談話投機，可打發時間。

他說到有一次自加拿大飛台北，快降落時說機場大霧，跑道低於降落標準，不能降落，要改降到高雄。當時他擔心油料不足。

我解釋飛機攜帶油量問題：「如果洛杉磯飛台北，除了兩站之間飛航需要的用油外，飛機還得額外攜帶兩站飛行用油之外，另加帶三分之一油料，再加上供給飛機在目的地機場上空若不能直接降落，盤旋等待二十分鐘的油量。」

我問他：「可知道我們這飛機油裝在那裡？」他說裝在兩邊機翼上，我笑說你也很內行啊。

我指著客艙內天花板上說，那裡也一個是大油箱，我們昨天洛杉磯起程的時候估計帶了四十萬磅的油。飛機起飛前依據每一乘客以平均重量以650磅計算。油料少於規定，依國際民航法，是不能飛的。

王董說：「多帶油不是更安全？」我說：王董您的身材走起路來就比我多費力氣，飛機多帶不必要的預備油就增多載重負擔，浪費馬力，消耗油料，不經濟。噴射機飛行高度愈高愈省油。如果飛行四萬呎高度就要比三萬呎高度省許多油。民航長程飛機航線高度一般劃分為三萬九千呎到四萬呎之間。為了公司省錢，飛行員會在航路上用無線電裡請求航行管制單位允許改飛較高的高度省油（Request Higher）。我說個笑話，航空公司如果「不善待」飛行

員，飛行員就一路保持原給的較低高度，無意願要求飛較高高度為公司省油。

王董愈說愈有興趣。他說有一次登機後有一位客人久等未到，飛機遲遲不起飛。我說客人到櫃檯出示證件，機票劃了位子，交運了行李，手續辦妥，按時登機。如果有登機人不到，飛機不會開動。

「為什麼？」王董說。

「那客人在櫃檯辦登記時交了行李，送上飛機，客人未登機人走了。依規定等待三十分鐘人還未到，機長得下令『清查行李』。將全部行李卸下，攤在地上，要每一客人認取自己的行李。無人認取的視為可疑送去檢查。然後再登機上行李，飛機因而會延誤了多時。」

王董說：「那客人可能因個人發生緊急事故離開未登機。」我說：誰能保證那個人不是名「壞份子」，在行李中放了定時炸彈，行李上機，人走掉不上飛機。「壞份子雖不多，不能不防」。

「壞份子雖然不會那麼多，但煩人的客人也常有」。

有一回一架洛杉磯飛東京航班，一位客人久久不來登機，機長告訴座艙長直接去候機室旁的廁所裡去找。果然抬回躺在地上喝得醉醺醺的一位日本客人。機長說：「我知道他們常愛上機前就爛醉」。

那醉醺醺客人被帶到位子上坐下，卻很不安寧，嘴裡還吵著要酒，不時揚起兩臂干擾左右客人，座艙長一再安撫他。後面一個客人也大聲罵他「八格×鹿」。服務員送餐時，那酒醉客人伸手去摸服務員大腿，嚇得女服務員驚叫。座艙長去報告機長。回來後找來一卷膠帶，由另外兩位客人幫助，把他雙臂牢牢纏在座椅扶手上。降落東京後，機門打開，首先進來兩個戴著白手套的日航警察。兩警察進來先向大家鞠躬致歉，然後將那老兄客人架走。

民航信條是安全、順利、快捷，三者順序不容倒置。

到達台北和王董告別。王董對我說：「晚上我請你吃飯喝酒！」

我說：「明早我有任務。謝謝，今晚喝酒，會害我要吊消執照！」

2011年於台北

范園焱飛來那天

　　1977年（民國六十六年）七月七日那天，范園焱駕駛米格十九戰鬥機由福建晉江跨海飛到台灣，降落在台南機場，屈指間已近五十年。

　　他飛來那天的日子很特殊，碰上幾個「七」的數字。那天是一九七七年七月七日，正是我國對日本抗戰七七紀念日，也是「禮拜七」星期日。

　　炎熱的例假日，機場很安靜。除早中晚三批例行海峽偵巡任務外，防空警戒人員在跑道頭機旁安靜待命。飛行訓練和演習暫停，是一個沒有整天轟隆機聲音的日子。

　　那天我輪值單位留守，下午二時許，信步走去停機坪一旁我中隊的修護棚廠。

　　進入棚廠，見大家望著西面議論紛紛，一位機工長興奮的對我說：「有米格機飛來了！」

　　朝著他們指的方向望去，那邊是三號機場滑行道。米格機選擇向北降落，減速後到三號滑行道之前，就右轉安全脫離跑道停住。

　　三號滑行道的位置較低，看不到那架飛機的全身，但高豎飛機的方向舵和大紅星標誌非常清楚。我告訴他們那是一架米格十七型飛機。以前飛過來的多是十五型。幾位年輕士官顯得很興奮。

　　士官長說米格機降落才不到半小時，掛有「跟我來（FOLLOW ME）」標牌的吉普車把那機上的飛行員接送到塔台下面的貴賓室。一切都是靜悄悄的，機場上沒有幾個人發現米格機降落的事。

我走去貴賓室。進入後，一眼見到穿著兩截式黃色布上衣和深藍色褲子的飛行員，他端坐在椅子上。看見我面帶微笑，有些緊張的站起來。

　　貴賓室裡除了那飛行員外，裡面僅有大隊長張康和我，一共三個人。張康大隊長在遠處一個角上一直講著電話。畢竟是一樁突發的事，他要即刻向多方面報告。

　　不知道這位飛行員的名字。他報名說「我名字叫范園焱」。我伸手和他握手後，也示意請他坐下，我坐在他旁邊。

　　過去若干年裡，西飛去大陸沿海偵巡，飛過馬公一萬呎時試驗槍炮，若發現卡子，得立刻返航。四架飛機二十四挺機炮對著海面齊發，聲音壯觀，意味已面臨敵人，殊死博殺。而如今面對這位大陸飛行員，是一個很奇特的感覺，一時不知道如何開始說話。

　　我開口說：「你選在今天飛來的日子，很特別啊！」我認為他會知道當天是什麼日子。

　　他回答卻說：「今天天氣是很好」。

　　我說：「今天是中日戰爭七七抗戰紀念日」。

　　范園焱聽後說：「我不曉得。」他說的一口四川話。

　　我改用四川話和他談。他問我：「你是四川人？」我說不是，說以前在四川重慶住過，會講四川話。

　　我問他結婚有家嗎，他說：「我有兩個兒子。」他突然站立起來，眼望著前方，有些激動，連說：「大陸生活太苦了，生活太苦了。」

　　我要貴賓室勤務送一杯咖啡給范園焱，放在面前，他未喝。我問你們也常喝咖啡嗎？他說「我有次在濟南機場喝過一次。」

　　慢慢和他談，問是什麼階級、職務、飛行有多少年。

　　他的情緒放鬆一些。他說他是飛行中隊長，飛行有二十年了。說他的飛行總時數是三百二十小時，他們每個月大概飛十次，約七

個小時左右。高速作戰飛機一次留空時間極短,除非另外帶油箱。(註:我們官校學生畢業時飛行時數為三百一十小時左右,我那時飛行十八年,總時數近四千小時)。

這時候基地相關長官陸續匆忙來到。飛機投誠來是件大事,我不是處理這件事的人,未再和他多談。

約兩小時後一架C-47專機飛來,落地後滑行到塔台前面,飛機未熄火,范園焱由幾位人員陪同迅速登機飛去台北。

范園焱上了新聞,各大報媒體大肆報導,當天晚報社還出了號外。

不久後,范園焱到空軍各個基地做訪問,在台南軍官俱樂部和部隊人員見面談話。那天他認出我來,笑著說:「你是我那天見到的『首長』。」說著連忙掏出口袋裡的雙喜牌向大家敬煙。

他第一天降落後被送到貴賓室,塔台首先打電話給在機場待命的大隊長張康,報告米格機降落的事件。張康趕到,也只簡單問了他從哪裡飛來,姓名,階級等幾句話,就立刻用電話不停的向台北相關單位報告,幾無交談。

范園焱對張康說:「啊!你就是那個一直在打電話的首長,認得,認得!」張康是他見到的第一位「首長」。

一旁台北陪伴他同來的政戰部處長說:「老范,哪有那麼多首長,稱教官就可以。」那時大家不知道如何稱呼他。稱他「同志」或「范隊長(他是中共米格機中隊長)」都不妥當。那處長稱他「老范」,很高明。

談到大隊長張康,我們認識很早,他原名張永康,官校畢業後改了名字,他和家兄在大陸時是空軍幼校前後同學。民國三十八年撤退到台灣,他在空軍預備學校,我讀空軍子弟(至公)中學,同在東港大鵬灣,約有一年多時間的放假日常在一起。

張康空軍退役後轉業一民間民航公司。民國八十三年九月裡，他一次駕機拖靶，與軍方合作演習，遭艦砲誤射而殉職。

附錄：當時誤擊靶機案有關新聞報導：

八十三年九月十七日的漢光十一號演習中，軍方為了便利觀禮台上的李總統等來賓觀看，特別將靶機航速減慢、高度提升，還將負責防空射擊操演的成功艦移近至距岸一千五百碼，迫使拖靶的金鷹飛機必須減短靶纜五千呎，成功艦（雷達）反應時間因而縮短三分之一，結果不幸發生誤擊靶機事件，機上四人全部罹難，包括金鷹副總經理陳乾福在內。台北報導。

Do歷史34　PC0506

我在空軍那些年（1956-1983）

作　　者／葛光豫
責任編輯／廖妘甄
圖文排版／楊家齊
封面設計／王嵩賀

出版策劃／獨立作家
發 行 人／宋政坤
法律顧問／毛國樑　律師
製作發行／秀威資訊科技股份有限公司
　　　　　地址：114 台北市內湖區瑞光路76巷65號1樓
　　　　　電話：+886-2-2796-3638　傳真：+886-2-2796-1377
　　　　　服務信箱：service@showwe.com.tw
展售門市／國家書店【松江門市】
　　　　　地址：104 台北市中山區松江路209號1樓
　　　　　電話：+886-2-2518-0207　傳真：+886-2-2518-0778
網路訂購／秀威網路書店：https://store.showwe.tw
　　　　　國家網路書店：https://www.govbooks.com.tw

出版日期／2015年5月　　BOD一版
　　　　　2018年10月　BOD二版　定價／430元

獨立 作家
Independent Author

寫自己的故事，唱自己的歌

版權所有・翻印必究　Printed in Taiwan　本書如有缺頁、破損或裝訂錯誤，請寄回更換
Copyright © 2015 by Showwe Information Co., Ltd.All Rights Reserved

我在空軍那些年 (1956-1983) / 葛光豫著. --
一版. -- 臺北市：獨立作家, 2015.05
　　面；　公分. -- (Do歷史34；PC0506)
BOD版
ISBN 978-986-5729-77-6(平裝)

1. 葛光豫　2. 飛行員　3. 回憶錄

783.3886　　　　　　　　　　104006440

國家圖書館出版品預行編目

讀者回函卡

感謝您購買本書，為提升服務品質，請填妥以下資料，將讀者回函卡直接寄回或傳真本公司，收到您的寶貴意見後，我們會收藏記錄及檢討，謝謝！
如您需要了解本公司最新出版書目、購書優惠或企劃活動，歡迎您上網查詢或下載相關資料：http:// www.showwe.com.tw

您購買的書名：＿＿＿＿＿＿＿＿＿＿＿＿＿＿＿＿＿＿＿＿＿＿＿＿＿＿

出生日期：＿＿＿＿＿＿年＿＿＿＿＿＿月＿＿＿＿＿日

學歷：□高中 (含) 以下　　□大專　　□研究所 (含) 以上

職業：□製造業　□金融業　□資訊業　□軍警　□傳播業　□自由業
　　　□服務業　□公務員　□教職　　□學生　□家管　　□其它＿＿＿＿

購書地點：□網路書店　□實體書店　□書展　□郵購　□贈閱　□其他

您從何得知本書的消息？

□網路書店　□實體書店　□網路搜尋　□電子報　□書訊　□雜誌

□傳播媒體　□親友推薦　□網站推薦　□部落格　□其他＿＿＿＿＿＿＿

您對本書的評價：（請填代號　1.非常滿意　2.滿意　3.尚可　4.再改進）

　封面設計＿＿＿　版面編排＿＿＿　內容＿＿＿　文／譯筆＿＿＿　價格＿＿＿

讀完書後您覺得：

□很有收穫　□有收穫　□收穫不多　□沒收穫

對我們的建議：＿＿＿＿＿＿＿＿＿＿＿＿＿＿＿＿＿＿＿＿＿＿＿＿＿＿

＿＿＿＿＿＿＿＿＿＿＿＿＿＿＿＿＿＿＿＿＿＿＿＿＿＿＿＿＿＿＿＿＿＿

＿＿＿＿＿＿＿＿＿＿＿＿＿＿＿＿＿＿＿＿＿＿＿＿＿＿＿＿＿＿＿＿＿＿

＿＿＿＿＿＿＿＿＿＿＿＿＿＿＿＿＿＿＿＿＿＿＿＿＿＿＿＿＿＿＿＿＿＿

請貼
郵票

11466
台北市內湖區瑞光路 76 巷 65 號 1 樓
獨立作家讀者服務部　　　　收

⋯⋯⋯⋯⋯⋯⋯⋯⋯⋯⋯⋯⋯⋯⋯⋯⋯⋯⋯⋯⋯⋯⋯⋯⋯⋯⋯⋯

（請沿線對折寄回，謝謝！）

姓　　名：＿＿＿＿＿＿＿＿＿＿　年齡：＿＿＿＿　性別：□女　□男

郵遞區號：□□□□□

地　　址：＿＿＿＿＿＿＿＿＿＿＿＿＿＿＿＿＿＿＿＿＿＿＿＿＿

聯絡電話：(日) ＿＿＿＿＿＿＿＿＿＿　(夜) ＿＿＿＿＿＿＿＿＿＿

E-mail：＿＿＿＿＿＿＿＿＿＿＿＿＿＿＿＿＿＿＿＿＿＿＿＿＿